5 ▶ Kleine Touren am Kohlerhof   **61**

6 ▶ Vom Münstertal ins Licht   **64**

7 ▶ Weidbuchen am Wiedener Eck   **76**

8 ▶ Weit, hoch, herrlich – der Belchen   **86**

9 ▶ Zwischen Kreuzweg und Belchen   **96**

10 ▶ Nonnenmattweiher   **108**

11 ▶ Alpenblick vom Hochblauen   **112**

12 ▶ Heile Welt im kleinen Wiesental   **120**

13 ▶ Krumme Touren um Malsburg-Marzell   **134**

Hochschwarzwald   144

14 ▶ Loden und Speck in Hinterzarten   **150**

15 ▶ Hinter Hinterzarten: Alpersbach   **164**

16 ▶ Schneeinsel Feldberg   **170**

17 ▶ Wald und Wiesen um Waldau   **178**

18 ▶ Himmelweit um Schwärzenbach   **183**

19 ▶ Bernauer Licht   **190**

20 ▶ Heiß und kalt um Menzenschwand   **198**

21 ▶ Vom Schluchsee und Schlüchtsee   **206**

22 ▶ Sanfte Höhen um Saig und Kappel   **214**

23 ▶ Vom Rothauserland zur Sommerau   **228**

Wiesental   236

24 ▶ Von Todtnau auf den Berg   **240**

25 ▶ Wiesental um Schönau   **246**

26 ▶ Auf den Winden   **258**

27 ▶ Panoramica Wiesental: Westseite   **268**

28 ▶ Panoramica Wiesental: Ostseite   **282**

29 ▶ Sonniges Ende im Angenbachtal   **286**

30 ▶ Über Riedichen nach Gersbach   **292**

Hotzenwald

31 ▶ Eine Runde Hotzenwald   **300**

Schwarzwälder Mythen   318

Naturpark Südschwarzwald   322

Schinken und Speck verzweifelt gesucht   324

Die „lebendfrische" Schwarzwaldforelle   326

Blütenhonig, Tannenhonig, Parkplatzhonig   330

Kirschwasser und Kalterer See   331

Feinde und Freunde der offenen Landschaft   334

Haus und Landschaft im Schwarzwald   338

Waldgeschichten   340

Waldweide, Glashütte, Fichten- und Windacker   342

Kadettenwald, natürlicher Wald und Wild im Wald   345

Auch Wälder bekommen Bäuche   348

Weidbuchen   350

Der Weg   354

Wiesen, Weiden, Hinterwälder   355

Im steten Wechsel – Garten, Feld und Wald   358

Bauerngärten   360

Gute Karten – besser Wandern   362

Konus Gästekarte   363

Ausgewählte Oasen   **367**

Orte, Gaststätten, Erzeuger   **372**

Seerosen und Schinkenspeck

Ich gehe in den Schwarzwald, weil es dort Graspolster unter Weißtannen gibt. Dazu Alpenblick und Schinkenspeck. Außerdem gibt es keine bessere Rückenlehne als die Weidbuchen am Knöpflesbrunnen. Ich gehe in den Schwarzwald, weil ich einmal im Jahr zu den Seerosen im Nonnenmattweiher schwimmen möchte.

Oder am Samstagmorgen, wenn sich die Parkhäuser der Innenstädte füllen, den Blauen hinauf, übers Lipple in engen Kehren runter nach Wies und wieder rauf nach Demberg. Am bunten Bienenhaus vorbei, vielleicht Forellen oder Honig bei den Brendlins holen. Irgendwo kreischt eine Säge im Wald. Später dann Suppe aus der Löwenkopfterrine und Braten vom großen Stück im Adler in Ried.

31 Oasen im Südschwarzwald sind auch 31 Wirkstoffe. Vom Sonnenbänkle am Panoramaweg zur Kapfenkapelle bei Sankt Märgen bis zur groben Bratwurst im Hotzenwald,

möglichst im Engel zu Engelschwand einzunehmen. Außerdem schmeckt Schinkenspeck bei Neuschnee am besten, zum Beispiel im Auerhahn in Rollsbach.

Schwarzwald ohne Heidelbeerwein: Ich brauche keinen Kirschtortenkurs und kein Lenzkircher Riesenschnitzel, Kaukasischer Honig, der auf den Paßhöhen aus dem Kofferraum verkauft wird, kommt mir nicht aufs Brot. Heidelbeerwein und Belchengeist sollen jene genießen, die sich „in rustikal eingerichteten Räumen mit Schwarzwälder Gastlichkeit verwöhnen lassen".

Wandern wie im Nähkurs wird in diesem Buch auch nicht praktiziert, kein Links ab im Gleichschritt marsch. Dralle Heimatstuben, in denen Carolin-Reiber-Klone sitzen, sind mir ein Gräuel. Ebenso Wildererpfännle, Bollenhüte und plastifizierter Fabrikschinken. Den sollen sich andere neben die Kuckucksuhr hängen. Der Rest kann mitkommen.

1 ▶ Berg und Tal um Oberried

Die Bundesstraße 31 von Freiburg durch's Höllental nach Hinterzarten gilt als Renn- und Staustrecke zugleich. Naturfreunde meiden den direkten Weg in den Schwarzwald. Moosweiche Waldwege, warme Sonnen- und Ofenbänke liegen eher im Windschatten des vierspurigen Ausbaus.

An der Auffahrt zum Rappeneck: Blick ins Dreisamtal

Stollenbach, Erlenbach, Rappeneck: Rund um Oberried liegen drei bewirtete Hütten, zumindest zwei davon, die Erlenbacher und die Rappenecker Hütte gehören zu den beliebteren Bergzielen im Großraum Freiburg. Am Wochenende kommen auch spätaufstehende Wohngruppen aus dem Freiburger Milieu, die aus ihren verkehrsberuhigten Spielstraßen heraus gerne in die Höhe fahren. Dazu gesellen sich die üblichen MTB-Fahrer und Wandersleut – man muß also mit einigem Betrieb rechnen. Zur rechten Zeit unter der Wo-

Stadtnahe Jausenstation: Erlenbacher Hütte bei Oberried

che sind die Hütten aber auch mal stille Rastplätze in bester Lage – was besonders für den Solitär Erlenbacher gilt.

Über die Ortsmitte von Oberried hinaus führt die Zufahrt zur Erlenbacher Hütte zunächst noch ein Stück nach Osten ins Zastler Tal. Nach Landschaft, Stimmung und Bebauung ist das enge Zastler mit seinen steilen Flanken noch ein recht ursprüngliches Tal. Kulinarisch allerdings auch, gastronomische Gründe für eine Rast sind hier nur schwer erkennbar. Um so mehr lohnt die Auffahrt zur Hütte.

ERLENBACHER HÜTTE – bei Oberried. Ein Bild von einer Hütte in Herrgottslage auf der Erlenbacher Weide. Nach einer Renovierung von 1999 und der Neuverpachtung zu Anfang des Jahrtausends wirkt die Hütte innen aufgeräumt und freundlich. Die Terrasse der Erlenbacher hat neben dem komfortablen Ausblick eindeutig Solariumqualität, mit langer Sonnenbank vor warmer Schindelwand. Nach Lage und Landschaft sicher eine der reizvollsten Hütten im Südschwarzwald. Wegen der etwas langen, aber durchaus reizvollen Zufahrt auf einer gut acht Kilometer langen Waldfahrstraße ab Oberried pendelt der Betrieb je nach Saison und Wetter zwischen einsam und belebt. Der Belagerungszustand anderer Hütten in der Feldbergregion bleibt unter der Woche meist aus. Nur an Wochenenden, wenn sich Freiburger Altbau-Bohème mit nicht erzogenen Kindern einstellt, kann es anstrengend werden, zumal Service und Küche auch hier hüttenspezifisch an Grenzen geraten. An einem ruhigen Wochentag mit einer guten Zeitung langsam wegdriften – dafür ist der Ort perfekt. Bemerkenswert die guten Bratwürste, sowie Wurst vom ausgewiesenen Oberrieder Lokalmetzger Reichenbach (vgl. unten). Die Hütte liegt zudem ideal als Rastpunkt für MTB-Touren, sowie als Etappe oder Ausgangspunkt für die überaus lohnenden Wanderrouten in Richtung Toter Mann und Feldberg.

→ **Erlenbacher Hütte** (Fam. Brüstle), ♣ geschützte Südterrasse mit Freisitz und Sonnenbank. Kfz-Zufahrt über Oberried-Vöhrlinsbach (beschildert) auf geteerter, ca. acht Kilometer langer Waldfahrstraße möglich. Die Erlebnisdichte schon auf der Zufahrt spricht allerdings gegen das Auto: kühler Tann lockt, ein Greif streicht ab, Schillerfalter gaukeln im Halbschatten, Bilderbuchschwarzwald. Kurzer und bequemer Fußweg ab Stollenbacher Hütte in einer knappen halben Stunde. Tel. 07661-4518. RT: Mo.

⮑ **Wanderung**: Die Hochweiden im Bereich der Erlenbacher bieten überlegene Wandermöglichkeiten. Auch kurze Touren mit intensivem Landschaftseindruck sind möglich: So z.B. Erlenbacher Hütte – Toter Mann – Hüttenwasen (1.231 m; hier Umkehrpunkt); zurück über die Stollenbacher Lifthänge zur Erlenbacher Hütte (ca. 2 h mit viel Sicht).

Holzhauer im Zastler Tal

Die extrem steilen Talwände am Nordwestfuß des Feldberges waren nie ein landwirtschaftliches Gunstland. Mitten im Zastler tauchen linkerhand die markanten Geröllhalden am Fuß der Scheibenfelsen auf, das sieht besonders im warmen Herbstlicht imposant aus, leben konnte von solchen Bildern aber noch nie jemand. Holzhauerei und die Sägerei waren früher der Haupterwerbszweig im Zastler; heute wird natürlich auch hier gependelt und die Neubauviertel Oberrieds wachsen gen Tal.

Viele Hofgüter im Zastler, die im Grunde mehr Gütchen waren, wurden ab Mitte 19. Jh. an den Staat verkauft. Die Erben konnten oder wollten die Miterben nicht auszahlen, so gelangte die öffentliche Hand nach und nach in den Besitz von großen Waldflächen und den dazugehörigen Gebäuden. Aus besitzenden Waldbauern wurden Waldarbeiter im Pachtverhältnis. Kaufverträge aus dieser Zeit geben Einblick in eine Lebensweise, die aus heutiger Sicht exotisch erscheinen mag, aber noch garnicht mal so lange zurückliegt. So wurde mit dem Hofverkauf in einem Fall beispielsweise auch der Besitz des Drittels einer Sägemühle übertragen, verbunden mit dem Recht, „von jedem Sägklotz eine Schwarte, den vorderen und hinteren Abschnitt, sowie das Abholz zu erhalten".

Die Fixierung auf die Holzhauerei im Zastler führte zu einer eigenen Arbeitskultur mit spezifischem Gerät: „Das Langholz wird mit dem Astbeil am dicken Ende geschneuzt, weil der Stamm mit abgeschrägter Spitze reibungsloser gleiten und somit leichter zu Tal befördert werden kann." Dies geschah noch vor ein paar Jahrzehnten mit Ochsengespannen durch bloßes Schleifen, an Steilhängen auch über Rutschen oder Riesen. Im Angelsbachtal gab es eine 500 m lange Riese mit 300 m Gefälle, „an den Tagen mit ununterbrochenem Riesen haben zwei Riese-Hirten die Bahn ständig zu beobachten und beschädigte Stellen zu beheben". Der Arbeit im Holz wurden auch psychologische Folgen zugeschrieben: „Im Vergleich zum Schwarzwaldbauern erscheint die Schwerblütigkeit beim Holzfäller durch seine Sonderstellung etwas gemildert." Die alten Riesen sind längst verwachsen, stattdessen gibt es Straßen. Mit dem

Schmeckt und tut der Landschaft gut: Ziegenkäse aus dem Zastler

Auto sind es vom Zastler noch 10 Minuten nach Freiburg.

Zitate aus: Wallner, E. M., Zastler, Eine Holzhauergemeinde im Schwarzwald, Freiburg 1953.

Ziegenkäse aus dem Zastler Tal

Die Funktion der Ziege als Landschaftspflegerin wird gerne unterschätzt, anders als Rinder, verbeißen Ziegen auch
Stockausschläge und verholzte Pflanzenteile an Böschungen und vordringenden Waldrändern, sie sorgen so auch
in steilem und unzugänglichem Gelände für eine offene
Landschaft und halten vorandringende Verbuschung zurück. Ein Effekt, der sonst nur mit großem Pflegeaufwand
möglich wäre. So kommt zum Verzehrgenuß bei heimischem (!) Ziegenkäse auch die Freude an der Erhaltung der
Kulturlandschaft.

■ **Hofverkauf** von ausgezeichnetem Ziegenfrischkäse, aber auch von
gereiftem Ziegenkäse direkt beim Ziegenhof Zastler: Rita Gering, 79254
Oberried, Zastlertal 49, Tel. 07661-627610.

Tradition, frisch gestrichen: Sternen Post in Oberried

In Oberried lockt eine erstaunliche Gasthausdichte. Das Haus am Ort, die sehr gutbürgerliche STERNEN POST, ist nach umfassender Sanierung seit Ende 2006 unter neuer Führung auf solidem Kurs. Bemerkenswert um Oberried auch die interessanten Einkaufsgelegenheiten in guten Hofläden, sowie in der Landmetzgerei von Peter Reichenbach.

STERNEN POST – Oberried. Das stattliche Traditionshaus in der Ortsmitte wurde von den neuen Gastgebern vom Eingang bis unters Dach aufwendig renoviert und die gediegenen Räume bieten nun das Fundament für eine besserbürgerliche Gastlichkeit. Dielenboden und Kachelofen, Holzkassettendecke und weit gestellte Tische sorgen für ein ländlich-gepflegtes Raumgefühl, wie es selten geworden ist.

Die Dekoration orientiert sich am gemäßigten Landhausstil. Der mag für strenge Puristen da und dort etwas niedlich ausfallen, die Ausstattung paßt aber zur Küche.

Heimelig ist nicht kitschig: Stube der Sternen Post in Oberried

Die betont jene Klassiker, die einst zu den Primärtugenden eines Landgasthofes gehörten: Etwa Rinderschmorbraten mit Rosenkohl und Serviettenknödeln, Schweinebäckle, Tafelspitz mit Bouillonkartoffeln (alles in mittlerer Preislage). Das Bio-Kalbfleisch für den Rahmgulasch kommt vom Hof gleich nebenan, die Weine auf der üppigen, rein badischen Karte stammen aus bewährter oder auch neuerer Quelle, die Preise auch hier mehr als anständig.

Gekocht wird in der Sternen Post sorgfältig und solide, wobei – wie öfter bei traditionellen Angeboten – die kleineren Formate wie Suppen und Vorspeisen besonders gefallen. Eine so kräftige Tafelspitzbrühe mit Maultäschle und Gemüsejulienne muß man im Dreisamtal erst mal bekommen und „gebratene Wachteln auf Schwarzwurzelragout" sind auch keine schlechte Idee. Das Gericht wird in der Sternen-Post interessanterweise in der eigentlich sehr zeitgemäßen Kategorie „Zwischengerichte" angeboten.

Mancher Hauptgang wirkte anfangs – wohl vor lauter gu-

"Gut zu wissen, wo's herkommt."

Birkenmeierhof

Erzeuger-Direktvermarktung von Fleisch- und Wurstwaren

Peter Reichenbach

Aus erster Hand: Fleisch und Wurst aus Oberried

ter Absicht – etwas dicht bepackt und natürlich werden hier die Beilagen wie handgeschabte Spätzle tüchtig in Butter geschwenkt. Summe der Eindrücke: hier wird gepflegt gewirtet und badisch konventionell gekocht. Daran ändert eine Saltimbocca vom Kalb sowenig etwas wie ein Vitello tonnato, weil solche Gerichte mittlerweile eingemeindet sind.

Eine Extraerwähnung verdient der Service, der selbstverständliche Souveränität und eine Freundlichkeit zeigt wie selten. Nach längeren Sitzungen in der Sternen Post warten im ersten Stock fünf freundliche und komplett neu möblierte Doppelzimmer.

→ **Sternen Post** (Fam. Lutz), 79254 Oberried, Tel. 07661-98 98 49. Von 11 bis 23 Uhr, RT: Di, www.gasthaus-sternen-post.de.

■ **Landmetzgerei Peter Reichenbach**: Erzeugerdirektvermarktung von lokalem Fleisch und Wurstwaren, kleines Ladengeschäft, aber oho. Vorzüglich sind z.B. die groben Bratwürste, dito Lyoner und Leberwurst; außerdem ein nach alter Art im kalten Rauch (!) gereifter Speck und Schinkenspeck, gut abgehangenes Rindfleisch aus der näheren Region – und ein Metzger, mit dem man reden kann. Somit eine

Hoch und luftig über Oberried: Rappenecker Hütte

der Adressen, die auch mal einen Umweg lohnt.

→ **Landmetzgerei Peter Reichenbach,** Obertal 10, Tel. 07661-5653. An der Auffahrt zur Rappenecker Hütte (vgl. nächste Seite), das kleine Ladenlokal liegt hinter dem Birkenmeierhof, dieser gegenüber vom Baggerbetrieb Kult). Laden geöffnet: Do und Fr von 8 bis 13 und 14 bis 18 Uhr, Sa von 8 bis 13 Uhr.

■ **Steierbartlehof**. Auf halbem Weg zwischen Kirchzarten und Oberried liegt der kleine Weiler Geroldstal. Schon die kurze Zufahrt von der Landstraße 126 macht Laune: fette Wiesen mit stämmigen Obstbäumen, blühende Hofgärten. Mittendrin ein leistungsfähiger, freundlich geführter Hofladen mit recht breitem Sortiment, darunter bemerkenswertes eigenes Bauernbrot, Marmeladen, Milch, Eier, Nudeln etc., gute Wurstwaren (von der Metzgerei Peter Reichenbach).

→ **Steierbartlehof** (Gabi und Michael Riesterer), Geroldstal 2, zwischen Kirchzarten und Oberried. Geöffnet: Fr 9-12/15-18 Uhr, ansonsten Selbstbedienung in einem kleinen Häusle beim Hof. Ferienwohnungen. Tel. 07661-1462.

Vesperplatte, Bio-Käse, Frischluft: Rappenecker Hütte

RAPPENECKER HÜTTE – Nach einem Pächterwechsel hat sich hier manches zum Positiven geändert, die Freiterrasse wurde vergrößert, die Stimmung wirkt aufgehellt, das Vesperangebot ist nicht allzu groß, aber stimmig. Es gibt Standards vom Schmalzbrot bis zur Vesperplatte (die Wurst stammt vom Oberrieder Metzger Reichenbach, vgl. vorige Seite), auch eine XL-Käseplatte mit fünf (!) verschiedenen Sorten Bio-Käse wird angeboten und das ist doch mal was; dazu kommt noch ein wechselndes Tagesgericht.

Die Hütte liegt an beliebten Wander- und MTB-Routen, die sonnigen Hochweiden in der Umgebung sind anziehend – für Saisonbetrieb ist also durchaus gesorgt, man könnte auch sagen: die Kundschaft wird herangeführt. Trotzdem, an den ruhigeren Wochentagen läßt sich hier gut einkehren, die Luft ist würzig und staubfrei und man wird sehr ordentlich satt. Somit gehört der Platz zu den freiburgnahen Naturwallfahrten, bei Schönwetter darf man hier oben freilich alles, nur kein stilles Idyll erwarten.

Bergluft macht frei – auf dem Rappeneck (1.010 m)

Zu den beliebten Ritualen mancher Gäste zählt auch, die Solaranlage auf dem Dach zu bestaunen und zugleich im 100 Kilowatt Family-Van anzureisen. Bei eher kühlem Wetter im Winterhalbjahr bietet die Lage auf der Nordostseite des Schauinsland allerdings wenig Wärmestrahlung. Gesamthaft ein lohnendes Höhenziel in vielversprechender Umgebung. ♣ Große Terrasse, beliebter MTB-Treff, besonnte Graspolster auf den Hochweiden im Umfeld.

→ **Rappenecker Hütte**, beliebte Berghütte im Raum Freiburg-Schauinsland, am Fuß des Rappeneck (1.010 m). Tel. 07661-6417. RT: Mo, im Winter evtl. geänderte Öffnungszeiten. Kfz-Zufahrt nur unter der Woche und bei schneefreier Lage, Auffahrt auf einem gut beschilderten, steilen Waldfahrweg von Oberried-Ortsmitte aus (ca. 5 km). Alternativer Zugangsweg ab Schauinsland-Bergstation, auf einem Fußweg ca. 1 h.

⮑ Lohnende alternative Zugänge aus dem Kappler Tal, etwa ab der Herderner Hütte.

Basislager für die Feldberg-Westroute: Linde in Napf

St. Wilhelmer Tal

Was ein Talschluß doch alles bewirkt: kein Verkehr, keine Souvenirbuden. Abseits der Durchgangsstraßen gelegen, blieb das St. Wilhelmer Tal am Fuß des Feldbergs eines der ruhigen, kleinen Täler im Südschwarzwald, wegen seines tief eingekerbten Talgangs freilich ein herber Fleck. Eine schmale Straße führt von der Landstraße Oberried-Hofsgrund ein paar Kilometer ins weitgehend unversehrte Tal hinein. Nur linkerhand beginnt das Grübeln, ob Ferienhäuser eigentlich so derb gebaut werden müssen. Über das Hintertal wird schließlich Wittenbach erreicht und dann sorgt die mächtige Westflanke des Feldbergs für ein natürliches Ende. Eben dort (im Ortsteil Napf) wäre auch ein Wanderausgangspunkt für alle, die gierig auf Höhenmeter sind: in Richtung Feldberg besteht die Möglichkeit, ordentlich Höhe zu machen. Ebenfalls in Napf eine romantische Einkehr, die vor allem wegen ihrer entlegenen Talschlußlage reizt:

LINDE – St. Wilhelm/Napf. In der Hauptsache ein Ausflugs- und Wochenendziel und Basisansprüchen an diese Kategorie wird die Linde auch gerecht. Die Stärke der Linde ist ihre Verwurzelung in Standards: darunter Schnitzel und Fleischwaren, auch frische Forellen und Fleischküchle, dann die üblichen Vesper, eigener Kuchen. Zum Ziel wird die Linde ohnehin eher wegen ihrer atmosphärischen Vorzüge: niedere Decke, Stubengefühl und Behaglichkeit am flaschengrünen Kachelofen. Das ist mehr als man oft erwarten darf und dann kommt noch rundum rauschender Tann dazu. Ein paar Tische stehen im Freien, aber der Umschwung präsentiert sich abkärcherbar versiegelt. Wegen des Ausflugsbetriebs ist die Einkehr zur Linde außerhalb der Wander- und Ausflugszeiten am reizvollsten: vielleicht mal an einem milden Sommerabend nach einer knackigen Feldbergbesteigung, wenn alle noch im Staub der Baggerseen rumnudeln. Schönst auch an einem stillen Hochwintertag, Wange an Wange mit Rotbäckchen.

→ **Zur Linde** (Fam. Lorenz), 79254 Napf. Tel. 07602-944690. RT: Mi und Do bis 16 Uhr, warme Gerichten von kleiner Karte durchgehend von 12-21 Uhr, gemütliche Stube, verbundsteingepflasterte Freiterrasse, Ferienwohnungen. Preise: günstig.

⮑ **Wanderungen**: Das St. Wilhelmer Tal liegt noch Freiburg nah und dennoch überraschend tief im Schwarzwald, zum Feldberg-Gipfel sind es von hier nur noch fünf Kilometer! Der Abschluß einer forschen Gipfeltour ab Napf wäre also schon vor dem Zwölfeläuten möglich, oder man läßt es hier nach Feierabend noch mal richtig laufen. Ohnehin gibt es um Napf herrliche Wandermöglichkeiten. Bis zum Feldberg sind freilich sacksteile Abschnitte zu überwinden, es sind immerhin gut 600 Höhenmeter. Weitere Ziele ab Napf (840 m): Erlenbacher Hütte 4,5 km; Zastler Hütte 3,5 km; selbst nach Todtnauberg sind es auch nur 7,5 km.

Ausweg aus dem Höllental – Höfener Hütte

An der B 31 zwischen Himmelreich und Hirschsprung liegt Falkensteig und damit die letzte Chance, um kurz vor dem Eintritt ins eigentliche Höllental auf direktem Weg in die

Regionale Basisgastronomie auf 1000 m Höhe: Höfener Hütte

Höhe zu kommen. Rechter Hand in Falkensteig steht ein Wegweiser zur Höfener Hütte: Die fünf Kilometer lange Zufahrt ist nur anfangs geteert, später dann steiler Waldweg.

HÖFENER HÜTTE – bei Buchenbach. Ein luftiger Wohlfühlplatz, der in erster Linie von der abgehobenen Lage lebt. Auf fast 1.000 m Höhe, weit über Alltag und Dauerverkehr im Höllental. Mit ihrer Tal- und Bergsicht auf die Höhen um St. Peter gehört die Höfener Hütte sicher zu den schöner gelegenen im Südschwarzwald. Erfreulicherweise wird Vespergastronomie in so exponierter Lage nicht als Freibrief, sondern als Chance verstanden. Statt der gewohntgewöhnlichen Meterware aus dem Großmarkt gibt es Käse vom Demeterhof Till in Schluchsee-Äule (vgl. dort). Der Ziegenkäse kommt aus dem Zastlertal, Quark nicht aus dem Eimer, sondern vom Melcherhof in Unteribental. Fleisch und Wurst sind aus regionaler Quelle, Obstsäfte und Cidre liefert der Ibentäler Biohof Jung von heimischem Streuobst, dazu Weine vom Tuniberg, Schnaps und Kirsch aus dem Hochschwarzwald (Hersteller werden genannt, alles zu durchweg gastfreundlichem Preis). Die aufgestellte Stimmung der Wirtsleute paßt zur famosen Panoramalage der reformierten Almhütte über dem Dreisamtal. Anständige Basisgastronomie 1000 Meter über normal Null und damit ziemlich hoch über einem weit verbreiteten Hütteneinerlei. Fazit: Schöner als von hier oben das Dreisamtal selten leuchtet, dazu Wandermöglichkeiten vom Teller weg. Eine ältere Dame drückte es so aus „ich komm' hier hoch und bin zufrieden." Schließe mich an.

→ **Höfener Hütte**, 79256 Buchenbach, Tel. 07661-3324. RT: Mo, sonst 10 - 19 Uhr. Ferien: Ende November bis Januar, Febr. und März nur Wochenende. Zufahrt auf der B 31 bis Buchenbach-Falkensteig, dort rechts ab (beschildert), eine schmale, gut befestigte Forststraße hinauf, die in Serpentinen zur Hütte führt.

⊃ **Wanderung** (oder MTB-Zugang) zur Höfener Hütte: Der verschiedentlich empfohlene Wanderzugang zur Höfener Hütte ab Giersberg (ob Kirchzarten, z.T. auf einer Waldfahrstraße) ist anstrengend und eher langweilig. Schöner der Aufstieg auf fast alpinem Steig aus dem Zastlertal heraus; der Weg beginnt ca. 1 km nach der Neubausiedlung am Talanfang (beschildert).

Warum nur hier: Das positive Beispiel Höfener Hütte hinterläßt ein paar Fragen: Ist es eigentlich zuviel verlangt, daß eine Hütte mit einer Handvoll regionaler Erzeuger zusammenarbeitet? Warum soviel Industriekäse im Hochschwarzwald? Ist Verbandsoberen schon mal in den Sinn gekommen, daß eine gut bewirtschaftete Berghütte mehr touristische Attraktion entwickelt als das 23. Seminar zur Qualitätsoffensive im Schwarzwald? Könnte den Hüttenwirten mal jemand sagen, daß das Ausrufen von Wartenummern im Kasernenton mit anschließender Ausgabe von Industrievesper so reizvoll ist, wie ein Schalterbesuch bei der Deutschen Bahn?

Und noch was: der wunderbare Höhenweg von der Höfener Hütte rüber zur Hinterwaldkopfhütte ist im Sommer gesäumt von Heidelbeeren. Nur, wo gab's zum letzten Mal frische, wilde Heidelbeeren mit Rahm?

2 ▶ Himmelreich um Sankt Märgen

Manchmal müßte es *auf* Sankt Märgen heißen – besonders wenn Nebel im winterdunklen Rheintal schwaden, fühlt man sich da oben wie auf einer Insel. Und die Waldrandbänke oben am Kapfenbergweg sind Sonnenbalkon und Therapeutikum in einem.

Der Gemütskurort St. Märgen ist von Freiburg aus auf kurzem Weg zu erreichen, aber dennoch einigermaßen aus der Welt. Früher, als es noch „Kurgäste" gab, hießen solche Flecken ja noch „Luftkurorte" und manche dieser besonderen Orte tragen das mottenkugelig gewordene Prädikat noch bis heute, gerne mit dem Zusatz „staatlich geprüft". Was ein schlanker Staat halt alles so prüft. Wahrscheinlich wirkt in Sankt Märgen aber nicht die Luft allein, sondern auch der weite Horizont und der sanfte Schwung der Berge. Jedenfalls vermischen sich Luft, Blick und Berg hier oben zu

Alles schwebt: bei Sankt Märgen

einer Kurpackung, die schon nach kurzer Anwendungszeit gut tut. Und wenn das Rheintal im Winterhalbjahr wieder mal mit Nebel und Kriechkälte vollläuft, wird Sank Märgen vollends zur rettenden Insel.

Der Autor und Schwarzwaldfreund JÜRGEN LODEMANN hat Schwarzwaldberge mal als „waldbestandene Klötze, in der Form von Sargdecken" beschrieben. Das war aber erstens nicht so gemeint wie es klingt, zweitens müht sich Lodemann in der von ihm herausgegebenen Anthologie „Schwarzwaldgeschichten" auf 300 Seiten, dem mitunter tatsächlich Sargdeckelhaften des schwarzen Waldes noch ein paar andere Eigenschaften zuzuschreiben.

Winterhelle, wolkenlose Neuschneetage, Inversionswetterlagen oder auch ein luftiger Sommertag mit Wattebausch-Kumulushimmel können in Sankt Märgen jedenfalls zum genauen Gegenteil von waldbestandenen Sargdeckeln werden. Finsterlingen, Kaltenbach, Winterhalter und all die andern

Winterfrische: Von Sankt Märgen hoch zur Kapfenkapelle

Schwarzwälder Kaltworte sind hier jedenfalls weit. Wobei ein sogenanntes „Mörderloch" im bedrückend engen Tal der Wilden Gutach noch nichtmal so weit entfernt ist. Aber egal, hier oben spürt man vom *latenten Depressionspotential* des Schwarzwaldes rein garnichts. Von den Freiburger Altbau- und Bürgervierteln aus gesehen, ist Sankt Märgen jedenfalls mehr *Gemütskurort* als Luftkurort.

⮩ **Wanderung** – Von Sankt Märgen zur Kapfenkapelle: Großartiger Panoramaweg, der die einmalige Topographie der Region erschließt, zugleich Freiluftsalon mit sonnigen Schau- und Sitzmöglichkeiten. Viel Land, wenig Landhausstil.

Der Panoramaweg zur Kapfenkapelle beginnt beim Gasthaus Hirschen auf knapp 900 Metern Höhe, die 2,2 Kilometer rauf zur Kapfenkapelle auf 1000 Metern scheinen zunächst nicht viel mehr als ein Kaffee-

spaziergang. Aber dann ist da schon nach wenigen Schritten dieser sagenhafte Doppelkirchturmblick auf Sankt Märgen, dazu tritt ein immer stärker aufkommendes Feldbergpanorama in Kombination mit den wunderbaren Sonnenbänken oben am Waldrand. Diese Bänkle stehen so etwa im Dreiminutentakt und öfter mal hat man das Gefühl, hierher finden bis heute jene, denen ein reiner, wintersonniger Schwarzwaldtag Animation genug ist; ohne Lift, Schneebar undsoweiter. Dabei hat Sankt Märgen als bürgerlicher Erbauungsort einige Tradition.

Ende des 19. Jh. wurde der Klosterort auch zum Künstlerrefugium und Gelehrtenversteck. (Anregende Literatur hierzu: Sankt Märgen. Eine Spurensuche, Verlag DesignConcepts 2004). Die von einer Landfraueninitiative seit 2004 wiederbelebte GOLDENE KRONE war vor ihrer Auszeit zunächst Pilgerherberge und Klostergasthaus. Vom Beginn des 20. Jh.

Zwischen Himmel und Erde I: Klosterkirche Sankt Märgen

wurde daraus ein für die Zeit ungewöhnlich komfortables
Kurhotel mit Dampfheizung, Bädern, Lesezimmer und elegantem Jugendstilsaal. Bis heute erinnert die repräsentative
Fachwerkfassade der Goldenen Krone an die großbürgerli-
che Phase des Freizeitverhaltens.

Der Schwarzwaldmaler Hermann Dischler verbrachte
1904 einen ganzen Winter auf Sankt Märgen. Edmund Husserl, der 1916 einen Ruf an die Philosophische Fakultät der
Freiburger Uni erhielt, schätzte die ruhigen Höhen Sankt
Märgens zur Klausur. 1921 verbrachte Husserl zwölf „welt-
verlorene Arbeitswochen" hier oben, nach sieben Wochen
in der Sommerfrische schrieb er an einen Gönner: „Ich habe
in glühendem Eifer täglich von 7 Uhr morgens an beim Ar-
beitstisch gesessen und – in herrlichster Berglandschaft –
nicht einen einzigen größeren Spaziergang gemacht." Im
selben Jahr treffen sich Husserl und sein Schüler Heidegger,
ein Foto zeigt sie debattierend, in Loden und Kniebundhosen auf den Matten um Sankt Märgen. Heidegger machte

Zwischen Himmel und St. Märgen: Kapfenkapelle

später Karriere in Freiburg, er übernahm 1928 den Lehrstuhl Husserls, 1933 dann das Rektorat der Universität. Im selben Jahr geriet Husserl wegen seiner jüdischen Abstammung unter Druck, 1937 verbot die Freiburger Uni ihrem ehemaligen Ordinarius das Betreten ihrer Räume. Die schlimmste Phase der Nazizeit blieb Husserl erspart, er starb 1938 in Freiburg.

Bei hellem Wetter, allemal an einem sonnigen Tag mit frischem Neuschnee, wird der Kapfenbergweg endgültig zu einer Art Freiluftsalon: immer wieder trifft man Freiburger aus den bildungsnahen Altbauvierteln Wiehre und Herdern. Kein Wunder, die Route bietet auf kurzem Weg vieles, was der Schwarzwald zu bieten hat: Panorama und sonnige Weiden, dunkler Nadelwald und wurzeldurchzogene, moosige Waldwege. An der fichtenverschattet, kühlen Ibenbachquelle kann man seine Flasche füllen und alle paar Minuten wechselt der Aspekt; mal ziehen Einzelgänger ihre Spur in den Schnee, mal glüht ein Reisighaufen und es duf-

Kühle Tankstelle: Ibenbachquelle am Kapfenbergweg

tet nach frischem geschlagenem Holz. Oben bei der kleinen Kapfenkapelle wäre dann nochmal ein Besinnungs- und Vesperplatz, der Wendepunkt eines Spaziergangs oder der Beginn einer Wanderung, je nachdem.

GOLDENE KRONE – **St. Märgen.** „In unserer Küche und im Service arbeiten ausschließlich Landfrauen aus der Region. Alles, was Sie bei uns essen, ist frisch zubereitet und basiert auf regionalen und saisonalen Produkten." Erst Klosterherberge, dann großbürgerliches Kurhaus, seit 2004 Landfrauenküche – das klingt schon mal gut. So nach Renaissance des Hefezopfes, nach Kraftbrühe statt Schaumsüppchen. Nachdem Balsamico und Rucola selbst entlegene Schwarzwaldtäler erobert haben, wirkt das Versprechen der Goldenen Krone fast schon überfällig.

Schon die so aufwändig wie ansprechend renovierten Gasträume zeigen, daß es hier nicht um bloße Ankündigungsg-

Landfrauen tischen auf: Goldene Krone, Sankt Märgen

astronomie, oder die übliche Regiotümelei geht. Natürlich durchläuft ein aus der Mitte der Bürgerschaft kommender und gemeinsam geführter Betrieb seine Phasen; Landfrauen, die noch eine Familie am Herz und am Hals haben, können nicht immer und alles (was die eingeschränkten Öffnungszeiten freilich nur partiell erklärt).

Aber egal, im holzreich-hellen Gastraum der Krone schmeckt es nach Frauenwirtschaft und Menschenverstand – auch im Detail. So wird Tafelwasser nicht als Freibrief zum Abkassieren mißbraucht, sondern aus lokaler Quelle gezapft, zu menschenfreundlichem Tarif; die Limonaden werden mit eigenem Sirup zubereitet. Über Mittag gibt es kräftige Suppen mit Holzofenbrot, auch ein anständiges Vesper, die hausgemachten Kuchen sind in Bauhöhe und Nährwert üppig. Landfrauenküche heißt auch, daß das Betriebssystem nicht nur nach Effizienskriterien organisiert ist. So gilt im Service bis heute: lieber einmal mehr laufen, als mit hoher Nase die Reihen abschreiten und bei plötzlichem Andrang

31

Suppen, Kuchen und Stimmung hausgemacht: Goldene Krone

gehören Wartezeiten halt auch mal dazu.

Das Fazit nach vier Jahren bleibt positiv, die wiederbelebte Goldene Krone zeigt zudem exemplarisch, wie vital eine Dorfwirtschaft sein kann. Das Geschehen vor und hinter dem Tresen, Einheimische, Wandervögel und Damenkränzchen treffen hier aufeinander, ein Platz, an dem die Tauschwirtschaft zum Nutzen aller gedeiht. Allein schon die Tatsache, daß in der Goldenen Krone Forstleute, Geistliche, allerlei Emeritierte und gewöhnliche Inversionsgewinnler so zahlreich zusammenkommen, ist Beleg genug für das Konzept. So bleibt hier nur eine Frage: Warum nur in Sankt Märgen? Kann es sein, daß vor lauter Heißluftinitiativen die Ofenbank etwas ins Abseits geraten ist? Jedenfalls bringt ein aufrichtig bewirtetes Gasthaus einer Gemeinde mehr Impulse, als manche bemühte Podiumsdiskussion zur Rettung des ländlichen Raums.

→ Café-Gasthaus **Goldene Krone,** 79274 Sankt Märgen, Tel. 07669-93 99 988, Öffnungszeiten (Stand 11/2008): Di bis Fr 10-18 Uhr, Sa 14

Große Terrasse, gemütliche Stuben: Hirschen in St. Märgen

-18 Uhr, So 10-18 Uhr (Landfrühstück 10-12.45 Uhr). Feiertage: 14-18 Uhr. RT: Mo und Di, www.cafe-goldene-krone.de; ♣ gefällig angelegte Gartenwirtschaft vor dem Haus.

Gasthof-Hotel HIRSCHEN – St. Märgen. Klassischer Schwarzwald-Gasthof unter der mächtigen Walm an sonniger Stelle des Ortes, zusätzlich ein Gästehaus. Die traditionellen, nach alter Manier mit dunklem Holz ausgeschlagenen Gasträume bieten ein selten umfassendes Geborgenheitsgefühl. Die dezidiert konventionell-konservative Karte ist wie sie ist, kulinarische Überraschungen suche man anderswo. Wer aber gemütlich und experimentfrei einkehren möchte, ist hier schon richtig. Die eigentliche Attraktion liegt für mich ohnehin auf der großzügigen, bis heute plastikstuhlfreien Freiterrasse, aber auch im unverdorben-gediegenen Gastraum: hier hält sich noch etwas Atmosphäre aus der Ära Kohl, auch kulinarisch.

Ein Detail am Rande: als Aperitif wird unter anderem ein

Start und Ziel für Touren um St. Märgen: der Hirschen

„Pfiff" gereicht, 0,1 l Bier frisch und zackig vom Faß, preiswerter und erst noch besser als mancher dumpfe Perlwein.

Der Gasthof Hirschen eignet sich zudem als Basislager: direkt vor dem Haus beginnen die schönsten Wanderrouten und wie gesagt: Die großzügige Hirschen-Terrasse längs der gesamten Hausfront wäre ideal zur Regeneration danach, davor oder zwischendurch.

→ **Hirschen**, Feldbergstraße 9, 79274 Sankt Märgen, Tel. 07669-940 680, Fax 940 68 88, www. hirschen-st-maergen.de; RT: Mi. Genug Parkplätze, Wanderausgangspunkt, Gästezimmer, ♣ angenehm großzügige Terrasse.

Urschwarzwald: Im Tal der Wilden Gutach

Forellensafari – über die Wilde Gutach ins Elztal

Wer eine Talfahrt aus der Region um St. Märgen zurück ins Oberrheintal wildromantisch gestalten möchte, wähle die Route über das Tal der Wilden Gutach ins Elztal. Von St. Märgen auf der L 128 zunächst in Richtung Thurner (in der ersten Kurve der L 128 oberhalb des Ortes ein Naturfreibad, ideale Erfrischung nach langer Tour). Am Neuhäusle dann Abzweig nach links auf die Kreisstraße 4987 runter nach Glashütte, Richtung Hexenloch. Solche Namen sind durchaus Programm, der Talgang wird zuletzt dunkel, klamm und mitunter fast gruslig. Felswände kommen näher, eine Stelle heißt hier „Mörderloch" und bei Nebel möchte man jedenfalls keine Panne haben.

Dann Abzweig auf die Kreisstraße 5105, eine Schmalspur mit spektakulärem Verlauf: die Route kratzt immer wieder hart am moosbewachsenen Fels lang, unmittelbar darunter poltert die Wilde Gutach. Eine Strecke auch, auf der das Wort Schwarzwald mit jeder Kurve anschaulich wird: mehr enges

Ziel einer Forellensafari: Adler, Oberprechtal

Tal geht nicht. Über der Wilden Gutach steht Hochwald, nur vereinzelt leuchtet das Grün der gartenkleinen, sorgfältig gemähten Flußmatten. Oben am Hang Weiden, die nach Schwerstarbeit aussehen. Dazu sehr vereinzelt Höfe, abgewetterte Fassaden, manchmal reicht die Sonne für ein paar Mostobstbäume, oder für eines der ehemals typischen, weit gefächerten Birnbaumspaliere an der Hausfront; sofern es im Talgang noch jemanden gibt, der sich um so ein Zierspalier kümmert.

Man sollte hier Licht und Luft auf sich wirken lassen und einen hellen Tag wählen. Offen fahren (auf vier oder zwei Rädern) wäre auch keine schlechte Idee, aber bitte auf die Felsen achten! Bei richtigen Rahmenbedingungen wirken die paar Kilometer längs der Wilden Gutach wie ein kurzer, kräftiger Espresso – sie klingen lange nach. Man erreicht die Gegenwart schließlich auf der Landstraße 173, die durch's lange Simonswälder Tal bei Gutach-Bleichbach ins Elztal mündet. Wer auf so bachnaher Fahrt plötzliche Forellenlust verspürt, ist im Adler in Oberprechtal bestens aufgehoben:

Gute Stube, frische Küche: Schäcks Adler in Oberprechtal

ADLER – Oberprechtal. In der Klasse bachfrische Forellen, serviert auf Tannenriemenboden an gepflegter Stube, ist der Adler seit jeher ohne Konkurrenz. Aber nicht nur die Forellen sind hier bachfrisch, auch die gastfreundliche und gepflegte Atmosphäre im Haus macht Laune. Nach einem Pächterwechsel hat der gediegene Gasthof deutlich zugelegt: die Stimmung in der wunderschönen Kachelofenstube ist traditionssatt – Küche und Service wirken jedoch sehr von heute. Das Spektrum der anregenden Karte deckt gehoben-bürgerliche Ansprüche ab, es reicht vom Wildforellencarpaccio über lauwarmen Ziegenkäse bis zum regionalen Wild. In der Summe bietet der Adler ein Bild von einem aufgeweckten Landgasthof, in dem die Ambitionen mit ausreichend gastronomischem Können unterlegt sind.

→ **Schäcks Adler,** Waldkircher Straße 2, 79215 Elzach-Oberprechtal, Tel. 07682 - 1291, Fax: 92 00 888, www.schaecks-adler.de, Gästezimmer. Preise: mittel. Ruhetage: Mo, Di.

3 ▶ Vom Spirzen zum Hochberg

Kreisstraße statt Bundesstraße – konkret ginge das so: Auf der Kreisstraße 4907 nach oben gondeln, statt auf der Höllentalstrecke im Konvoi fahren. Unter den Stauvermeidungsrouten gehört die Spirzenstraße zu den Freiburger Hausstrecken. Man verlasse also die hoch frequentierte B 31 durch das untere Dreisamtal zunächst in Richtung Buchenbach und St. Märgen. Nach Buchenbach noch zwei Kilometer auf der Landstraße 128 Richtung Wagensteig bleiben.

Schleichweg auf die Höhe: Am Steigweg zum Thurner

Dann rechts ab ins enge Spirzental und damit in eine eigene
Welt. Es beginnt eine romantische Bergfahrt bis hinauf zur
Paßhöhe Thurner, die direkt an der Schwarzwaldhochstraße
B 500 liegt.

Die nicht allzu breite, aber vollauf genügend ausgebaute Spirzenstraße folgt in der Talenge zunächst über zwei,
drei Kilometer dem natürlichen Lauf des Spirzenbaches.
Das Auge erfreut sich am besonders munter glucksenden
Bergbach, passend dazu kauern am Hang alte Eindachhöfe,
mal mehr oder auch minder gelungen renoviert. So gondelt

man auf recht entspannte, im Vergleich zum Höllental fast einsame Art und Weise, den Höhen entgegen. Auf knapp 800 Metern, in der weit ausholenden Straßenschleife um den *Spirzjockelehof,* gewinnt die Straße dann nochmals gewaltig an Höhe, sie wird danach unvermittelt zur Panoramastrekke. Eine Situation, die nun anhält und sich später längs der Thurnerhöhe (1.020 m) fortsetzt, wo schließlich die B 500 erreicht wird. Die Schwarzwaldhochstraße B 500 führt sodann über offene Hochflächen nach Süden bis Breitnau und Hinterzarten, sie trifft dort wieder auf die Höllentalstrecke. In der Summe bietet die Spirzenstrecke somit mehr Abwechslung bei größerer Intimität als die banal-verkehrsreiche Höllentalstrecke, die eigentlich nur für Außendienstler und Durchreisende Vorteile bringt.

⮑ **Die ruhige Tour** – **Steigweg statt Spirzenstraße** (von Wagensteig auf den Thurner): Zur Spirzenstraße gibt es eine noch fast verkehrsfreie Alternative, die sich auch für sportive Radler empfiehlt: Zunächst auf der L 128 von Buchenbach nach Wagensteig; hier en passant vielleicht mal ein Auge auf den Neubau der WANDRES GmbH am Ortseingang rechts werfen: auch Gewerbebauten können eine Zier sein und regionale Formensprache und Bauweise neu interpretieren.

Am nördlichen Ortsausgang von Buchenbach-Wagensteig zweigt dann eine schmale, kaum befahrene Nebenstrecke von der Landstraße 128 ab in Richtung Thurner und B 500 (zu erkennen am Kuhschild, dort rechts ab in den Steigweg). Es beginnt ein reizvoll gewundener, zunächst aber beißend steiler Anstieg aus dem Talgrund, erst einige Kehren durch dichten Wald, später und weniger giftig dann über das freie Weideland um den Steighof. Viel weltferner, ruhiger und romantischer kann man kaum in den Hochschwarzwald gelangen. Eine praktisch verkehrsfreie Nebenstrecke, die im lokalen Interesse nicht inflationär gebraucht werden sollte (im Winter anspruchsvoll). Beim Steighof und Rotenbauernhof wird offenes Weideland erreicht und man erfährt im Wortsinne und unmittelbar die Landschaft namens Hochschwarzwald. Zwei Kilometer später nach erhebender Fahrt wird schließlich die Spirzenstraße erreicht, die weiter zum Thurner führt (vom Abzweig Spirzenstraße ist die Verbindung nach Wagensteig – wohl zur Abwehr von Passanten – als Sackgasse markiert, zu erkennen am Schild: Auf den Spirzen 1-5).

Zufahrt durch moosweichen Hochwald: Engel Hochberg

Weiter auf den Hochberg

Der 1.116 m hohe Hochberg gehört zwar nicht mehr zum eigentlichen Südschwarzwald, er liegt schon jenseits der Nordgrenze, die Dreisamtal und Höllental bilden. Aber der urige, betagte und doch aufgeweckte GASTHOF ENGEL auf dem Hochberg ist ein Einzelstück. Ein Ziel, das mit seinem eigenständigen Charakter perfekt zur oben beschriebenen Anfahrt über Spirzenstraße und Thurner paßt. Nur wenige Kilometer abseits bekannter Routen bietet das gemischte Doppel Spirzen/Hochberg somit die Chance, ein Stück Schwarzwald zu erfahren, das sich kaum je im Belagerungszustand befindet.

Von der Kalten Herberge zum Engel: Der Engel auf dem Hochberg ist ein einsam gelegenes Traditionshaus, in dem ein alter Zusammenhang zwischen niederer Decke und leutseliger Stimmung überprüft werden kann. Davor liegt aber noch eine verwunschene Zufahrt über eine einsame

Der Wald als „Grüner Dom": auf dem Hochberg

Waldfahrstraße, die zugleich einige Tourenmöglichkeiten erschließt. Wer im neuen Allrad nicht nur die Tochter zur Ballettstunde chauffiert, sondern im Hochwinter auch mal ein *Sonntagssuppenfleisch* erbeuten möchte, könnte auf der Bergfahrt übers *Eckert Kreuz* nebenbei noch die Traktion seines geländetauglichen „Todo Terreño" (wie der Spanier sagt) testen. Die Route führt zuletzt über einen Rücken mit lichtem Zauberwald. Der ist auch ohne Schnee und Allrad ein Erlebnis:

⮑ **Touren:** Ein guter Tourenausgangspunkt (auf bereits 1.111 m Höhe wäre etwa das **Eckert Kreuz**, direkt an der Auffahrt von der Kalten Herberge zum Hochberg gelegen, von hier 1 km zum Hochberg, 2 km zur Kalten Herberge, 3½ km runter nach Waldau.

Alternative Anfahrt zum Hochberg: Anstatt von der Kalten Herberge aus, geht es zum Engel auf den Hochberg auch aus dem Langenord-nachtal (Abzw. bei **Oberlangenordnach** oder, noch weiter oben im

Tal, ab Waldau. Von dort ebenfalls übers **Eckert Kreuz**. Beidesmal eine wenig befahrene Bergpartie, gut auch mit dem Rad zu erledigen.

Der „Grüne Dom" auf dem Hochberg: Vom Eckert Kreuz führt eine schmale Waldfahrstraße in zwei Kilometern rüber zum Gasthof Engel auf dem Hochberg. Eine schlaglochreiche, aber zauberhafte Strecke durch ältere, prächtig stehende Nadelwälder. Hier wird das traditionelle, mythengesättigte Verhältnis zu unseren Wäldern direkt erfahrbar, ein Wald als „Grüner Dom". Allein schon die federnden, bemoosten Waldböden sind eine Attraktion. Dazu tritt ein reicher Unterwuchs an Farnen, Sauerklee, womöglich noch Pilzen? Dermaßen sorgsam durchforstete, lichte Hochwälder mit artenreichem Unterwuchs sind auch im Südschwarzwald eine Ausnahme. Auf weiten Flächen zwischen dem Eckert Kreuz und dem Hochberg bedecken die wellenförmig da-

Aufgeweckte Höhengastronomie: Engel auf dem Hochberg

hinfließenden, daunenweichen Polster den humusreichen Waldboden wie Rollrasen, nur aus Moos. Manchmal trifft man tief im grünen Dom auf ein paar Pilzsammler, aber auch der normale Wanderer oder Radfahrer wird hier vom Wald eingenommen, intensiv wie selten.

ENGEL – Hochberg. Das Haus trägt Schindeln, über dem Eingang steht die Jahreszahl 1778, in der alten Gaststube mit der bescheidenen Raumhöhe sollten Gäste über 1,80 Meter Körpergröße den Lauf der Deckenbalken respektieren. Der Engel ist ein Relikt, eine Wälderwirtschaft wie aus dem Bildband, aber das Betriebssystem wirkt quicklebendig und ein Blick in die blitzblanke Küche des Juniorchefs Thomas Waldvogel zeigt, daß hier nicht mit halber Kraft gefahren wird. Somit wäre auch das Vorurteil widerlegt, in Extremlagen könne man keine ordentliche bürgerliche Gastronomie bieten. Kann man eben doch, mit einer Karte, die sich sinnvollerweise an Bewährtes hält, etwa gekoches Rindfleisch

Stammbesatzung im Engel

mit Kartoffeln und Meerrettich, Sauerbraten, Schnitzel; alles zu volkstümlichem Preis. Auch die groben Bratwürste sind gut, die auffallend sauber geklärte Nudelsuppe ist noch einen Schlag besser, ansonsten eben ordentliche Vesper. Zur Kernkompetenz des Hauses zählt ein herausragender Wurstsalat, der durch streichholzdünnen Feinschnitt der Zutaten und saubere Abmischung Erstligaformat zeigt. Aber man kommt hier nicht nur zum Essen her; persönliche, unvermurkste Stimmung, entrückte Lage auf immerhin 1.130 m Höhe und eine gewisse Knarzigkeit machen den Engel zu einem besonderen Nest abseits des gewöhnlichen Ausflugsrummels. Eine Insel weit oben im hohen Wald.

→ **Engel** (Fam. Waldvogel), Hochberg 393, 79871 Eisenbach bei Langenordnach. Im alten Stammhaus ein paar einfache Zimmer, ansonsten Ferienwohnungen im neuen Appartementhaus nebenan. Leider nur ein, zwei Tische im Freien. RT: Di ab 17 Uhr und Mi, warme Küche bis 13.45, abends bis 20 Uhr; Tel. 07657-91 96 90, Fax: 91 96 91 2, www. engel-hochberg.de. Preise: günstig.

4 ▶ Freizeitpark Schauinsland

„Wo sich sanfte Höhen bis in die Ferne verlieren, wird man an das Meer erinnert, wie auch der Duft der Schneeschmelze Ähnlichkeit mit der Luft der See hat."

KONRAD GUENTHER, Naturbuch vom Schwarzwald, 1942

So richtig Schwarzwald ist der Schauinsland noch nicht, mehr so eine Art grüner Hinterhof, bequem auch für Halbstundenwanderer erreichbar. Mit 1.284 Metern hätte der Freiburger Hausberg zwar genug Höhe, auch die exponierte Lage sorgt für Gipfelstimmung, hinzu kommen vom Westwind gebuckelte Buchen, sowie eine Paßstraße wie im Bildband. Aber der „Erzkasten", so ein alter Name, der an früheren Bergbau erinnert, ja der Erzkasten liegt einfach stadtnah.

Der Schauinsland gehört somit zum Inventar der Stadt, Abteilung Lebensqualität oder Freizeitpark, je nachdem. Also ist der Schauinsland kein Berg, sondern ein Ausflugs-

„Wo sich sanfte Höhen bis in die Ferne verlieren" – Schauinsland

ziel, und zwar eines, zu dessen Besuch man sich noch nach dem Sonntagsbraten entschließen kann. Oder nach durchzechter Nacht, bei geistiger Verstopfung. Erst recht bei Inversionswetterlagen und Talnebel.

Gründe genug also für den Schauinsland, nur muß man die Folgen der Popularität beachten: Zur Kernfreizeit an Wochenenden herrscht beachtlicher Auftrieb und folglich bekommen Volkskundler reichlich was zu sehen: Auch die deutsche Familie unter der Knute wechselnder Mobilitätsansprüche, komplett angetreten mit Kind, Gehhilfen oder Lenkdrachen. Er: „Habt ihr die Bretter dabei?" Sie: „Welche?"

Die exponierte, ungeschützt den atlantischen Wetterlagen ausgesetzte Schauinsland-Paßstraße muß im Winter wegen Schneeverwehungen auch mal gesperrt werden. Mitunter bläst der Wind auf der Paßhöhe wie ein Sandstrahler. Wunderschön zu fahren ist die Passage nach frisch gefallenem Schnee. Wie duftet eigentlich frisch gefallener Schnee? Früh

Winterpromenade: Weg von der Paßhöhe zum Trubelsmattkopf

an einem Sommertag wäre die Paßstrecke übrigens eine ideale Strecke für orchesterbegleitetes, niedertouriges Rollen, dazu vielleicht DEBUSSY: Dialog des Meeres und des Windes.

Riviera am Berg

Der auch im Winter stets gut gespurte Höhenweg vom Parkplatz an der Paßstraße beim Hotel Halde rüber zum Trubelsmattkopf zählt zu den Freiburger Promenaden, die nicht in Freiburg liegen. Die ersten zwei Kilometer über freies Gelände bieten eine gewisse Riviera-Anmutung, besonders wenn das Rheintal mit Nebel vollgelaufen ist. Eine ideale Strecke, um ein, zwei kleinere zwischenmenschliche Probleme zu lösen. Bei Westwind dennoch an Ohrenschützer denken.

Aber nicht nur im Winter bei knirschendem Schnee unterm Stiefel, auch an Sommertagen entwickeln solche Höhenwege eine besondere Qualität: während im Tal die Hitze

Herbstweide auf dem Schauinsland

lastet, ist die Wärme oben auf dem Berg wie eine zweite Haut, sie umschließt einen, aber sie belastet nicht.

⊃ **Wandern:** Schauinsland-Halde Richtung Wiedener Eck: Ab Parkplatz Paßstraße über exponiertes Gelände mit freiem Vogesenblick (Foto oben). Wie ausgeführt, ein Klassiker unter den Freiburger Auslüftstrekken, besonders die ersten beiden Sonnenbänkle-Kilometer zwischen Paßstraße und Haldenköpfle werden gerne begangen. Wenn es oben zu windig wird, kann man leicht runter zum Zähringer Hof und von dort über Giesshübel zurück zur Halde.

-   Lohnend auch die Strecke rüber zum Wiedener Eck: Im letzten Abschnitt vor dem Wiedener Eck (auf dem Hundsrücken) führt der Weg über sonnige und freie Hochweiden und entlang herrlich windkrummen Weidbuchen. Insgesamt eine der schönsten, wegen der geringen Höhendifferenz erst noch bequemen Halbtages-Höhenwanderungen im Südwesten.

-   Seit Herbst 2008 gibt es einen neuen 14 km langen **Schauinsland-Rundweg**, durchgehend beschildert, eine Route, die unter den Aspekten, Panorama, Natur (und Einkehren) gelegt wurde. Zugang z. B. ab Bergstation Seilbahn oder Hotel Halde möglich.

Schauen, Schweben, Seligsein

Loipen am Notschrei: Direkt gegenüber vom Waldhotel Notschrei das neue Bergsportzentrum, ein beheiztes und neuerdings auch bewirtetes Loipenhaus. Hier ist einer der populärsten LL-Ausgangspunkte im Nahbereich von Freiburg, entsprechender Betrieb, jedoch ansprechende Verhältnisse (an Wochenenden gilt aber auch hier „anstellen"). Es gibt zwei gespurte Loipen, die über weite Strecken identisch mit dem Westweg sind.

Gastronomie auf dem Schauinsland

Die Schauinslandgastronomie ist eigentlich schnell erklärt. Platzhirsch und zentrale Anlaufstelle ist die HALDE auf der Paßhöhe: ein Haus für alle Falle, mit legendärer Sonnen-

Blick vom Foyer des Haldenhotels gen Feldberg

bank, Traditionsstuben, modernen Zimmern und einem Kaminfoyer zum Aufwärmen roter Sturmnasen. Versteckter, kleiner und individueller der Zähringer Hof, nahe der Stohrenstraße ins Münstertal; mit seiner engagiert regionalen Küche nach wie vor eine kulinarische Ausnahme. Als Vesperadresse mit einfach, kernigem Stubencharme bietet sich der Giesshübel an.

DIE HALDE – Schauinsland. Das Traditionsgasthaus nahe der Paßhöhe zeigt sich aufwendig renoviert, der ehemalige Hoteltrakt wurde komplett neu aufgebaut. Die neue Halde schmiegt sich mit ihrem markanten Schindeldach mindestens so imposant in die Mulde neben der Paßstraße wie der Altbau von einst und noch immer bieten die Originalstuben

Treffpunkt der Freiburger Gesellschaft: die Halde damals

genug Nostalgie: Stubencharme in niederen, holzreichen Räumen. Ein Genuß am Winterabend, für Teestunden oder einfach zum Auftauen sturmroter Nasen.

„Heimelig und ruhevoll" wie der alte, soll auch der neue Bau wirken und so wirkt er auch, das Aufgehobenheitsgefühl wurde jedenfalls nicht ausgebaut, das gilt auch für die neuen, klar und gut gestalteten Räume und den komfortablen Hoteltrakt mit seinen hellen Zimmern. Dazu kommt eine (leider klein konzipierte und etwas nebenher bediente) Kamin-Lobby mit Bar. Der neue Trakt wurde 2008 nochmals um ein prächtiges *Badehaus* erweitert, mit Sauna, großzügigem Panoramablick auf den Feldberg und einem naturnah angelegten Schwimmteich im Freien. Kurz, aus dem alten Schlachtschiff ist kein Musikdampfer geworden, eher ein gediegener Luxusliner, ideal zum Erkunden der Schwarzwälder Weiten. Zweifellos eines der schönsten Hotels im Schwarzwald, sofern man auf Bollenhut, Strohfinken und angeschraubte Romantik verzichten kann.

Höchstgelegenes Sonnenstudio im Landkreis: die Halde heute

Gastronomie: Die Spannweite reicht vom gehobenen Wandervesper bis zum opulenten Menü. Die Realisierung der ehrgeizigen Ziele gelingt nach langer Einlaufzeit nun durchaus konstanter, wobei gewisse Schwankungen bei einem so komplexen Saisonbetrieb wie hier einkalkuliert werden müssen. Eine Souveränität in allen Lagen hat die kulinarische Abteilung der Halde bis heute noch nicht erreicht. Das Angebot einer saisonbetonten Küche stimmt vom Konzept, der Service gibt sich Mühe, aber manches wirkt (bei Vollast oder Leerlauf) noch immer gewollt, mitunter auch etwas konfus. Oft schmeckt es mehr nach Hotelküche als nach Gasthaus mit Herz. In der Gesamtschau ist freilich auch der Restaurantbetrieb der Halde ein Pluspunkt, gerade wegen der ♣ wunderschönen Hardware: Lage, Stube und Stimmung sind einzig in der Region, eine Ausnahmeadresse im Schwarzwald.

→ **Die Halde** (Familie Hegar), Halde 2, 79254 Oberried-Hofsgrund (ruhige und freie Lage in einer kleinen Senke neben der Schauinsland-Paß-

Feine Regionalküche: Zähringer Hof auf dem Stohren

straße), Tel. 07602-9447-0, Fax: 944741, www.halde.com. Mit Räumen für Tagungen und Feste, Schauinsland-Badehaus mit Spa-Einrichtungen und Feldbergblick, Freibadeteich. Hoteltrakt mit geschmackvollen Gästezimmern und Appartements. Diverse Arrangements von Bergfrühling bis Winterzauber. Preise im Restaurant: mittel-gehoben.

ZÄHRINGER HOF – Auf dem Stohren. Frei gelegene, familiär geführte Berggaststätte in Panoramalage auf 1.100 Metern Höhe, unterhalb des Schauinslandkammes. Durch eine breite Glasfront auch von innen trotz Hüttengefühl, Sicht nach Südwesten. Auf der ♣ kleinen Terrasse wäre der richtige Platz für einen nebelfreien Nachmittag im Hemd, wenn unten schon Wintermäntel Pflicht sind. Auch Drinnen, im recht kleinen Gastraum mit niederer Decke kommt Außenposten-Stimmung auf, die nur an Ausflugswochenenden umkippen kann, dann wird der Ort mitunter zur belagerten Bastion. So gilt der Zähringer Hof seit Jahr und Tag als Fluchtburg über dem Nebel, ein Ort, der sich ideal zur stadtnahen Entspan-

So ein Fleisch! Christoph Riesterer mit einem Stück Hinterwälder

nung eignet, wenn es etwas gemächlicher zugehen soll als beim großen Bruder, der Halde, oben auf der Paßhöhe.

Geboten wird eine solide, bürgerliche Küche mit vielen Regionalgerichten und beachtlicher Fleischqualität. Wobei konsequent auf regionale Lieferanten Wert gelegt wird, was – trotz aller frommen Sprüche – immer noch die Ausnahme bei Ausflugslokalen im Schwarzwald ist. Beispielhaft auch die Betonung von Saisongerichten: Wild aus der Belchenjagd, z.B. Rehkeule in Rotwein mit Spätzle, Lamm aus dem Schwarzwald (statt aus Neuseeland), Hinterwälder Kalb (lange vor BSE), Rindfleisch von der Weide (statt aus Intensivmast, wie oft im schwarzen Wald), frische Forellen. Die Zubereitung ist sorgfältig, ohne sich in Klimbim zu verlieren. Was auch für die Vesper gilt, darunter die guten Spielweger Rohmilchkäse, sowie Wurst, Schinken und Speck in hervorragender, tatsächlich (!) hausmacher Qualität. Die Zubereitung von Schinkenspeck nach altem Rezept zählt zu den Passionen des Wirts. Fazit: Ein Gunstplatz mit schöner Aussicht auf Land und Teller.

Vesperklassiker unter neuer Leitung: Giesshübel, Stohren

→ **Zähringer Hof** (Fam. Riesterer), 79244 Münstertal-Stohren. Tel. 07602-256. www.zaehringerhof.de, RT: Mo ab 14 Uhr, Di. Die fünf Gästezimmer und zwei Appartements im neuen Gästehaus nebenan sind komfortabel, vergleichsweise preiswert, einzelne in Traumlage. Absolut ruhig, eine solitäre Unterkunft. Preise im Restaurant: mittel. Anfahrt: Ab Schauinsland bzw. Giesshübel 1 km in Richtung Münstertal, dann markierte Abzweigung und ca. 1 km lange Stichstraße.

GIESSHÜBEL – Stohren. Das imposant gelegene Traditionsgasthaus gehört seit jeher zu den einfach-bodenständigen Schauinsland-Einkehren. Drinnen in der alten Stube Nostalgie und Nestgefühl, mit einem dunkelgrünen Kachelofen und dem herben Charme von Knarzedielen und niederer Decke. Davor eine große, bislang recht schmucklos möblierte Terrasse. In den letzten Jahren lief das Haus nur noch mit gedrosselter Drehzahl, aber nach einem Eigentümerwechsel im Herbst 2008 kommt der Giesshübel nun wieder in Schwung. Eine recht umfangreiche Karte an warmen Gerichten bietet in Ausflugslage erwartbare Standards, dazu

Früher Wintersport auf dem Schauinsland

Vesper, hausgemachte Kuchen und Extras wie Schlachtplatte etc. Der Service gibt sich Mühe; zur rechten Zeit (nicht an Halligalli-Wochenenden) ein reizvoller Platz in der Holz-bankklasse.

→ **Gasthof Giesshübel**, Stohren 17, Tel. 07602-225. In der Saison Küche durchgehend; von Mitte Nov. bis Anfang April RT: Do. Gästezimmer. Lage ca. 1 km unterhalb der Paßhöhe Schauinsland. Anfahrt zum Stohren/Giesshübel auch über die Abzweigung oberhalb der Holzschlägermatte. Preise: günstig.

⟳ **Wandern:** Hundert Meter vom Giesshübel auf der K 4957 in Richtung Holzschlägermatte/Freiburg der kleine Giesshübel-Parkplatz direkt an der Straße (auf 1.060 m). Von dort führt ein lohnender Höhenweg in Richtung Köhlerhöfe (3 km, Gasthaus Kohlerhof, gute Wandereinkehr, RT: Mo, vgl. dort) und weiter auf die zauberhaften Höhenwege am Sonnhaldeneck über dem Münstertal. Gleich auf dem ersten Wegkilometer eine markante Passage am Rande eines alten Fichtenwaldes, mit mächtigen, nicht entästeten Stämmen, deren Zweige vereinzelt bis auf den Boden reichen. Das Entästen der Stämme (das gleichmäßigeres Holz geben soll) sorgt ja nicht nur für ein monotones Waldbild, es schadet auch forstlich. Durch die unten kahlen Stämme fährt der Wind viel hef-

Schnee auf dem Schauinsland (historische Aufnahme)

tiger in den Wald, was der Humusbildung schadet. Zwischen Waldrand und Weide weiche Liegeplätze, ideal an einem heißen Sommertag zum Lesen und Treibenlassen.

➲ **Wandern/Loipe ab Notschrei:** Am klassischen Touren- und Loipenausgangspunkt Notschrei wurde im Sommer 2008 (mit Landesmitteln und EU-Geldern gefördert) direkt neben dem Waldhotel ein neues **Loipenhaus** und **Nordic-Zentrum** eröffnet (am Beginn der Stübenwasenspur, die vielfältige Tourenmöglichkeiten zwischen 6 und 24 km bietet). Unten die öffentlich zugänglichen WCs, Dusch- und Waxräume, sowie eine kleine Ausstellung historischer Schwarzwald-Bilder; im ersten Stock liegt das neue Selbstbedienungs-Bauernkaffee in einem freundlichen, offen-hellen Raum; mit einer Veranda im Freien (RT derzeit: Mi und Do, sonst 11.30-18 Uhr, Vesper, Tagesgericht, Kuchen). Das Angebot regionaler Produkte – auch zum Mitnehmen – ist sicher gut gemeint, Sortimentsauswahl und Präsentation sind in dieser Form freilich noch entwicklungsfähig. So gilt auch hier: wenn die Eröffnungsreden verklungen sind, beginnt die eigentliche Bewährungszeit. Jedenfall ist durch fromme Wünsche allein noch kein zeitgemäßes Gesamtkonzept für die Liegenschaft garantiert. Für LL-Sportler ist die Infrastruktur natürlich eine feine Sache.

Späte Blüte weit hinten im Münstertal

Vom Schauinsland ins Münstertal: Stohrenstraße

Vom Gasthof Giesshübel am Schauinsland führt die schmale Stohrenstraße (K 4957) auf direktem Weg runter ins obere Münstertal. Zunächst noch mäßig, später außerordentlich abschüssig. Andersrum gefahren, eventuell mit dem Rad – mit bis zu 18 % Steigung und engen Kehren – eine Prüfung für Mensch und Material. Auch gastronomisch bietet die Strecke eine Ausnahme: Der nahe der Talroute liegende ZÄHRINGER HOF zählt zur Klasse „selten gutes Berggasthaus". Das Haus gehört zwar zum Münstertal, dennoch, von vielen Schauinsland-Gästen wird der Hof besucht und dem Schauinsland tut er gut.

Die ruhige Tour: rauf zur Hörhalde

Im unteren und mittleren Teil der Stohrenstraße wären noch zwei unauffällige Abzweigungen zu beachten: Besonders, wenn es mal um einen vertrödelten Nachmittag in der Klasse „Wolldecke am Bach" geht. Zwei kleine Nebenstraßen nach Osten, die mittenrein in schönsten, allein gelassenen Südschwarzwald führen (recht unauffällig beschildert: *Sittnerberg* bzw. *Hörhalde*).

Die schier verkehrsfreie Route führt auf einem Rundkurs zu solitär gelegenen Höfen auf der Gemarkung Münstertal. Einzellagen am Sonnenhang heißen hier Milchmatt, Sattelgrund und Schöneck und das sagt eigentlich schon genug. Von Obermünstertal kommend zunächst auf die Stohrenstraße (K 4957), vorbei an den klamm gelegenen, etwas merkwürdig wirkenden Höfen direkt nach der Abzweigung. Dann nach etwa 2 km scharf rechts ab, wer vom Stohren runter kommt, links ab (Schild: Hörhalde-Sittnerberg).

Rauschebach, Bergwiese, Hofkatzen

Es beginnt eine reizvolle Bergpartie, zunächst noch am rauschenden Bach lang, ab Mai längs reich blühender Bergwiesen, später die Hörhalde rechts liegenlassend, gleich den Hang hinauf und rasch an Höhe gewinnend zu zwei Einzelhöfen.

Als erster wird *Schöneck* erreicht, frank und frei auf 950 m Höhe gelegen, wie der Name schon sagt. Weiter über die schmale Bergstraße, die nun auch mal mit den Hofkatzen geteilt werden muß. Kühe weiden am steilen Hang, ein Brunnenrohr speist eine alte Badewanne, Bauerngärten blühen und in der nächsten Hangfalte am Sattelgrund wieder ein Solitär. Weiter über die Milchmatt und zurück zur Kreisstraße, die den zu Tal polternden Neumagen begleitet. Hier wäre noch ein Stück Südschwarzwald wie im Kalenderblatt. Die Straße führt einen in weiter Schleife hindurch, zuletzt wieder zurück zur Stohrenstraße, unterwegs immer wieder Haltepunkte. Besonders lohnend im Frühsommer, wenn die Matten blühen.

Tourenausgangspunkt und Ziel: Kohlerhof bei Ehrenstetten

5 ▶ Kleine Touren am Kohlerhof

Von Freiburg, oder von Staufen im Breisgau aus gesehen, liegt der Kohlerhof mitsamt den nahen Kammwegen nahezu ideal für ein paar Stunden Südschwarzwald. Stadtnaher Zugang, solitäre Lage und reichlich Wandermöglichkeiten ringsum, alles ohne lange Planung. Nur Einkehren oder auf der Westterrasse sonnensitzen geht natürlich auch. Das richtige Ziel für einen halben Tag im Abseits.

Gasthaus Zum Kohler, KOHLERHOF – oberhalb Ehrenstetten. Der Kohlerhof liegt am Ende einer langen Waldfahrstraße, auf einer Lichtung über dem Ehrenstetter Grund. Das beliebte Ausflugsziel lebt zweifellos von seiner einsamen Gunstlage. Trotz Hüttenstimmung mit tiefer Decke und umlaufender Holzbank hat die innen mehrmals renovierte Gaststätte nicht mehr ganz den Originalcharme anderer Wäldergasthöfe, aber noch immer ist hier – gerade auf der

Westterrasse – gut und weitblickend sitzen. Man sieht den Atommeiler von Fessenheim und die Vogesenkette dahinter und meist reicht die Höhenlage zur Überwindung der Nebeldecke. Auch als Wintereinkehr zum Auftauen eignet sich der heimelige Hauptraum mit grünem Kachelofen, kleinen Fenstern und etwas knorzigem Schwarzwaldvereinsambiente – die richtige Zuflucht nach einer langen Wanderung.

Dann paßt auch die Kost des Kohlerhofs, das recht breite Angebot liegt schon über der üblichen Hüttenbewirtung. Zur sicheren Basis gehört eine breite Auswahl an Vespern mit gutem Brot und hausgemachte Suppen. Warmes in der Fleischkäse-, Schnitzel- und Rumpsteakklasse sind weitere Möglichkeiten. Die Hausspezialität Rühreier (mit Speck oder Kräutern) wird ansprechend im Gußeisenpfännle serviert. Ab und zu gibt es in dem motiviert und persönlich geführten Haus auch mal ein etwas aufwendigeres Menü oder ein Käsefondue (nicht draußen, nicht bei Hochbetrieb). Die portugiesische Herkunft des Kochs schlägt mitunter bei den Tagesgerichten durch, also gibt es auch mal einen landestypischen Bohneneintopf.

An Schönwetterwochenenden ist auf dem Kohlerhof, auch wegen seiner wandergünstigen Freiburgnähe, viel Betrieb. Ein bisweilen etwas regelfernes Publikum aus den einschlägigen Quartieren Freiburgs okkupiert dann die Sonnenterrasse, was die Geduld aller fordert. Gleich wie, zur rechten Zeit, in passender Laune, ist der Kohlerhof eine lohnende Anlaufstelle.

→ **Berggaststätte Kohlerhof** (Helga Fliegauf, José Pereira), Tel. 07602-245, RT: Mo. Zur Sommerzeit bis 22 Uhr geöffnet, im Winter bis 18 Uhr. ♠ Sonnenterrasse. Preise: günstig. Am Höhenwanderweg Schauinsland-Münstertal. Auffahrt mit KFZ: Noch kurz vor Ehrenstetten führt eine 7 km lange Stichstraße durch die Wälder des Ehrenstetter Grund hinauf (im Winter wird geräumt).

Vesperplatz am Kammweg zwischen Münstertal und Kohlerhof

Touren in der Region Kohlerhof

Der Kohlerhof ist ein guter Ausgangspunkt für Rundwanderungen in der Region, man sollte allerdings stets noch die paar Höhenmeter rauf zum Kammweg am Sonnhaldeneck auf sich nehmen, die bewaldeten Hänge direkt um die Kohlerhöfe bieten unvergleichlich weniger Blick.

⮑ **Wandern:** Schon eine kleine Runde über den Kammweg zum **Sonnhaldeneck** zwischen Münstertal und Kohlerhöfen bringt satten Landschaftseindruck (ca. 1 h), der panoramische Kammweg kann sehr gut in Richtung Giesshübel – Schauinsland verlängert werden.

Der Kohlerhof wäre auch eine ideale Einkehr auf einer knapp 20 km langen Höhenwanderung zwischen Freiburg-Horben (über: Eduardshöhe, Priorsfelsen) bis Staufen (Endpunkte mit guter Anbindung an öff. Verkehrsmittel).

6 ▶ Vom Münstertal ins Licht

„Durch das herrliche Münstertal südlich von Freiburg windet sich eine uralte Straße hoch zum Wiedener Eck und fällt dann in prachtvollen Kurven hinunter nach Schönau im Wiesental.“ Bernd Boehle, Gastlichkeit am Oberrhein, 1961.

Die Straße durch's lange Münstertal ist keine „uralte" mehr, und so „windungsreich" wie vor 50 Jahren ist die Route auch

Es wird Licht! Sankt Trudpert im Münstertal

nicht. Die Neuzeit ist längst ins Tal gekommen: gleich am
Taleingang linkerhand wartet seit 2008 eine Art Megastore
der Bäckereikette HEITZMANN. *Coffee to sit and to go* nun
also auch im Münstertal, so bleibt der Anschluß an die Zeit
garantiert. Tröstlich immerhin, daß sich die Nebelschwaden über dem Kloster St. Trudpert noch ganz traditionell
auflösen. Und Holzofenbäckerei wird im *Däl* auch noch
praktiziert. Aber dazu später.

Beim Spielweg um's Eck: Bienenkundemuseum Münstertal

Vom Taleingang bis rauf nach Obermünstertal zieht sich ein bald 15 km langer Talgrund, darin weitgestreut die Ortsteile Unter- und Obermünstertal (Vorsicht: oft Radarfallen!), darüber das eigentlich Interessante: Panoramawege, Sonnenterrassen. Auf den Hängen ein paar exklusiv gelegene Einzelhöfe, andere liegen schattig in den Hangfalten der Nordseite, wo die Gewanne auch mal Hinteres und Vorderes Elend heißen. Der Name Winterhalter kommt im übrigen auch von Nordseitenbauern, Spiegelhalter heißen dagegen jene, in deren Fenstern die Sonne lacht. Ansonsten heißt man im Münstertal aber Pfefferle, Gutmann oder Ortlieb.

Längs der Landesstraße Standardsüdschwarzwald mit allem, was dazugehört: Ein ADAC geprüfter Campingplatz, später dann Sägwerke, Trödelladen, weiter talaufwärts dann das kleine Bienenkunde- und Heimatmuseum (lohnend).

Beherrschend und dennoch perfekt in die Landschaft eingepaßt das Kloster St. Trudpert mit sehenswerter Zwiebelturm-Barockkirche, Ausstattung von PETER THUMB, natürlich

Barockes Meisterwerk: Klosterkirche St. Trudpert

noch eine „letzte Tankstelle vor dem Belchen" und zu guter Letzt das Romantikhotel Spielweg.

KLOSTER ST. TRUDPERT – Münstertal. Das Kloster St. Trudpert liegt etwas erhöht in Hanglage, mit bestem Auge für die landschaftlichen Gegebenheiten ins Tal eingepaßt. Reclams Kunstführer lobt die barocke Klosterkirche: „Eine sichere Wahl der Verhältniswerte zeichnet das Raumbild aus." In seiner heutigen Form wurde das Kloster ab 1709 gebaut.

Baumeister der heute dominierenden Klosterkirche (geweiht 1727) war u.a. PETER THUMB, der auch für St. Ulrich und St. Peter verantwortlich war. Thumb wird vor allem das Langhaus zugeschrieben. Innen bemerkenswert reiche Malerei und eine prächtige Altarausstattung aus den Jahren 1710-1722, regelmäßig Orgelkonzerte. Die Klosterbauten entstanden größtenteils Mitte des 18. Jh. Seit 1919 wirken die Schwestern vom hl. Josef in St. Trudpert (Unterkunftsmöglichkeit).

Stiller Ausgangspunkt, große Touren: Gipfhof im Münstertal

Wandern im oberen Münstertal

Zur Attraktion zählt weniger der Talgrund, schöner sind die sonnigen Höhen des Münstertals: Heiterer Südschwarzwald unterbrochen von Wäldern, jedenfalls keine endlose *Fichtenschwere*. Schöne Tourenmöglichkeiten, vor allem rüber zum Schauinsland. Zudem ist das Touristenaufkommen vom Feldbergrummel himmelweit entfernt. Rechnen Sie an hellen Wochenenden dennoch mit Kolonnenverkehr auf der Straße durchs Tal. Am komfortabelsten sind die etwas versteckt gelegenen, höhergelegenen Ausgangspunkte, die einen weiteren Anstieg ersparen. Zu einem besonders sonnigen und landschaftlich reizvollen Platz ist die KFZ-Zufahrt gestattet:

➲ **Wandern ab Obermünstertal-Obergipf:** Neben den üblichen Parkplätzen im Tal bzw. den hoch gelegenen in Richtung Wiedener Eck, lohnt besonders die Auffahrt über Gasthaus Spielweg/Obermünstertal zu einem etwas versteckten Parkplatz, der nur 200 Straßenmeter oberhalb des oberen Gipfhofes liegt (schöne Ferienwohnung, gutes Holzofenbrot, vgl. S. 74).

- Die **Zufahrt** zum Parkplatz beim Gipfhof beginnt wenige Meter vor dem Gasthof Spielweg: unmittelbar am Bienenkundemuseum links ab in den **Kohlerweg** und auf der nördlichen Talseite auf asphaltierter, auch im Winter gut geräumter Straße strikt nach oben bis zum Gipfhof. Der kleine Wald- und Wanderparkplatz liegt wenig oberhalb des Hofes am Waldrand. Sie sind dann bereits auf ca. 700 m, die Talsohle liegt auf gut 500 m.

Ab hier, bzw. oben vom Kammweg aus, zahlreiche lohnende Wegvarianten. Eine kurze (1 h) führt rüber zum Kohlerhof (Einkehr, vgl. dort), eine längere mehrstündige Panorama-Rundwanderung führt über den Giesshübel und das Wiedener Eck wieder zurück zum Kammweg/Gipfhof.

Vom Gipfhof zunächst auf steilem kurzen Zugang Richtung Kammweg Staufen-Giesshübel ansteigen. Man erreicht die *Kohler Höhe* zwischen Münstertal und Kohlerhof und damit den kammnahen Panoramaweg. Sturm Lothar hat auch hier vor Jahren gewütet und für Sicht nach Westen gesorgt. Der Platz hier oben hat was, bei hellem Wetter ist hier praktisch rund ums Jahr Lektüre im Freien möglich. Die exponierten Sonnenbänke werden geschätzt, vom BILD-lesenden Rentner bis zum esoterisch gestimmten Freiburger Studentenpaar wirkt die Stelle anziehend und gütig stimmend. Selbst im tiefen Winter, erst recht aber an Hochsommertagen, zieht es Leute hierher. Einfach, um da zu sein. Einmal lagen in der fahlen, späten Wintersonne zwei in ihren Hightech-Schlafsäcken, gut verproviantiert, lesend und die Dämmerung erwartend. Unter ihnen das geschlossene Nebelmeer. Da fehlte nur noch das Yes-Törtchen.

Zum Kohlerhof: An der Stelle des Zugangs vom Gipfhof zweigt vom Panoramaweg auch der Zugang zum Gasthaus Kohlerhof ab (ca. 20 min, viel durch Wald, aber auch hier durch den Sturm Lothar Lichtungen). Ansonsten bleibt die Wahl, in welcher Richtung der Panoramaweg genossen werden soll. Rundwegvarianten mit Rückmarsch über einen der zahlreichen tieferliegenden Wanderwege oder eine der ruhigen Anliegerstraßen sind viele möglich, am interessantesten, wie erwähnt, die Varianten über den Kohlerhof, oder die Fortsetzung nach Osten über das sagenhafte Sonnhaldeneck bis Giesshübel/Schauinsland, wie nun ausgeführt.

Abheben im Münstertal: Kammweg zum Sonnhaldeneck

Die Route zwischen Kohlbühl und Sonnhaldeneck (auf ca. 800 m) verläuft über weite Strecken als Kammweg, der bietet immer wieder großartige Aussicht über das Münstertal. Besonders im sonnigen Abschnitt vom Kohlbühl über Ahornwald zum Sonnhaldeneck. Über Kilometer hinweg verliert man hier kaum an Höhe und hat stets das Gefühl der erhabenen Perspektive. Die schönsten Passagen am Waldsaum entlang, vorbei an alten Weidbuchen, über rundgelaufene Wurzeln, später über teppichweiches Gras rauf zur Herrgottsstelle am Sonnhaldeneck.

Am **Sonnhaldeneck:** Hier wartet ein Vesperplatz der Extraklasse (Foto oben). Falls Sie mal der Wanderbegleitung imponieren möchten, wäre hier der Ort für eine kleine Brotzeit. Wenn es dann nicht klappt, ist eh' alles zu spät.

Nur ab und an sitzt mal eine Gruppe im trockenen Herbstgras, das hier, in reiner Südlage, besonders flauschig gewachsen ist, manche

der natürlichen Sitzkissen haben fast schon Daunenqualität. Trotzdem bleibt man auf dem Kammweg oft für sich, obwohl die Passage zu den eindrucksvollen Höhenwegen im Südwesten zählt.

Auch ab Sonnhaldeneck läßt sich die Route wieder über den Kohlerhof (Einkehr) abkürzen oder auch länger fortsetzen: zunächst durch Wald und Weiden bis rüber zum Giesshübel. Im Schauinslandgebiet und wieder auf der Fortsetzung des Weges zum **Wiedener Eck** ebenfalls wunderbar offene Landschaft mit sattem Blick. Insgesamt einer der schönsten, sonnigsten und auch noch aussichtsreichsten Höhenwege im südwestlichen Schwarzwald.

Sonnenplatz, 1. Klasse: Spielweg im Münstertal

SPIELWEG – Münstertal. Unter den Traditionsadressen ist der Spielweg ein Klassiker im Südwestschwarzwald, Platzhirschlage im oberen Tal, Familienbetrieb seit 1861. Das eigentliche Schmuckkästchen ist die alte Stube gleich rechts mit niederer Holzdecke, Kachelofencharme und Knarzedielen, die Winkel aufs Allerliebste ausdekoriert. Wer es neoromantisch im Landhausstil haben möchte, findet gleich links des Eingangs ein behagliches Kaminzimmer, ideal zum Aufwärmen nach einer Wintertour. Zu den großen Attraktionen des Hauses zählt seit jeher aber die ♣ günstig besonnte Terrasse, die über die gesamte Hausfront reicht und sorgfältig bewirtet wird. Ein idealer Balkon; durch die Südexposition und Windschutz kann man hier lange im Jahr draußen sein.

Des Spielwegs Küche folgt den Regeln der gehobenen Renommiergastronomie, wobei das Regionale durchaus gepflegt wird (u.a. mit Gerichten vom Hinterwälder Rind, Lamm von nebenan, Wild aus eigener Jagd, guter Hausmetzgerei und Produkten aus der eigenen *Rohmilch-Käserei* (vgl. unten). Ein Spielweg-Pluspunkt für alle, die es gerne eine Nummer kleiner haben: es gibt auch eine kleine Mittagskarte mit einer Handvoll Regionalgerichten. Vor der sonnigen Hausfront eingenommen, ist so eine Mittagsrast wie ein Kurzurlaub. Kulinarisch stimmt hier also manches, einzelne Positionen kommen aber – bei forciertem Preis – über Alltagsqualität nicht hinaus.

Auf der großen Karte steigen Preise und Gepränge rasch an. Mit dabei sind dann auch Komponenten der Imageg-astronomie, wobei Mediterranes – wie so oft nördlich der Alpen – recht unerschrocken germanisiert wird. Der Düsseldorfer als solcher möchte es wohl so. Ein Großteil der Klientel scheint keine Probleme mit einer münstertäler Weltküche zu haben. Freunden der Hochromantik bietet der Spielweg jedenfalls eine sichere Bank. Löblich bleibt das Bemühen um die Regionalküche, wobei Meister Fuchs' Küchenschaffen noch mit anderen Leidenschaften zu ringen hat. Neben dem Herd wäre da noch die Jagd und die Prominentenbetreuung zu absolvieren, sowie die Produktion lokaler Käsespezialitäten, die bestens gelingen. Die Spezereien sind auch außer Haus zu bekommen, natürlich auch beim Vesper am Platz. Fazit: Zur rechten Zeit und recht dosiert eine Komfortinsel.

→ **Gasthof-Hotel Spielweg** (Fam. Fuchs), 79244 Obermünstertal, Tel. 07636-7090, Fax: 70966. Kein RT (Mo und Di kleine Karte). Selten schöne Sonnenterrasse vor dem Haus. Mittagskarte mit Regionalgerichten. Knapp 90 Betten in Gästezimmern, Appartements, Suiten im Haupthaus und in verschiedenen komfortablen Nebengebäuden. Der Hausprospekt informiert über die – unterschiedlichen – Grundrisse und Preise. Tennisplätze, elektrische Sonne & Sauna, Hallen- & Freibad, Liegewiese. Preise: gehoben-hoch (über Mittag auch kleine Karte). www.spielweg.com

Der **Spielweger Käse** aus der hauseigenen (Rohmilch-)Käserei gehört zu den Leidenschaften des Spielweg Patrons. Das delikate Sortiment – Frischkäse, Halbfeste und Hartkäse – kann auch als Vesper im Restaurant probiert werden. Im Verkauf auch Salami vom Wild aus eigener Jagd. Adresse wie oben.

Holzofenbrot aus erster Hand, Marina Riesterer vom Gipfhof

Brot und Käse aus dem Münstertal

■ **Holzofenbrot vom Gipfhof:** Gutes Brot wird aus viel Zeit (für den Teig) und keinen Zusätzen (im Mehl). So war das mal, vor der Zeit der Jogging- und Wellnessbrote. Und da und dort ist es noch immer so, zum Beispiel auf der kleinen Gipfhof-Bäckerei von Ulrich und Marina Riesterer: Brotteig aus Roggen- und Weizenmehl, Wasser, Salz, Hefe und sonst nichts. Es folgt eine lange Teigruhe, während der wird der Holzofen mit Tannenholz aufgeheizt. Nachdem der Ofen die Backtemperatur erreicht hat, wird die Holzglut ausgeräumt, dann werden die reifen und handgeformten Teiglinge mit einem langen Buchenholzschieber eingeschossen. Heraus kommt gutes Brot, das lange hält. Neben den Holzofenbroten (Bauernbrot rund und lang, sowie Kastenbrot) gibt es vom Gipfhof Brote vom (elektrisch beheizten) Steinbackofen (Landbrot, Roggenbrot, Dinkel und Sechskorn), auch diese ohne Zusätze und Backhilfsmittel.

Weit hinten im Kaltwasser: Käserei Glocknerhof

→ **Gipfhofbäckerei:** Verkaufsstellen in Münstertal: Mi 9.30 - 9.45 Uhr am Bienenkundemuseum (Obermünstertal, am „Spielweg"); 10 - 13 Uhr am Rathaus in Münstertal-Zentrum. Am Sa 7.45 - 8.15 Uhr am Bienenkundemuseum, sowie von 8.30 - 12.30 Uhr auf dem Bauernmarkt beim Rathaus. Gipfhof, Marina Riesterer, Gipf 2a, 79244 Münstertal, www.gipfhof.de, Tel. 07636744.

■ **Ziegen- und Kuhkäse vom Glocknerhof:** Hinten im Kaltwasser, einem ruhigen Münstertäler Seitental, wo man fast noch das Gras wachsen hört, steht der 300 Jahre alte Glocknerhof. Seit 1999 wird die hofeigene Milch zu Käse und Milchprodukten verarbeitet, seit 2001 gehört der Hof zum Bioland Verband. Neben den Milchprodukten gibt es im Hofladen auch Ziegenwurst und (auf Bestellung) auch Ziegen-, Rind- und Schweinefleisch, alles aus eigener Haltung.

→ **Glocknerhof**, Kaltwasser 2, 79244 Münstertal, Tel. 07636-518, www.kaeserei-glocknerhof.de; Hofladen von Mo bis Fr 11 - 13 Uhr und von 15 - 18 Uhr geöffnet, Sa 9 - 13 Uhr; Marktstand auf dem Wochenmarkt in Müllheim Sa 8.00 - 12.30 Uhr; Bure-Märkt in Münstertal Rathaus von 8.30 Uhr - 12.30 Uhr; Mi-Markt Ballrechten-Dottingen ab 18 Uhr; Fr Markt (Getränke Pfefferle) Heitersheim 14.30 - 18.00 Uhr.

7 ▶ Weidbuchen am Wiedener Eck

Lichtwald statt Schwarzwald. Der Südwestschwarzwald um die Paßhöhe am *Wiedener Eck* gehört nicht zum fichtendunklen, schweren Hochschwarzwald. Das heiter, warme Oberrheinland klingt hier schon etwas an. Also wären da sonnige Hochweiden mit mächtigen, frei stehende Weidbuchen, Panoramawege, Mischwälder und damit immer mal wieder eine warme Nische am Waldrand. Lektüre, Apfel und Sackmesser nicht vergessen.

Solitär, Landmarke, Rückenlehne: Weidbuche bei Wieden

⟳ **Wandern:** Obwohl das obere Münstertal und die Wiedener-Eck-Region einen ganzen Satz wunderbarer und sonniger Höhenwege bieten, ist das Gebiet weniger überlaufen als vergleichbare Regionen im Hochschwarzwald, ganz zu schweigen vom Freiburg nahen Freizeitpark auf dem Schauinsland. Allenfalls der Andrang auf dem großflächigen Parkplatz an der Paßhöhe Wiedener Eck mag manche abschrecken. Das sonntägliche Gedröhn der Motorräder kann irritieren, aber schon ein paar hundert Meter abseits verteilt

In Kurvenlage: der Neuhof

sich der Betrieb aufs Angenehmste. Außerhalb der geläufigen Saisonzeiten wundert man sich ohnehin, weshalb eine so attraktive Region so erfreulich normal blieb. Es mag das Fehlen der großen, anziehenden Namen sein. Und so gönnt man einmal mehr der Region Hinterzarten/Feldberg ihren Auftrieb und freut sich über ein paar entspannte Flecken.

Ausgangspunkt Neuhof

Beliebtester Ausgangspunkt für Touren ist die Paßhöhe (1.035 m) zwischen dem Münstertal und Wiesental, genannt Wiedener Eck. Nur wenig tiefer liegt ein stillerer und mindestens ebenso reizvoller Beginn: An der Parkbucht, die nur eine Straßenkurve oberhalb der Neuhof-Gaststätte liegt – kurz zur Neuhof-Einkehr:

→ **NEUHOF – Obermünstertal.** Über Generationen ein klassischer Straßengasthof in guter Kurvenlage, im Sommer 2008 wurde der Gasthausbetrieb erst mal unterbrochen – die ehemaligen Pächter betreiben nun den Giesshübel auf dem Stohren/Schauinsland; Pensionszimmer werden im Neuhof weiter vermietet. Schade eigentlich für dieses Exem-

Unterwegs zwischen Neuhof und Nebelgrenze

pel einer Paßstraßeneinkehr mit stimmungsvollem dunklem Gastraum und mächtigem Kachelofen. Wäre schön, wenn das Haus gastronomisch wiederbelebt werden könnte.

➲ **Wandern:** Nur eine Kehre oberhalb des Gasthauses Neuhof ein großzügiger PKW-Parkplatz, zugleich Ausgangspunkt sonniger Weidewege: etwa in Richtung der frei gelegenen **Jetzenwaldhöfe** und weiter rauf zum **Hörnle** (1.187 m, famoser Aussichtsbuckel oberhalb des Wiedener Ecks); man kann freilich auch bis zu den Jetzenwaldhöfen hochfahren und spart sich dann einige Höhenmeter.

- Gegenüber vom Parkplatz beginnt übrigens ein nahezu ebener Höhenweg (Glashofweg, bequeme Route auch fürs MTB). Gleich am Anfang wartet ein winterwarmes Sonnenbänkle, und wieder mal stellt sich die Frage „muß der Sonnenbrand eigentlich immer auf den Seychellen geholt werden?"

Alte Weidewege: Anders als maschinengeschobene oder gar asphaltierte Fahrwege zeigen die alten Weidewege eine harmonische, mit der Landschaft konforme Wegführung, die auf den alten Viehtrieb zurückgeht. Das Vieh paßt seinen Lauf ja immer dem Gelände an, was man vom Menschen so nicht behaupten kann. Entsprechend sind die neueren Hangwege

Spuren I: Lesesteinmauer

oftmals eher technisch als ästhetisch beeindruckend. Auch
am Berg gilt, der gerade Weg ist zwar der kürzeste zwischen
zwei Punkten, der dem Gelände angepaßte ist aber oft der
praktischere, Kräfte sparende. Daß er auch der schönste ist,
ergibt sich von selbst.

Auffallend auf den Weiden zwischen Wiedener Eck und
Neuhof sind die vielen gefaßten Viehtränken, ebenso markant im oberen Münster- und Wiesental wirken die nur
grob aufgesetzten, dem Landverlauf schier einverleibte Lesesteinmauern (aus unbehauenen Findlingen, die aus den
Weidegrasflächen früher mit der Hand am Arm ausgelesen
wurden).

Kurz vor Erreichen des Köpfle wendet sich der Weg nach
Osten, nun schon mit herrlichem Blick auf die Schauins-
land-Hochflächen im Norden, den Blauen (mit markantem
Funkturm) und natürlich stets mit Blick auf den Belchen-
rücken nah im Süden. Mit jedem Schritt in Richtung Osten

Spuren II: Winter „Auf den Böden" beim Hörnle/Wiedener Eck

erschließt sich nun der Hochschwarzwald zum Panorama, bei hellem Wetter mitsamt Alpensicht.

- **Ausguck vom Hörnle:** Gleich ob vom Neuhof, von den Jetzenwald Höfen oder vom Wiedener Eck aus, der kurze Weg auf den Panoramabuckel Hörnle ist fast Pflicht (grandios auch bei frischem Neuschnee als Abstecher von der Notschrei-Loipe aus, die hier nahe vorbei führt).

Oben „Auf den Böden" (Punkt 1.179 m) würde sich die Rast an der einen oder anderen Stelle am Waldrand lohnen, wg. guter Südexposition, Polstergras, Alpensicht und so weiter. Die paar Minuten hinauf zum Hörnle sind aber fast Pflicht. Das eigentliche Hörnle (1.187 m) ist zwar nur eine mäßig erhabene Kuppe inmitten einer rundherum freien Weidelandschaft, aber die Weite der heiteren, nach allen Himmelsrichtungen offenen Landschaft kann von hier oben eben am besten genossen werden.

Zurück in Richtung Neuhof oder Wiedener Eck nun auf dem Hauptwanderweg vorbei am oberen der drei Itzenwaldhöfe. Wie erwähnt, alle drei Höfe sind mittlerweile auf einer Asphaltstraße auch von der L 123 aus zu erreichen (etwas versteckter Abzweig zwischen Neuhof und der Paßhöhe am Wiedener Eck. Die Ferienwohnungs-Nebengebäude wirken neben den Traditionsbauten etwas fremd. Wie so oft wurde proper und aufwändig gebaut, Ferien auf dem Lande müssen bringen, was das Land so nicht mehr bringt.

Paßhöhe historisch: Wiedener Eck

Wiedener Eck: Zwischen Wiesental und Rheintal eine richtig ansehnliche Paßhöhe, mit Gasthaus, Parkplatz, Aussicht und allem, was sonst noch dazugehört. An Sommerwochenenden kommt reichlich Motorradgedöns dazu, seit der Schauinslandsperrung für Motorräder (an Sonn- und Feiertagen) dient die Strecke übers Wiedener Eck als beliebte Ausweichroute. „N' Haufe Schweizer hots do", meinte ein Schwabe in buntem Goretex auf dem Parkplatz. Der Schweizer sieht es vermutlich ähnlich, nur andersrum. Also kein ruhiges Eckle, sondern ein Verteiler.

Krumme Touren mit wundervollen Ecken beginnen zum Glück gleich talabwärts in Richtung Wieden, wo die Höhenzüge einige gerne unterschätzte stille Passagen und Einkehren bieten, typisch für den heiter-hellen Südschwarzwald: sonnige Weiden, schmale, kaum befahrene Panoramastrecken und immer mal wieder eine warme Bank (vgl. dazu Tour Nr. 26, *Auf den Winden*, speziell Rollsbach).

Paßhöhe heute: Berghotel Wiedener Eck

Berggasthaus und Hotel WIEDENER ECK – Wieden. Keine Idylle im Winkel, sondern ein Haus für alle Fälle. Fuß-, Rad- und Motorwanderern, dem Autowanderer im Porsche und dem karierten Hemd, allen möchte das Paßhotel auf dem Wiedener Eck eine Einkehr sein. Dazu kommen Hotel-Arrangement-Urlauber. Der Spagat gelingt einigermaßen gut, was andernorts ins gastronomische Mittelmaß oder direkt in den Abgrund führt, Monopollage und Saisonbetrieb – auf dem Wiedener Eck wird daraus eine respektable Leistung.

Von außen wirkt das Paßhotel mit sportiven Anbauten wie gewohnt, aber die Karte bietet nicht nur die üblichen Touristenstandards, sondern mitunter auch Saisonküche und gehoben Regionales: darunter sauber gekochte Fleischgerichte, teils vom regionalen Rindvieh, Wild und Forellen von nebenan, dazu passable Tagesmenüs und wenn's sein muß, auch ein Paniertes. Alles kommt ordentlich aus der Küche und braucht in dieser Preisklasse keinen Vergleich zu scheuen. Die Räumlichkeiten im Hause sind unterschiedlich, von der gemütlich-traditionellen Wälderstube mit flaschengrünem Kachelofen und Schnitzebalken, Originalton: „oh Schwarzwald, oh Heimat" bis zum neudeutsch ausstaffierten Aussichstraum in Hellholz. Neben einer Veranda gibt es nun auch vor dem Haus einen Freisitz, der freilich vom Rummel auf der Paßhöhe erreicht wird. Einerlei, das Haus ist von den Niederungen der Ausflugsgastronomie so weit entfernt wie das Wiedener Eck vom Talgrund.

→ **Berghotel Wiedener Eck** (Fam. Wissler), 79695 Wieden. Tel. 07673-9090, Fax: 1009. Mit Hallenbad, Fitness und Sauna, Gästezimmer. In der Saison durchgehend geöffnet. www.wiedener-eck.de. Preise: mittel.

⮕ **Wandern:** Direkt beim Berghotel der Beginn für den lohnenden, freilich 11 km langen Höhenweg zur Almgaststätte Knöpflesbrunnen (RT: Fr, vgl. dort): Besonders lohnende Wege auch in Richtung Trubelsmattkopf und Schauinsland.

Neuhof und Wiedener Eck im Winter

Wenn es denn ausnahmsweise mal Schnee hat, bietet die Region ums Wiedener Eck – dank fünf miteinander verbundenen Skilifte – das einzig größere Alpinskigebiet südlich von Freiburg. Die Abfahrten sind vergleichsweise variantenreich, auch die beiden Wiedener Lifte östlich der Paßhöhe Wiedener Eck sind von den westlichen Liften am Neuhof ohne lange Schieberei zu erreichen.

So ist hier ein kleiner Skizirkus entstanden, der zumindest für schwarzwälder Verhältnisse etwas Abwechslung bringt. Der Betrieb bleibt weit hinter dem der bekannten Hochschwarzwälder Zielen. Ein gutes Revier für Skifahrer, die dem großen Trubel ausweichen möchten und dennoch anspruchsvolle Pisten suchen, oder kurz etwas pisteln wollen, bevor es auf Tour geht (vgl. unten).

⮕ **Loipe**: Hinzu kommt noch das Loipenzentrum Hohtann mit zwei Spuren und einem Loipenhaus (an der Straße zum Belchen).

Soll mitunter noch vorkommen: Neuschnee am Neuhoflift

⊃ **Touren-Ski:** Die freien Wiedener Hänge bieten auch für Tourenskifahrer einige nette Möglichkeiten zum Eingewöhnen, darunter die Routen: Wiedener Eck-Oberrollsbach (mit Einkehr im Auerhahn, vgl. dort) – Utzenfeld. Immerhin von 1.035 m auf 561 m, also nur bei besten Schneeverhältnissen, dann aber die reine Freude! Mit Bus zurück aufs Wiedener Eck.

Sowie eine klassische Abfahrtsroute runter ins Obermünstertal: Neuhof/Heidsteinlift – über die einzeln stehenden Höfe bei Breitnau, weiter auf Waldweg nordöstlich und unterhalb des Breitnauer Kopfes (oft Spuren) in Richtung Obermünstertal bis zum Kopf des Brandenberges. Dort von knapp 1.000 m Höhe forsch hinab vor die Türen des Gasthaus Spielweg (mögliche Einkehr vgl. dort), also bis auf 550 m. Ebenfalls Busanschluß zum Wiedener Eck.

8 ▶ Weit, hoch, herrlich – der Belchen

„Der dritthöchste, sicher aber der schönste Berg des Schwarz-
waldes. Der Belchenrundweg und der Weg durch die Hoch-
kelchfelsen gehört zu dem Schönsten, was der Schwarzwald
zu bieten hat."

Dr. C. W. Schnars neuester Schwarzwaldführer, 1918.

Und noch ein Zitat: „Weit, hoch, herrlich der Blick, rings ins
Leben hinein!" – Goethe liebte es prägnant. Der alte Baede-
ker blieb knapp und präzis wie immer: „Ein weit gegen die
Rheinebene vorgeschobener abgestumpfter Kegel. In seiner

Form, der schönste unter den Schwarzwaldbergen." Heute könnte man im Baedeker-Ton festhalten: Ein am Wochenende autofreier, dennoch von jung und alt gern besuchter Aussichtskegel. Gleich ob Nachmittags-Kaffeeziel oder Etappe einer ambitionierten Schwarzwaldtour, ohne Belchen geht der Südschwarzwald eigentlich nicht. Einmal sollte man schon oben gewesen sein, manch einem reicht das dann erst mal, bei anderen beginnt eine Belchenabhängigkeit.

Bis zum Jahrtausendwechsel war selbst der große Parkplatz vor dem Gipfelhaus nicht genug. Nach Jahrzehnten automobiler Demütigung ist der Berg seit ein paar Jahren zwar an Wochenenden (von Juli bis Nov.) ganz autofrei, aber

Belchenhaus und früher Belchentourismus

nicht menschenfrei. Bei Fernsicht bleibt das Gipfelhaus ein
beliebter Programmpunkt, kurz die Füße vertreten und ab.
Bis heute bleibt die Kaffeefahrt-Stimmung an der Belchen-
Nordostseite problematisch: es gibt gewiß stillere Partien im
Südschwarzwald als die zwischen Multen und der Talstation
der Gondelbahn beim Jägerstüble. Von hier aus überwindet
seit November 2001 eine 1.150 m kurze Gondelbahn die
letzten 262 Höhenmeter zum Gipfelhaus. Man schafft es
also auch in 20 min zu Fuß (die Bahn stammt von der Expo
Hannover).

Zudem: die Seilbahnschneise, die mächtige Talstation,
der Unterhalt, das alles wird ja nicht mit Blümchenener-
gie betrieben. Belchenland ist nun einfach ein Stück mehr
Freizeitpark, mit entsprechendem Publikum. Alpensicht
und Parkplatznot gehören hier oben nicht mehr zusammen, ob es deshalb beschaulicher zugeht, ist eine andere
Frage. An Wintertagen wird die alte Landstraße zwischen
dem Belchenhaus und der Talstation ohnehin als Rodelbahn

Belchen auf die ruhige Tour: am Hohfelsen

und Idiotenhügel genutzt. Wie bei allen Standardzielen gilt also auch beim Belchen, nutzen Sie die Gunst ungewohnter Stunden. Sonntags zur Kernfreizeit darf man keine intime Stimmung erwarten.

PKW Zufahrt: auch unter der Woche ist die Zufahrt zum Belchenhaus nur möglich, solange der Parkplatz dort nicht belegt ist. Die Schranke bei der Seilbahn-Talstation schließt, sobald die Parkmöglichkeiten beim Belchenhaus erschöpft sind.

Die wichtigste Belchenregel

Die Genußregel für den Belchen klingt etwas ketzerisch, aber sie funktioniert: *Am schönsten ist der Belchen ein paar Meter abseits vom Gipfel.* Namentlich an seiner großartigen Südwand, also Richtung Hohfelsen oder Heideckfelsen, ist der Belchen ein etwas ruhigeres Naturwunder. Folglich muß man auch garnicht mal ganz auf den Belchen, um den Berg zu genießen.

➲ **Gute Ausgangspunkte** für ebenso kurze wie aussichtsreiche Bel-

Oktoberschnee und Alpenblick: Beim Westweg am Belchenhaus

chen-Aufstiege wären der Haldenhof oder die beiden Wanderparkplätze (Eck bzw. Hau) oberhalb von Neuenweg. Alle drei Varianten bieten flotten, staufreien Zugang durch die reizvolle Südflanke auf einer jeweils gut fünf Kilometer kurzen Route (vgl. auch Tour Nr. 9). Aber endlich zu den Vorzügen des Belchen:

- **Weit:** Großartiges Panorama in alle vier Himmelsrichtungen, keine Einschränkung der Sicht – nur das Wetter bestimmt den Blick.

- **Hoch:** der Belchen steht da wie ein richtiger Berg, ein Gipfel mit Rundweg. Oben ein abgewettertes Kreuz auf 1.415 m Höhe, daneben eine alte, in Messing gestochene, leider ziemlich abgegriffene Rosette, die das Panorama erklärt. Die weit nach Westen vorgeschobene Bastion vermittelt

mit ihren Steilflanken am meisten Gipfelgefühl von allen Schwarzwälder Bergen – und oft bläst es oben auch entsprechend.

- **Herrlich:** Jede Himmelsrichtung des Belchen bietet anderen Schwarzwald: An den warmen *Südhängen* stehen Sonnenbänkle mit dem allerbesten Panorama der Alpenkette. Ideale Stellen, um sich der großen Weite zu überlassen. Nach *Westen* der jähe, fast alpine Abfall zum Münstertal und zur Rheinebene, über 1.000 Höhenmeter auf nur vier Kilometern Distanz. Rheinebene und Kaiserstuhl erscheinen wie eine Reliefkarte. Im *Norden* kalt-feuchter, dichter Nadelwald mit flechtenbesetzten Stämmen, in finsteren Wellen bis hinauf zum Belchen wogend. Im *Osten* geht die Sonne auf und einen Sonnenaufgang auf dem Belchen vergessen Sie Ihr Leben lang nicht. Auch noch wichtig: der Belchen ist kein Schönwetterberg. Zu jeder Tages- oder Jahreszeit, auch bei vermeintlichem Allerweltswetter, ist der Berg für ein Spektakel gut:

„Vom Westen her, in Richtung der schwarzen Vogesenberge, aus der Rheinebene herauf, wälzten sich gewaltige schwarz-gelbe Wolkenmassen heran. Bald lohte der Himmel in zuk-kenden Blitzen, die von allen Seiten den dunklen Himmel für Augenblicke taghell erleuchteten. Schon prasselte der Regen in schweren und schwersten Tropfen hernieder. Mit einem Male – alle Belchenleute stürzten zur Tür – war das Wolkenmeer feuerrot. Gegen Osten – es war nach 20 Uhr – leuchtete ein gewaltiger Regenbogen (…). Von drei im Tale liegenden Städt-chen wurde fernmündlich angerufen, ob es auf dem Belchen brenne.“ Aus einem Reisebericht vom Sommer 1933.

⊃ **Natur & Bewegung:** Besonders die steile Südseite des Belchen bietet botanische Raritäten, darunter Arten, die sonst fast nur in den Alpen vorkommen. Ende Juni die tief-roten Blüten der Alpen-Heckenrose, im Juli das Lila des Fel-sen-Ehrenpreis, darüber Bergahorn-Buchenwälder, die Licht für einen üppigen Staudenwuchs durchlassen. Es lohnt sich, dem Belchen ein wenig mehr Zeit zu schenken als für die Kaffeefahrt üblich.

- **Naturkundliche Infotafeln** informieren am Belchenhaus und am etwa 1 km langen Gipfelrundweg knapp und anschaulich über Beson-derheiten (vgl. Skizze auf der Seite gegenüber, insg. 9 Stationen, Info-Broschüre im Belchenhaus erhältlich). Der Gipfelbereich steht bereits seit 1949 unter Naturschutz, die Fläche wurde dann 1993 von zuvor 6 qkm auf 16 qkm erweitert. Rundwege erschließen den Gipfel auf unterschiedlichem Höhenniveau, die Weglängen liegen zwischen 1,2 und 13,5 km, Höhenunterschied zwischen 50 und 400 Meter. Natür-lich jockeln die meisten Belchenbesucher lediglich zum Füßevertreten,

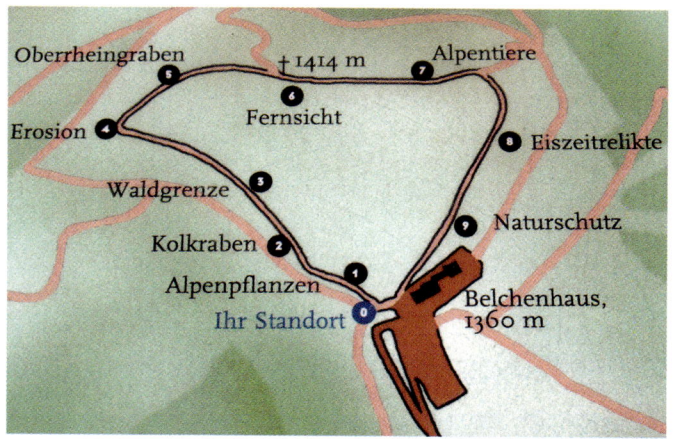

Die 9 Stationen am Belchen-Gipfelrundweg (Länge: 1 km)

Postkartenkaufen und Kuchenessen auf den Gipfel. Bei einem solch reduzierten Programm entgeht dem Besucher aber das Einzigartige des Belchen. Zu erleben wäre ein Mosaik naturkundlicher Sehenswürdigkeiten, immer wieder ergänzt um ein einzigartig sattes Panorama, das im Schwarzwald ohnegleichen ist. Ein durchschnittlicher Oktober bietet immerhin 10 Tage mit Alpensicht (im Juli: 3 Tage).

⊃ **Ein sonniger Panorama-Rundweg** ab Belchenhaus, fast schon ein Halbtagesprogramm: Über den Gipfel und danach über Hochkelch Abstieg zum Heideckfelsen, weiter – auf großartigem Weg oberhalb der Belchenhöfe die Südflanke querend – dann steiler Wiederanstieg über den adlerhorstartig gelegenen **Hohfelsen** zum Belchenhaus. Meistenwegs sonnig mit vielen Ruhebänken – und immer wieder großartigem Alpenblick. Im ganzen Wegverlauf interessante Botanik (darunter: Trockenrasen, alpine Felsflora, Spezialitäten wie Belchen-Hauswurz, Fetthenne, Aurikel). Zur anregenden Flora kommt die permanente Aussicht, ideal im Spätherbst bei hellem Wetter und Fernsicht. Mit Rast ca. 2 h, gut 500 Höhenmeter Ab- und Anstieg.

Sonnige Belchenweiden

Einzigartig und exponiert wie sonst nur auf dem Feldberg sind die alpinen Magerweiden im Gipfelbereich. Markante Pflanzen darauf: *Arnika* (Blüte Juli), *gelber Enzian* (Blüte Juli/August). In Bereichen unter 1.000 Meter gehen die Weiden in Flügelginsterweiden über, die ein Zeichen für nachlassende Bewirtschaftung sind: Die gelb blühenden Ginsterbüsche werden vom Vieh gemieden. Auch das Belchengebiet wurde vor Jahrzehnten noch flächiger beweidet: So war die Belchensüdseite um den Hochkelch eine offene, sonnige Weidelandschaft und damit Lebensgrundlage für zahlreiche Tier- und Pflanzenarten. Würde diese Region nicht durch Landschaftspflege, neuerdings auch wieder durch Beweidung mit Hinterwälder Kühen offengehalten, wäre um den Hochkelch längst ein dichter Wald entstanden, mit artenarmer Population.

Wegen der Erosionsgefahr wurden (ähnlich wie auf dem Feldberg) einzelne Gipfelzonen eingezäunt. Aber es ist wie überall: wenige Meter abseits der Schäfchenrouten ist man wieder allein. Dennoch bitte auf den markierten Wegen bleiben und Hände weg von der Botanik! Das ist auf dem human intensiv genutzten Belchen noch wichtiger als anderswo.

Belchenhaus. Der markante, von weithin sichtbare Natursteinbau wurde bereits 1889 eröffnet. Ursprünglich ein traditionelles Berggasthaus vom Typ beschützende Herberge. Da konnte es draußen noch so fauchen, drinnen saß man hoch und trocken. Mittlerweile wirkt das Haus, innen wie außen, betagt und benutzt. Die Seilbahn endet direkt beim Belchenhaus und von ihrer Zulieferfunktion werden Betrieb und Stimmung im Haus zumindest an Wochenenden unmittelbar geprägt. So fungiert das Haus heute als Servicestation für den Ausflugsbetrieb. Wer will, bekommt einen Gipfelstempel auf die Postkarte.

Ruhe nach dem Sturm: Belchenhaus im Abendlicht

Im alten Gastraum ist die Zeit, als Kraftpostbusse aus Schönau die Sommergäste in 50 Minuten auf den Belchen kariolten, allenfalls noch zu ahnen. Nach diversen Renovierungen (oder: Vermöblungen) zeigen die Räume nun neuschwarzwälder Stilmix und Retrostimmung. Erwarten Sie Touristenalltag und Bergqualität; der Selbstbedienungsbetrieb orientiert sich an den Grundbedürfnissen der Wander- oder besser Laufkundschaft (bei Betrieb auch ein Kiosk im Freien). Spektakulär bleiben Lage und Sicht von der ♠ Südost-Terrasse, die zu den großen nichtkulinarischen Attraktionen zählt. Obwohl das Gipfelhaus 600 m vom und 50 m unterhalb des eigentlichen Gipfels an der Nordostflanke des Belchen liegt, steht kaum ein anderes Gasthaus im Südschwarzwald so frei und ausgesetzt im Wetter, freilich wird auch keines so unmittelbar von einer Seilbahn erreicht.

→ **Belchenhaus,** Tel. 07673-281, täglich geöffnet während der Betriebszeiten der Seilbahnzeiten, zur Saison auch Kioskbetrieb.

Belchenblick vom Kreuzweg aus

9 ▶ Zwischen Kreuzweg und Belchen

Das enge Klemmbachtal führt von Badenweiler aus geradewegs in den Südwestschwarzwald. Bei Wembach erreicht die verkehrsarme, gut ausgebaute Landesstraße 131 die Bundesstraße 317, die vom Wiesental zum Feldberg führt. Über weite Strecken gehört die Fahrt über die 1.071 m hohe Paßhöhe am *Kreuzweg* zu den reizvollsten und ruhigsten West-Ost-Routen im Südwesten. Links und rechts der Route liegen mit der Almgaststätte *Kälbelescheuer* und der sauber bewirteten *Fischerhütte* am Nonnenmattweiher zwei urige Einkehren, direkt an der Strecke der behäbige *Haldenhof*. Somit wäre die L 131 eine reizvolle Option, in den Südschwarzwald reinzuschleichen, auch für die Bergziegen unter den Radlern.

⮑ **Autowandern-Fahrradwandern:** Der geländenahe, streckenweise idyllische Verlauf der L 131 regt zu entspannter Fahrt an. Keine überflüssigen Begradigungen, dafür bemooste Alleebäume und mühsam

Almgaststätte mit Vogesenblick: Kälbelescheuer

aufgesetzte Stützmauern aus behauenem Granit, so über Kilometer auf der Passage zwischen dem Haldenhof, Heubronn und Neuenweg. Ebendort immer wieder kleine Parkplätze und sonnige Haltestellen. Nur der letzte Streckenabschnitt zwischen Böllen und Wembach wurde stärker begradigt und im Bereich um Böllen heftig ausgebaut.

Auf der Paßhöhe Kreuzweg

Obwohl der Belchenblick hier wirklich was hermacht, hält nicht jeder auf der Paßhöhe *Kreuzweg*. Es gibt bucklige Kampfradler, die hier nach einer halben Stunde Hochschinden einfach durchziehen. Irgendwie war die Sache mit der Körperertüchtigung mal anders gemeint. Ausschau halten und Freuen ist doch auch Sport. Welch eine Entfremdung, wenn das Adorno noch erlebt hätte. Oben auf dem Kreuzweg also Belchenblick, ein kleiner Übungslift und manchmal der übliche Honigstand mit Ambulanzware.

Der großformatige Parkplatz am Kreuzweg (1.071 m) zeigt auch, daß die Paßhöhe ein beliebter Fluchtpunkt für alle ist, die aus dem zentralen Markgräflerland um Müllheim und Badenweiler möglichst direkt in den Südschwarzwald hoch kommen möchten. Verglichen mit den Aufmarschplätzen um Freiburg geht es dennoch gelassen zu. Die Kreuzweg-Region ist somit die richtige Haltestelle für ein paar Stunden Standard-Südschwarzwald mit Weitblick. Liebenswert unspektakulär und ein wenig gestrig, wie das verschlafene Kiosk an der Paßhöhe. Erstklassig bleibt der Belchenblick, es gibt kaum einen besseren.

- **Kommen und Gehen am Kreuzweg.** Der besonnte Südhang am Kreuzweg-Lift wird an Wochenenden zum kurzen Auslauf genutzt, mit Kindern im Kreuz, Windjacke und Videokamera. Aber nur auf den ersten Blick wirkt der Hang groß, tatsächlich bietet er wenig Raum. Der anfangs besonnte (West-)Weg zieht sich nach einer Kehre in dunklen Hochwald zurück. So bietet der Kreuzwegbuckel an Sonnenwochenenden ein rastloses Bild. Es ist ein lebhaftes Ein- und Auspacken zu beobachten und jeder Konstrukteur von Familienlieferautos (Familyvans) kann hier Anregungen zuhauf erhalten. Dem normal gerüsteten Fußgänger bleibt die Einsicht, daß die moderne Familie zwar einen Kubikmeter Ausrüstung mitführt, aber in den seltensten Fällen eine Wanderkarte besitzt, geschweige denn, lesen kann. Sonst wäre die Richtung klar:

➲ **Wanderung ab Kreuzweg:** Wirklich lohnend, weil Raumweite und Blick versprechend, sind ab Kreuzweg nur die Wanderungen in Richtung Südwesten, also auf den Köhlgarten und rüber zum Nonnenmattweiher (Einkehr Fischerhütte). Außerdem interessant, auch vom Landschaftseindruck her gefällig, wäre eine Rundtour nach Norden, mit Rast auf der Almgaststätte Kälbelescheuer, Rückweg dann evtl. über Gasthaus Haldenhof (zur Gastronomie vgl. unten).

➲ **Vom Kreuzweg zur Kälbelescheuer:** Vom Kiosk an der Paßhöhe führt linkerhand der markierte Waldweg leicht ansteigend nach Westen. Zunächst durch ausgelichteten Hochwald, danach erreicht der Weg oberhalb eines markanten Sattels freies Gelände. Von hier herrlicher Blick nach Norden: Belchen, Schauinsland und die Freiburger Bucht. Direkt vor einem und gut 150 Höhenmeter tiefer die Dächer der Kälbelescheuer. Abstieg in weiter Schleife zur besuchenswerten Gaststätte (vgl. S. 101).

Besonders gefährdet: Nadelwald in exponierten Hanglagen

Waldsterben bleibt ein Thema

Oberhalb vom Kreuzweg, besonders am Weiherkopf und auf dem Köhlgarten, gibt es Schadstellen, weiter fortgeschritten als anderswo im Südwestschwarzwald. Auch dort, wo vermeintlich wenig zu sehen ist, liegt das scheinbar intakte Waldbild oft nur daran, daß kranke Bäume herausgeschlagen werden, um Schädlingsbefall zu verhindern – auf die Überdüngung reagieren manche Wälder zunächst mit prächtigem Wuchs, bis der nächste Orkan kommt.

Der jährliche Waldschadensbericht heißt zwar längst Waldzustandsbericht, aber auch neuere Daten zeigen: Trotz aller Bemühungen, die Versauerung der Böden (durch Sulfate und Ammonium) und die Überdüngung durch Stickstoffeintrag (überwiegend aus Verkehrsabgasen) geht weiter. Etwa ein Viertel der Bäume gilt mittlerweile als geschädigt.

Zu einem der Hauptprobleme entwickelt sich die Übersäuerung der Böden und Gewässer (siehe auch Thema »Forellen«). Besonders im Schwarzwald, wo die Böden über nur geringe natürliche Kalkreserven verfügen, die als ph-Wert-Puffer dienen könnten. Die einzige Möglichkeit zur Abhilfe bietet hier eine künstliche Kalkung der Böden (wird vom Hubschrauber aus durchgeführt). Problemkreis Nummer zwei ist der hohe Stickstoffeintrag, der über den Regen in die Wälder gelangt, bevorzugt in exponierten Kammlagen. Auf manchen Waldflächen wurde ein Eintrag von bis zu 37 kg Reinstickstoff pro Jahr gemessen, das entspricht in etwa dem, was Landwirte auf einer schwach beweideten Wiese an Dünger ausbringen. Bäume können diese permanente „Düngung" aber unmöglich in Biomasse umsetzen und damit binden: Auch wenn der Wuchs zunächst noch so prächtig aussieht, unsere Waldbäume sind für das Überleben auf stickstoffarmen, felsigen Böden ausgerichtet, sie können das verfügbare Nitrat nicht aufnehmen. Folge: die Nitratwerte im Grund- und Quellwasser steigen weiter an.

Mehr Alpen
mit jedem Schritt

Durch die Waldschäden ist auch der *Köhlgarten* – zumindest im südwestlichen Teil – zum Aussichtsberg geworden. Von einer Stelle des Rundweges an wächst an klaren Tagen das Alpenpanorama mit jedem Schritt. Aber selbst an dunstigen Hochsommertagen bietet der höchste Rücken südlich des Belchen wunderbare Aussicht, auf den Blauen, auf das kleine Wiesental mit den entlegenen Weilern Kühlenbronn und Wies. Einen eigentlichen Gipfel bietet der Köhlgarten nicht, im waldfreien westlichen Bereich sind auf der Kuppe aber sonnige Rastplätze. Der höchste Köhlgarten (1.229 m) liegt oberhalb des südöstlichen Teiles vom Rundweg, dort ist auch der Aussichtspunkt Kühlenbronner Hang.

➲ **Zugang zum Köhlgartenrundweg** ab Kreuzweg ca. 30 min, Umrundung gut 1 h. Sonnige Rastplätze besonders im westlichen Bereich des Höhenrückens, oberhalb des Rundweges. Wegen der etwas verwir-

Service mit Doppelherz: auf der Kälbelescheuer

renden Wegführung in der gesamten Köhlgartenregion wäre eine gute
Wanderkarte von Vorteil.

Die Einkehren in der Kreuzweg-Region sind unterschiedlichen Charakters, zunächst auf eine Alm mit Panoramablick:

KÄLBELESCHEUER – zwischen Münstertal und Kreuzweg.
Wie gemalt liegt die Almwirtschaft in einem sonnigen Sattel
unterhalb des 1.114 m hohen Sirnitzkopfes. Innen wirkt die
Scheuer freundlich bis allerliebst ausstaffiert, jedenfalls vom
alten Muff befreit, mit grünem Kachelofen, Dielenboden
und Holzbank, ideal für harte Romantiker. Im Grunde gehört
aber die ♣ große Westterrasse zu den Vorzügen des Platzes,
die bietet selten weiten Blick auf Rheintal und Vogesen. Wegen der solitären Lage mit Westsicht ein idealer Fluchtpunkt
bei Talnebel. Das Speiseangebot ist hüttenüblich deftig, allerdings recht vielfältig: Vesper, Warmes in der Suppen- und
Schnitzelklasse, einen Salat bekommt man auch.

Restaurationsbrot an der Paßstraße: Haldenhof, Neuenweg

→ **Almgaststätte Kälbelescheuer** (Fam. Wiesler), RT: Mo. Tel. 07636-305. www.kaelbelescheuer.de. Anfahrt über Haldenhof oder Münstertal, Ortsteil Münsterhalden. Auf Anfrage einfache Übernachtungsmöglichkeit, bzw. Gruppenlager.

HALDENHOF – Neuenweg-Heubronn. Klassisches Höhengasthaus in undramatischer Straßenlage. Unter dem ausladenden Dach liegen Gasträume sehr unterschiedlichen Charakters: da wäre eine im Kern gemütliche Stube mit Kachelofen, angebaut eine lichte, nunmehr neobarock aufgemöbelte Aussichtskabine mit Blick nach Osten. Der Haldenhof wirkt ein wenig wie ein Relikt aus früheren Tagen des Schwarzwald-Tourismus. Konservativer Baukörper und gastronomisches Angebot sind hier im Einklang, serviert werden anno 2008 so unvergängliche Klassiker wie Restaurationsbrot oder auch Hawaii Toast, wohl als Konzession an die mediterrane Welle aber auch „Toast Italienne" (mit Schinken, Tomaten, Schweizer Käse und Kräuterbutter überbacken, Salatteller inklusive). Für alle, die mit Clemens Wilmenrodt kochen und mit Heinz Erhardt lachen gelernt haben, sicher eine pfundige Einkehroption. Andererseits bekommt der geneigte Gast auch sein Entrecôte mit „spezieller Kräuterbuttersauce nach einem historischen Rezept", „Eglifilet gebraten mit Reiscreole" wäre ebenfalls möglich. Das sind deutliche Zeichen, gerade auch für ein Publikum, das den dritten Lebensabschnitt in Mischgewebe und Kniebundhose genießt. Verkehrsgünstig an einer Kreuzung unterhalb der Kreuzweg-Paßhöhe gelegen, kommen immer wieder welche, an Wochenenden auch viele.

→ **Gasthof/Hotel Haldenhof,** 79691 Neuenweg (Fam. Böddicker), Tel. 07673-284. Fax: 8718. Kleine, recht barock eingefriedete Freiterrasse an der Straße, Gästezimmer und Appartements.

Durch die Südwand – Panoramawege auf den Belchen:

Ansichtsache, ob der Belchen nun der allerschönste oder nur einer der schönsten Bergen im Schwarzwald ist – sicher aber ist die markante Belchensüdwand der landschaftsbestimmende Faktor im Kleinen Wiesental. Die Exposition der gut 500 Meter hoch aufragenden Südflanke sorgt für eine besondere Flora, für seltene Wild- und Vogelarten. Ein Revier für besondere Touren mit fast schon alpinem Charakter.

Weil die Wege an der Belchen-Südflanke heiter stimmen (im Sommer, im Herbst, oft noch im Hochwinter), auf den folgenden Seiten ausnahmsweise einmal eine etwas längere Beschreibung von Weg und Natur entlang der beiden lohnenden Aufstiege zum Belchen. Dies sind die Wege ab *Heubronner Eck/Haldenhof* und – kurz und interessant – der Aufstieg ab *Parkplatz Hau*, oberhalb Neuenweg.

Haldenhof unter Dampf, Belchengipfel unter Neuschnee

⮕ **Haldenhof-Heubronner Eck – Hochkelch-Belchen** (knapp 6 km, 550 Höhenmeter, Start am Parkplatz Heubronner Eck, wenige Meter unterhalb des Haldenhofes, rote Raute, Teil des Westweges). Wegen der übersichtlichen, offenen Wegführung auch geeignet als Nacht- oder Frühmorgenwanderung, Sternenbeobachtungen sind beim Aufstieg zum Belchen gut möglich. Der Sonnenaufgang auf dem Belchen ist eines der Südschwarzwälder Naturerlebnisse.

Wegverlauf: Auf dem Westweg (Unterer Stuhlskopfweg) immer leicht ansteigend und nach einer kurzen Waldpassage bald mit freier Sicht auf die Alpen. Unterhalb der Dekan-Strohmeyer-Kapelle vorbei. Die Kapelle erinnert an den langjährigen Seelsorger des Münstertals, der noch am 22. April 1945 (wenige Stunden vor Einmarsch der Franzosen) von der SS verschleppt und am Heubronner Eck erschossen wurde. Nach der Kapelle eine freie Passage am Waldrand, darunter Wiesenland mit den auffallend säulenförmigen Wacholderbüschen. Wacholder galten in heidnischer Zeit – wie die Zypressen Italiens – als Totenbäume. Sie wurden neben Gräber gepflanzt, um der Seele der Toten in der Nacht einen Ruheplatz zu geben. Offene Landschaft mit Blick. Vormittags besonnt, weiche Ruheplätze am Waldrand.

Die Hauptroute des Westweges führt nun südlich unterhalb des **Stuhlskopf** vorbei. Zunächst durch dichten Wald bis zu einer markanten Wegkreuzung im Wald. Weiter auf Waldfahrweg und mit Ausblicken bis zum markanten **Heideckfelsen**. Hier wäre ein schöner, erhabener Rast-

Königsweg: Am Belchenaufstieg über die Südflanke

und Aussichtspunkt, göttlicher Spätfrühstücksplatz. Panoramischer Blick, zum einen auf die Südwand des Belchen, wo ein Mosaik der verschiedenen botanischen Gesellschaften zu sehen ist: Weiden, Geröllhalden, Felsfluren, im Herbst wunderbare Färbung der Laubhölzer, Mehlbeere, Eberesche, Birke, Buche, Bergahorn. Es entsteht hier tatsächlich schon ein wenig alpiner Wander- und Wandeindruck.

Unterhalb des Felsens sind die markant gelegenen **Belchenhöfe** in reiner Südlage zu sehen. Sichtbar auch Neuenweg in der Talsohle, das Kleine Wiesental mit seinen höhergelegenen Siedlungen Bürchau/Sonnhalde und dem vogelnestig exponierten Elbenschwand.

Nun warten noch 350 Höhenmeter heftiger Anstieg zum Belchen, auf einem schmaleren Weg, der in spitzem Winkel vom Fahrweg abgeht. Bald wird die Waldgrenze erreicht, Sicht und Erhabenheit werden mit jeder Kehre imposanter. Um den eigentlichen Belchengipfel führen exponierte Rundwege auf unterschiedlichem Höhenniveau (vgl. Belchen-Kapitel), eine Umrundung bietet panoramische Blicke wie sonst nur vom Feldberggipfel aus. Durch die weit nach Westen vorgeschobene Lage des Belchen ist der Gipfeleindruck aber unmittelbar wie bei keinem anderen Schwarzwaldberg.

Zurück: Entweder auf gleichem Weg, oder lohnend, Abstieg nach Süden mit herrlichem Blick über Rosenfelsen und **Hohfelsen** bis zum **Parkplatz Hau** auf dem Böllener Eck, das ist die Paßhöhe zwischen Neuenweg und Oberböllen. Von dort Autostopp zurück.

Blick vom Böllener Eck ins Kleine Wiesental

⊃ **Aufstieg zum Belchen ab Neuenweg:** Wenig oberhalb Neuenweg liegen zwei weitere günstige Ausgangspunkte für einen kurzen, erlebnisreichen Belchenanstieg, von beiden Punkten aus sind es jeweils gut 5 km Wegstrecke. Noch westlich Neuenweg liegt der Parkplatz Eck (auf 849 m) von hier Belchenanstieg über das Böllener Eck und Hohfelsen. Noch etwas reizvoller ist aber der Weg vom Parkplatz Hau, wie im Folgenden beschrieben:

Der **Parkplatz Hau** (825 m) liegt auf einer kleinen Paßhöhe zwischen Neuenweg und Böllen. Hier beginnt einer der kürzesten und schönsten Zugänge zum Belchen. Der reizvolle Weg (erst bequemer, später schmaler und steiler Wanderweg, keine Waldfahrstraße!) führt über das Böllener Eck (1020 m) und Hohfelsen (1268 m), im zweiten Teil über weite Strecken durch die mal besonnte, mal schütter bewaldete Südwestflanke des Belchen, Gesamtwegstrecke gut 5 km, aber wie: Zunächst sanft ansteigend über einen weichen Grasweg, wenig später über einen heidelbeergesäumten Grasweg, im Wald dann bald auf einem Wurzeltreppenweg. Der könnte eine Schwarzwälder Entsprechung der Tessiner Granitplattenwege sein. In feuchten Lagen sind die Steine bemoost, da und dort kriecht das Moos schon an Baumstämmen hinauf. Aus dem Wurzeltreppenweg wird bald ein steiler Granitschotterweg. Mehr Bodenbelag auf einem Kilometer Wanderstrecke geht fast nicht, und ein so artenreiches Geläuf bietet keiner der künstlich angelegten „Pfade der Sinne". Man gehe hier also bewußt wie immer und freue

Event am Belchenweg: Wilder Apfelbusch am Parkplatz Hau

sich der Dinge am Weg. Austritt auf freies Gelände auf genau 1000 m Höhe bei der Glatten Brache, nur wenige Schritte darüber das großartig gelegene Wegkreuz am Böllener Eck und von da an zunehmend panoramischer Wegverlauf, zuletzt in Serpentinen durch die Südwand. Eine kurze Rast am Hohfelsen ist eigentlich Pflicht. Letztes Mal saß ein Paar auf dem Fels, er suchte mit dem Fernglas nach der Zugspitze, sie meinte: „Ich sehe nur Deine Nasenspitze". Sehr unterschiedliche Perspektiven, aber die beiden machten trotzdem einen sehr vertrauten Eindruck.

Wildäpfel am Parkplatz Hau: Und dann wäre da noch so ein Einzelerlebnis am Parkplatz Hau bei Neuenweg: Am Beginn des Belchenanstiegs steht dort ein wilder Holzapfelbaum, mehr Busch als Baum; er trägt kleine gerade pflaumengroße Früchte. Die sehen putzig aus, sind aber so gerbstoffreich, daß es einem das Hemd sonstwohin zieht. Wer im Oktober vorbeikommt, kann ja mal reinbeißen, ein besonderes Mundgefühl ist garantiert. Die Wildäpfel vom Parkplatz Hau sind eine Spezialität, wie mir eine freundliche Familie erzählte, die mit ihren zwei Kindern die wilden Äpfel einsammelte. Aus dem Saft machen sie einen Essig, der als Hausmittel, innerlich und äußerlich angewandt, wahre Wunder vollbringen soll. Obwohl schon Jahre her, will mir die Szene mit der wildäpfelsammelnden Familie nicht mehr aus dem Kopf. Alle vier machten einen ausgesprochen gesunden und zufriedenen Eindruck, sie hatten so Gesichter wie früher auf der Rotbäckchenflasche. Wer wilde Äpfel sammelt, kann kein schlechter Mensch sein.

Einmal im Jahr zu den Seerosen schwimmen

10 ▶ Nonnenmattweiher

Kaum ein See im Südschwarzwald, dessen Idyllefaktor es mit dem „Nonni" aufnehmen könnte. Der dunkle Moorsee liegt auf 915 Metern Höhe, am Fuße steiler Felswände, weitab jeder Straße. Außenrum ein Naturschutzgebiet mit frotteeweichen Wiesen. Die reichen bis ans Wasser und da und dort leuchtet ein Nest mit Seerosen. Kommoder Rundweg direkt am Ufer, Aussichtspunkte im Felskar über dem schwarzen Seespiegel. Reicht das als Motiv für eine Frühstückstour mit dem neuen Herzblatt?

Zum Naturidyll paßt die Legende um ein versunkenes Kloster auf dem Seegrund. Viel wahrscheinlicher stammt der Name aber von der Nonnenmatt = Rindermatt (Nunne oder Nonne: alemannisch für weibliches Mastvieh). Zu Füßen steiler Felswände müßte hier früher also eine Weidefläche gelegen haben, und an der tiefsten Stelle des eiszeitlich ausgeformten Karbodens war eben ein Moor.

Anbaden am Nonnenmattweiher

Der sieben Meter tiefe See entstand erst später durch künstliches Aufstauen, Länge gut 300 Meter, Breite 200 Meter. Die heute sichtbare Torfinsel hat sich vom Moorboden gelöst und schwimmt seither auf dem See. Die typische Hochmoorvegetation (mit Wollgras, Farnen und Rasen des fleischfressenden Sonnentaus) gehört zu den botanischen Raritäten im Südschwarzwald.

Das Betreten der Torfinsel ist längst verboten, bis in die 80er Jahre waren Moorschlachten ein Wochenendvergnügen einer mit NSU-Quickly, Angel und Grillwurst anrückenden Jugend. Heute kommt selbige mit BMW, Kühlbox und keifender Töle, was alles kein Problem wäre, wenn wenigstens ein paar Grundregeln des sozialen Zusammenlebens befolgt würden, aber diese scheinen in Ufernähe ja ohnehin besonders gefährdet. Freilich nicht nur am Nonnenmattweiher.

Seit Jahren ist die zum Baden freigegebene Hälfte des Sees durch eine Holzbarriere abgetrennt. Das Seewasser wird im Hochsommer wegen des dunklen Moorbodens erstaunlich warm, jedenfalls wärmer als aufgrund der Höhe von gut 900 Metern zu vermuten. Zudem ist das Wasser wundervoll weich, nach dem Baden fühlt sich die Haut wie eingeölt an (ähnlicher Effekt im Schlüchtsee).

Früh oder spät,
aber nicht am Wochenende

Trotz seiner Lage im kleinen Landschaftschutzgebiet, das seit 1987 unter Naturschutz steht, trotz Zeltverbot und Verbot von Lagerfeuern (außerhalb vorgesehener Stellen), der sommerliche Zulauf ist massiv, er ist weder dem Reiz noch der Sensibilität des Ortes angemessen. Der Kenner kommt früh oder spät und vor allem nicht am Wochenende. Außerhalb der Halligalli-Zeiten hat man dennoch seine Freude an dem Kleinod. Auffallend auch ein etwas bizarr-individuelles Publikum: blasse Damen mit Strohhut auf Sommerfrische, Paare von der ruhigeren Sorte, Einzelgänger, dazwischen Angler. In jeder Hinsicht ein Platz am Rande des Üblichen.

- **Zufahrt zum See:** Abzweig von der L 131 ab Mittelheubronn (schönes Schild: Fischerhütte Nonnenmattweiher), zuletzt auf Piste bis zu einem Parkplatz, der ca. 400 Meter vor der Fischerhütte liegt (Hütte gut bewirtet, vgl. unten). Von der Hütte sind es noch 5 Fußminuten bis zum Stauwehr am See. An Sommertagen ist auch dieser Parkplatz oft gut voll, unter der Woche keine Probleme.

➲ **Wandern:** Bester Ausblick auf den See vom **Weiherfelsen** auf 1.050 m und damit gut 100 m über dem See (Wege beschildert). Weiherwald heißt der felsendurchsetzte Nordabfall zwischen Köhlgarten und See. Die Nordwand wird überhaupt nur im Hochsommer besonnt, es herrscht ein Lokalklima mit hoher Luftfeuchte und Kühle. Das urwaldähnliche Gebiet ist nur randseitig erschlossen, hier konnte sich ein reicher Buchen-Tannen-Bergahorn-Wald entwickeln, wie er typisch für feuchte Schluchten des Südschwarzwaldes ist, dazu gehört auch der prächtige Krautunterwuchs.

FISCHERHÜTTE – Nonnenmattweiher. Hüttenbewirtung und ordentliche Qualität schließen sich nicht aus. Die erst vor wenigen Jahren neu aufgebaute und nun von der Familie des Neuenweger Bürgermeisters unterhaltene Fischerhütte

Regionalvesper: Fischerhütte am Nonnenmattweiher

bietet solide Vesper und warme Speisen, einfach, aber doch auf erfreulichem Niveau: „Alle Wurst- und Fleischprodukte vom eigenen Heubronner Bauernhof, der nach den Richtlinien des ökologischen Landbaus bewirtet wird," verspricht das Infoblatt zur Hütte, und das wäre schon mal mehr, als man von Dreiviertel aller, ach so heimatverbundenen Hüttengastronomie erwarten kann. Dazu gibt es Forellen aus dem eigenen Teich und weitere Regionalitäten. Während des Sommerbetriebs Kioskausschank mit Freisitz auf der Holzbank, drinnen heimelig mit gut 30 Plätzen. An heißen Sommertagen viel Betrieb, sonst liegt der reizvolle Fleck im Schatten der bekannteren Ziele. Also pendelt auch die Fischerhütte zwischen Auftrieb und stillem Ziel. Reizvoll auch nach Loipe oder Schneewanderung.

→ **Fischerhütte**, (Fam. Schwald). Einfache, gemütliche Berghütte mit auffallend gutem Vesperangebot. Tel. 07673-932381. Sommerhalbjahr 11-20 Uhr, RT: Mo. Winter: 11-17 Uhr, RT: Mo und Di. (Beachte: Hinweis an der L 131 in Mittel-Heubronn, ob Hütte offen.)

11 ▶ Alpenblick vom Hochblauen

„Einer der schönsten der Schwarzwaldgipfel, der sich würdig an die Seite des Feldbergs und des Belchens stellen darf, wenn er auch mit seiner Höhe von 1.167 Meter die Höhen seiner Kameraden nicht erreicht. Aber seine vorgeschobene Lage im Rheintal begünstigt in einer so glänzenden Weise den Niederblick in das Tal und den Fernblick auf die Alpenkette, daß wir den höheren Bergen gegenüber nichts vermissen.“

Aus einem Fremdenverkehrsprospekt der 50er-Jahre.

Emil Bizer (1881-1957): Hochblauen und Blauenhaus

Was der Prospekttexter vor 60 Jahren schrieb, würde heute wohl etwas flotter formuliert, aber es stimmt nach wie vor. Dabei ist der Hochblauen kein Wanderrevier, sondern mehr ein Fleck zum Sitzen, Schauen und Träumen. Ein Platz vor allem, um dem Talnebel zu entkommen und auf's große Ganze zu staunen: bei Inversionswetter bietet der Blau-engipfel Fernsicht auf das Berner Oberland, ja manchmal bis zum Montblanc. Fazit: Der Blauen bringt viel Blick bei

Hochblauen mit Alpenpanorama (historische Postkarte)

wenig Anfahrt, dazu echtes Gipfelgefühl. Hinsichtlich der Gastronomie im selten exponiert und im Grunde reizvollen Blauenhaus ist allerdings seit geraumer Zeit Bescheidenheit (des Gastes) angebracht. Bestätig wird einmal mehr die Erfahrung, daß die geographische, mit der kulinarischen Höhenlage in keinem direkten Zusammenhang steht. In der Gesamtschau gewinnt ein Platz wie der Hochblauen dennoch, schließlich kommt niemand wegen eines Hummersüppchens hier hoch.

Karriere eines Berges

Im Jahr 1866 gab es einen „stellenweise jäh anstrebenden Reitweg", der in 2½ Stunden vom aufstrebenden Kurort Badenweiler zum Gipfel hinaufführte. Der Kurort kam in Mode, ein „Großherzogliches Badkomitee" stellte Mittel bereit und die Fahrstraße auf den Blauen wurde in den folgenden Jahren fertig. Kurgäste ließen sich per Zweispänner

Blauenturm und Blauenhaus

oder Reitesel nach oben bringen, in Badenweiler hieß der
Abmarschpunkt oberhalb der römischen Badruinen bis vor
kurzem noch Eselsweg.

Bereits 1875 wurde mit dem Bau des Blauenhauses be-
gonnen. Ein von Rheuma und Nervenleiden geplagter Herr
Stehlin hatte zuvor in der einfachen Holzhütte auf dem
Gipfel campiert, die Höhenlage bescherte Linderung und
so begann der Geheilte im Frühjahr 1875 mit dem Bau des
Gasthauses. Im selben Jahr fand der Stehlin auch noch seine
Frau und „Köchin auf Lebenszeit", wie er schrieb.

Bald kamen Höhenluftkuren in Mode, es ging aufwärts
mit dem Blauenhaus. Der Schwarzwaldverein verbesserte
die Wege, der Blauen wurde zum Ziel. Anstelle „des plum-
pen hölzernen Vorgängers" wurde 1895 der gußeiserne Aus-
sichtsturm fertig, der bis heute ein großartiges Panorama
erschließt: Der Freiburger Biologie Professor Konrad Guenther beschreibt in seinem „Naturbuch vom Schwarzwald",
das 1941 erschien, das Erlebnis des Aufstiegs:

„Aus dem Dunkel des Waldes führen die Stufen empor, zuerst von den Stämmen der umstehenden Tannen begleitet, dann umrauscht vom grünen Gezweige und schließlich die Spitzen unter sich lassend, wobei der Turm leise schwankt wie die Bäume des Waldes. Der Emporsteigende erlebt also gewissermaßen das Aufwachsen der Tannen, zu dem diese hundert Jahre brauchen, in wenigen Minuten."

Der Bergbriefträger und das Blauenhaus

Schon 1889 mußte das Blauenhaus erweitert werden. Damals entstand der große Anbau mit markanten Fronten nach Norden und Süden, die das Gebäude bis heute prägen. Der große Markgräfler Maler EMIL BIZER (1881-1957) hat das Blauenhaus gemalt (vgl. vorige Seiten). Eine reale und zugleich entrückte Szene, mit zwei Wandersleuten, die auf die ferne Alpenkette schauen. Der befreundete RENÉ SCHICKELE schreibt in seinem Buch „Himmlische Landschaft" über Streifzüge, Lieblingsplätze und Kauze in und um Badenweiler, wo er von 1918 bis zur Emigration 1932 lebte. Auch der Bergbriefträger auf den Blauen kommt vor:

Der Briefträger kommt oben heiser an und muß sich dauernd räuspern, wenn er mit Vater Haas, dem Blauenwirt, redet. Bei seiner Heimkehr riecht er nach Grog, aber die Stimme ist klar.

Er trägt in seiner Tasche Schlüsselblumen hinauf und Schneeklumpen an den Stiefeln hinunter, und wo er stehenbleibt, bildet sich eine Wasserlache.

Unten fragt man ihn gern, ob heute Alpensicht sei. Er hat noch nie „Nein" gesagt, denn er ist gut Freund mit Vater Haas.

Aus: René Schickele, Himmlische Landschaft, Oase Verlag, Badenweiler, 2007.

Inversion und Nordwind: auf dem Hochblauen

Der Blick von heute: Ein am Blauenhaus angebauter Quader mit Panoramaverglasung datiert sichtbar aus der Zeit nach Schickele, wie auch der Funkturm, der erst in den 80er Jahren auf den Berg kam. Längst ist aus dem Eselsweg auf den Blauen die Landesstraße 140 geworden, noch immer schmal und stellenweise tückisch nah am Fels, nur die ersten paarhundert Meter (nach der Abzweigung nach Badenweiler) zeigen, wie Straßenbauer in den 80er Jahren mit Geld und Land umgegangen sind: eine Rampe zieht linealgerade und breit genug für den „Begegnungsfall" (Straßenplanerdeutsch) von zwei Schwertransportern, in den Wald hinein. Vielleicht wurde aber auch nur deshalb so (vorausschauend) breit geplant, weil der Blauengranit bei Malsburg-Marzell noch zu Anfang der 90er Jahre als Standort für ein Atommüllendlager im Gespräch war, seit 2002 sind entsprechende Überlegungen vom Tisch.

Wochentags bleibt's beim Binnentourismus aus dem Markgräflerland, an sonnigen Wochenenden ist auch auf

Außenposten in Gipfellage: Hochblauenhaus

dem Blauen Umtrieb. Bis heute findet nostalgisches Sonntagspublikum den Weg: mal ein Mercedes mit Hut auf der Ablage, mal Verliebte auf der Suche nach Weitblick, dazu Drachenflieger, Hängegleiter und andere Zeiterscheinungen.

⮌ **Sicht, Bewegung:** Der Hochblauen bietet grandiose Aussicht und mit die schönste Alpensicht im Südwesten – bei idealen Bedingungen von Säntis bis Montblanc. Wunderbar zu sehen das Berner Oberland, mit Eiger, Mönch, Jungfrau, von der Blauenhaus-Südterrasse sowie von den freien Hängen unterhalb vom Haus, die zum Glück erst jüngst freigeschlagen wurden. Die **Wandermöglichkeiten** sind eher bescheiden, es gibt zwar diverse Rundwege, aber die meisten bleiben über weite Strecken im Wald. Eine Ausnahme ist der Rundweg BR-1, der auf kurzer Strecke um den Gipfel führt und freie Passagen quert. Also nochmal: der Blauen ist kein Wanderrevier, sondern Fleck zum Sitzen, Schauen und Träumen.

Berggasthaus HOCHBLAUEN: Vor allem die exponierte, dennoch geschützte und warme ♣ Südterrasse des Berggasthauses Hochblauen erinnert an Sonnentagen im Herbst und Winter ein wenig an ein entrücktes Luftkurheim – und dies war das Blauenhaus ja auch einmal. Also kein schwarzwaldtypischer Ausguck auf dunkle Wälder, eher Zauberberg über den Dingen. Die im Naturstaunen vereinte Kundschaft sitzt, schweigt und genießt (Sicht und Wärme). Die Bewirtung bleibt auf gesamtdeutschem Ausflugslokalniveau; man wird von den Reizen der Natur somit nicht allzusehr abgelenkt. Bei entsprechendem Wetter und ausgeglichener Gemütslage dennoch ein Platz zum Träumen.

→ **Berggasthaus Hochblauen,** Hochblauenstr. 1, 79410 Badenweiler, Tel. 07632 - 388. Gästezimmer, täglich geöffnet, www.berghotel-hoch-blauen.de

12 ▶ Heile Welt im Kleinen Wiesental

Kein See, kein Lift, keine Andenkenläden, keine Dreiseen-
fahrt im Kuchenbus. Aber eine Traumlandschaft und somit
Südwestschwarzwald der ganz ruhigen Art. Das bedeutet für
Eingeborene allerdings auch, daß seit Jahren um den letzten
praktizierenden Landarzt geworben werden muß, daß der
Dorfladen ohne Auto unerreichbar wird, daß die kleinen Gemeinden nach und nach ihre Eigenständigkeit verlieren.

Landschaft wie gemalt: Schwand über dem Kleinen Wiesental

Für Stadtflüchtlinge aus Basel und Halbtagsromantiker aus dem Rheintal hat die Strukturschwäche aber nur Vorteile: jeder findet hier seine kleine Einsiedelei, die sich wie ein kleines Geheimnis hüten läßt: Eine Sonnenbank, eine Steinpilzstelle oder ein Weg, der gefällig am Waldrand langzieht.

Freundlicher, handlicher Schwarzwald
zum Losziehen und Glücklichsein

Ein Schwarzwald zum einfach Losziehen: etwa von Badenweiler in Richtung Hochblauen, runter nach Marzell und

Bienenhaus in Demberg

bald weiter rauf aufs Lipple (893 m, LL Loipe, einfache Einkehr: *Wanderheim Stockmatt*). Nach der Paßhöhe gleich abwärts auf die Stockmatt. Man fährt an einem Weg namens *Grusiloch* vorbei und erreicht in steilen, aber nicht grusigen Kehren auf der L 140 schließlich Wies im Tal des Fischenberger Bächles. Die Landschaft ist exakt so wie der Bächlename: im bachaufwärts überraschend weitverzweigten Talsystem liegen recht unvermutet zwei höhergelegene Ortsteile: die verstreuten Höfe von Fischenberg (720 m) und das kleine, im Siedlungsbild geschlossener wirkende Kühlenbronn (859 m), beide in einsam-entrückter Hanglage, beide leider gasthausfrei. Vielleicht an einem Sommertag mal mit dem Fahrrad hoch und auf eine Blumenwiese liegen (womit wir aber von der Hauptroute abkämen).

Von Wies-Zentrum also gleich wieder steil rauf, nun aber auf der schmalen Nebenstraße übers *Eckle*. Die führt einen auf einfach heuwagenbreiter Spur rüber zu den paar Häusern von *Wies-Demberg*. Zuerst vorbei am bunten Bie-

Forellenzucht Brendlin in Demberg

nenhaus (Honig bei den Gebrüdern Brendlin!) oder ein, zwei Häuser tiefer ein paar Demberger Forellen holen (vgl. unten). Frisch aus dem Teich oder geräuchert. Die ganzen, womöglich lauwarm aus dem Rauch, gehören kulinarisch zum Endgültigsten, was der Schwarzwald zu bieten hat.

Wer hier oben am Samstagvormittag unterwegs ist, hört im Wald fast immer eine Motorsäge rufen, oder im nächsten Dorf eine Kreissäge. Das Gras ist noch naß und das Wetter muß sich erst noch entscheiden, vielleicht hämmert ein Specht, bald tuckert ein Schlepper um die Ecke. Eine kleine Landmusik, oder der Südschwarzwald an einem Samstagmorgen. Am Samstagmorgen, wenn sich die Tiefgaragen der Innenstädte füllen.

■ **Frische Forellen:** Edwin Brendlin, 79697 Demberg 4, Tel. 07629-430 oder Handy: 0170-2827988. Eine kleine Forellenzucht mit Spitzenqualität, frische Forellen gibt's praktisch immer, die ganzen auf der Gräte Geräucherten aber nur auf Vorbestellung (an großen Feiertagen aber meistens). Brendlins Räucherforellen werden als ganzer Fisch (also

Prädikatslandschaft im Kleinen Wiesental

nicht filiert) verkauft, sie schmecken hervorragend. Eine etwas verges-
sene Delikatesse, am besten natürlich noch lauwarm und frisch aus dem
Rauch, was bei exakt getimter Bestellung und raschem Transport kein
Problem sein sollte. Edwin Brendlin verkauft auch Honig (Tannenhonig
und Blütenhonig). Der Bruder im „Haus am Eckle" (davor das wunderschöne, bunte Bienenhaus) bietet ebenfalls Honig an. Möglichst tel.
Voranmeldung

Unterwegs im Kleinen Wiesental

Die interessanteren Ziele liegen oberhalb Tegernau und
Wies, in gemäßigter Höhenlage auf überraschend sonni-
gen Hangterrassen. Dort ist – anders als unten im klammen
Tal – Südschwarzwald von der heitersten Seite, jedenfalls
eine Landschaftsstimmung, die man unten im mehr engen
als kleinen Wiesental nicht vermuten würde. Die weiten
Hänge um Sallneck, Schwand, Raich-Ried, auch jene über
Bürchau sind häufig nach Süden und Südwesten geneigt,

Die perfekte Welle: Straßenführung in Raich

die Höhen liegen vergleichsweise bescheiden, zwischen 600 und 900 m, klimatisch aber ein begünstigtes Land, schön anzusehen, weder verrummelt noch verkitscht. Ideal für die stilleren Geister unter uns. Zufahrt etwa von Wies aus, über das winzige Demberg nach Tegernau-Schwand, oder noch weiter talabwärts, 2 km in Richtung Tegernau, und dann wiederum eine Auffahrt auf die sonnigen Höhen um Tegernau-Schwand. Von dort auf einer schmalen, verkehrsarmen Höhenstraße weiter nach Raich-Ried (670-750 m). Danach dann wieder hinunter nach Holl an der kleinen Wiese, eine himmlische Tour über freies Weideland, garniert mit zwei soliden Gasthöfen.

Zunächst liegt das Kleine Wiesental aber etwas versteckt und damit abseits der großen Verkehrsströme. Kein Dauerbrumm also wie im großen Wiesental. Ein Tal auch ohne Bausünden, ohne viel Industrie. Es sei denn gesunde, wie in Tegernau, hier lag das Stammhaus von Medima, heißt: **Medi**zin in **Ma**schen. Soviel zur Wäsche im Kleinen Wiesen-

Ältere Beschilderung in Demberg

tal. Ansonsten weit und breit kein Lift, nix Titisee und keine Doppeldeckerbusse.

Wer unten im Tal bleibt, versäumt das Beste: Nördlich Tegernau wird der Talboden eng, streckenweise regelrecht klamm. Oft bleibt nur Platz für den Bach und die Landstraße, die im Winter nicht trocken werden will. Ab und zu ein vor sich hin fröstelndes Haus. Besonders lieblich ist der Talgrund wahrlich nicht, zwischen den winzigen Weilern Langensee und Scheurenhof muß sogar das Wort „Tristesse" bemüht werden. Beide Ortsteile gehören zur höhergelegenen Hauptgemeinde Elbenschwand, die oberhalb tief eingeschnittener Kerbtälchen liegt. Man kann da ja mal hochfahren, aber was dann Fremder? Gardinen werden sich bewegen, Hunde werden bellen, Kinder werden rennen. Weiter talaufwärts, um Bürchau, weitet sich der Talgrund, es wird heller in jeder Beziehung.

Auf dem Bänkle beim Rathaus: bald kommt die Katze

Abheben im kleinen Wiesental

Ganz anders das wundervoll gelegene Weilertrio *Schwand-Raich-Ried*: Hier geht einem das Herz auf, sofern vorhanden. Trotz einer Renovierung blieb die Kreisstraße von Schwand rüber nach Ried ordentlich schmal, außerdem müßte sie eigentlich Alpenblickstraße heißen, oder Sonnmattenweg. Auch wenn es kitschig klingt: in Ried angekommen setze man sich auf das Bänkle am Brunnen vor dem Rathaus und warte, bis sich eine der ortsansässigen Katzen dazugesellt. Es dauert selten länger als fünf Minuten.

Zur Strecke zwischen Schwand und Demberg wäre zu sagen, daß hier an der kirschbaumgesäumten Straßenböschung der wilde Thymian duftet, daß oben am Waldrand, in freier Südlage, bei günstigen Verhältnissen noch im Dezember im Hemd gewandert, gelagert oder gelesen werden kann. Klar, daß man vom Waldsaum aus die Alpen sieht. Südschwarzwälder Gartenland, eine Heilstätte. Sanatorium im Wortsinne.

Gute Gastronomie: Zudem gibt es ausgerechnet hier oben gleich zwei bemerkenswerte Einkehren recht unterschiedlichen Charakters. Aber jede liegt auf ihre Art über dem ansonsten Üblichen. Beides mit den Generationen gewachsene Familienbetriebe und damit Vertreter einer selten gewordenen Spezies.

SENNHÜTTE – Schwand. Ein leistungsstarkes Landgasthaus, umgeben von heiter-hellem Südschwarzwald. Auf den ersten Blick entspricht der renovierte, 2002 nochmals stark vergrößerte Gasthof sicher nicht dem Kächele- und Schindeldachklischee, das man am Niederrhein vom Schwarzwald so hat. Die Sennhütte überzeugt halt nicht mit romantischer Dekoration, sondern durch ihr auffallend leistungsbereites Betriebssystem in Service und Küche. Vom Einzelwanderer bis zur Reisegruppe, von Schweizer Pensionisten (zahlreich vorhanden!) bis zu jungen Stadtflüchtlingen, von der Gesellschaft im Nebenzimmer bis zum letzten Vesper auf der ♣kastanienbeschatteten Freiterrasse. Die Sennhütte schafft alles und alle.

Kulinarisch wäre das Haus somit ein Muster für eine aufgeweckte schwarzwälder Gastronomie. Auch wenn die Karte auf den ersten Blick eher ausflugsgerecht aussieht, einzelne Positionen fallen gleich auf und die Küche enttäuscht nicht – die Zubereitung liegt weit über dem üblichen Niveau in Ausflugslagen: zur Saison gut zubereitetes Wild (extra Wildkarte), im Herbst auch mal Schlachtplatte (Termine anfragen), im Vesperbereich Spezialitäten aus eigener Schlachtung. Vorzüglich etwa die hausgemachten groben Bratwürste (der Senior ist Metzger). Erfreulich ist ohnehin die durchweg bemerkenswerte Fleischqualität, wovon besonders Klassiker profitieren. Darunter endlich einmal ein zartes, dünn rausgeklopftes Wiener Schnitzel mit Pommes wie aus dem Lehrbuch – inklusive korrekter Garnitur! Außerdem ausgezeichnete schwarzwälder Rohschinkensorten (auch vom

Leistungsbereiter Landgasthof: Sennhütte in Schwand

Ziemer = Filet), dazu eine gute klare Fleischbrühe, frische Salate. Zudem erfreulich: von vielen warmen Gerichten gibt es auch kleine Portionen.

Schon die Größe des Parkplatzes zeigt es: an Wochenenden herrscht um und in der Sennhütte ein beachtlicher Andrang, darunter Schweizer Auspendler, deretwegen auch gerne ein Schlag Rahm auf die Teller kommt. Zusammengehalten wird alles vom speditiven Service, dessen Freundlichkeit und Tragfähigkeit ebenso auffällt wie der allgemeine Dienstleistungswille im Haus. Summe: Wenn alles so liefe wie in der Sennhütte, bräuchte man sich um unser Land weniger Gedanken machen.

→ **Hotel-Gasthof Sennhütte** (Fam. Grether), 79692 Tegernau, Ortsteil Schwand. Ruhige, komfortable und erst noch preiswerte Zimmer, zwei neue Komfortdoppel, ein Appartment für vier Personen, Tel. 07629-91020, Fax: 9102-13, www.sennhuette.com, RT: Di. Preise: mittel.

⊃ **Wandern:** Die Weiler Schwand (660 m) und das etwas höhergelegene Raich-Ried sind ideale Ausgangspunkte für sonnige Höhenwanderungen abseits bekannter Wanderrouten. Große Orientierungstafel mit

Loipenglück mit Belchenblick: Wanderparkplatz Oberhäuser

Kartenkopie direkt beim Gasthaus Sennhütte, darauf mehrere Rundwege, vom Kaffeespaziergang bis zur Halbtagestour. Zwei Sonnenbänke am Grasweg gleich oben am Waldrand oberhalb der Sennhütte, nur hundert Meter über der Straße nach Raich-Ried; zudem ist die nähere Umgebung der Sennhütte großzügig mit Ruhebänken ausgestattet.

- Ein weiterer Wanderparkplatz liegt zwischen Schwand und Raich, noch oberhalb Oberhäuser (auf ca. 800 m). Der Parkplatz liegt zwar vielversprechend, die abgehenden Wege führen dann aber größtenteils durch Wald. Am interessantesten die Passage hinüber nach Bürchau, über die Grube. Loipeneinstiegspunkt mit wenig Betrieb.

ADLER – Raich-Ried. Ein klassisches, unaufgeregtes Gasthaus in einem schönen Ort. Der Adler liegt prächtig, umgeben von Bauerngärten mit exakt geschnittenen Buchsbaumrabatten. Selbst Rathaus und Sparkasse sehen hier oben aus, als wäre nichts gewesen, in den letzten 30 Jahren. Im ehemaligen Dorfladen steht noch ein Schild Postwertzeichen – „Amtliche Ausgabestelle" hinter den Gardinen. Von der Fassade bis in die Balken ist der Adler einer der selten gewordenen Musterbetriebe in der Klasse „heiler Schwarzwald". Die

Suppe in der Terrine, Braten aus dem Ofen: Adler in Ried

beiden Stuben bleiben über die Jahre wohltuend klar und endlich einmal ohne den zur Regel gewordenen Kissele-, Deckle- und Landhaus-Schwulst. Dazu passend wird eine einfach-brave, aber bodenständige Küche geboten. Überzeugend am ehesten die Klassiker: also Suppe aus der Löwenkopf-Terrine, gute grobe Bratwürste, Schinken von der eigenen Sau. Eine kleine Sensation sind die aromatischen Braten vom großen Stück, die hier noch wie bei Muttern aus dem großen Backrohr kommen (immer sonntags auch gemischter Braten), dazu frische Blattsalate; einzelne feine Desserts, etwa das Waldhonigparfait, dazu ausgezeichneter eigener Rahm. Das Rindfleisch stammt von einem Nachbarhof in Ried-Oberhäuser, der die Lokalrasse Hinterwälder hält. Mischgemüse und Beilagen sind den Wünschen des ländlich-regionalen Stammpublikums angepaßt, also eher nicht zu bißfest. Gleich wie, die unvermurkste Atmosphäre eines grundehrlichen Familienbetriebes läßt Behaglichkeit aufkommen (die Jungen in der Küche, die Senioren an der

Alles am Platz – Frau Kropf im Adler zu Ried

Theke). An Sonntagen auch mal mehr Betrieb, der durch eine herzensgute Servicekraft souverän gemeistert wird. Sonst umfängt einen im Adler – wie draußen vor der Tür – eine schier weltferne Beschaulichkeit, eine Stimmung wie Seelenbalsam. Im Hochsommer auch zwei, drei idyllische Tische im Freien. Preiswerte und komfortable Fremdenzimmer. Für alle, die Ruhe mögen, ein rundum sorglos Paket inmitten eines idealen Wandergebietes.

→ Gasthaus-Pension **Zum Adler** (Fam. Kropf), Raich-Ried, Ortsteil Ried (man beachte die gepflegten Bauerngärten mit den Buchseinfassungen gegenüber vom Adler), Tel. 07629-252, www.adler-ried.de, RT: Do und Mi. Behaglich ruhige Atmosphäre, schöne und gastfreundlich kalkulierte Gästezimmer. ♣ Im Hochsommer ein kleiner, aber hochidyllischer Freisitz neben dem Eingang. Ferien im November. Preise: günstig.

Advent und Schlachtplatte im Adler: Nur einmal im Jahr, immer am 1. Adventssamstag und Sonntag, gibt's im Adler Schlachtplatte nach altem Ritual. Also kommt ein persönlich bekanntes, hausgeschlachtetes und vor Ort verwurstetes Schwein zu Tisch: in ländlich einfacher, aber hochsolider Qualität (allein die groben Bratwürste!). Es gibt es nur noch wenige Gasthäuser, in denen Anlaß, Ambiente und Gäste einmal im Jahr zu einem großen Ganzen verschmelzen, im Adler ist das so.

Spätes Licht: Straßenführung in Raich

➲ **Höhenweg, Sonnenbank, Halbtagestour:** Vom Gasthaus Adler weg führt ein kurzer Weg zum göttlich gelegenen Friedhof. Von dort sind es dann nur ein paar Meter abwärts zum Sonnenbänkle an der Frankenruh'. Dort wäre wieder mal so ein Platz, um eine Diskussion Stadtleben vs. Landleben zu führen. Weiterwandermöglichkeit rüber nach Schwand mit Einkehr Sennhütte und zurück, somit fast schon ein Halbtagesprogramm. So einfach kann's Leben sein (auf dem richtigen Stück Land).

13 ▶ Krumme Touren um Malsburg-Marzell

Das obere Kandertal um Malsburg-Marzell – eine Gegend
für Leute, die selbst ein Programm gestalten und mit einer Wanderkarte umgehen können. Um die hochgelegenen
Ortsteile Lütschenbach und Kaltenbach, auch auf der anderen Talseite um Vogelbach ist die Region auf angenehme
Weise unspektakulär. Über Kaltenbach ist in der „Kreisbe-
schreibung Lörrach" zu lesen: „Die touristische Infrastruktur
beschränkt sich auf ein Gasthaus, Telefonzelle, Briefkasten

Blaue Stunde: Föhn über den Alpen

und Briefmarkenautomat." Was nicht heißt, daß es nichts zu sehen gäbe. An der Krone hängt zum Beispiel immer noch ein Underberg-Thermometer auf grün-weißem Emailleblech und der alte Kronengarten, na ja, das war so eine Einsiedelei für einen Flaschenbier-Hochsommer-Nachmittag. Irgendwann wurde dann auch der zeitgemäß modernisiert: Die neue Betonstützmauer wirkt erdbebenfest, statt Grasboden gibt's nun Verbundsteinpflaster. Luft und Ausblick sind aber noch wie früher.

Unten im Tal zwischen Kandern, Malsburg und Marzell wenig Sensationen, mal ein Fischteich, mal ein Plakat, das ein Konzert der „Wilden Engel" in Wies ankündigt. Dazwischen vielversprechende Blicke auf die Sonnenhänge weiter oben. Wenig oberhalb von Malsburg, beim Ortsteil Höfe, wird der rotschimmernde Malsburger Granit rechts und links der Straße abgebaut. Das Gestein begegnet einem in der Region als Pflaster, Schotter, Wegsand oder Baumaterial. Schon im 18. Jh. wurden Granitfindlinge an Kanderner Bildhauer geliefert, 1908 waren in den Granitbrüchen fast 200 Arbeiter beschäftigt.

→ Unten in Malsburg, gleich am mächtigen Mühlengebäude der **Kranz**. Ein Relikt in der Klasse ungeschminktes Dorfgasthaus, ein Basislager, zum Glück noch immer in Betrieb. Auf der Karte steht unter manch' anderem: „Speck durchwachsen", was auch als Einkehrmotto gelten könnte. Relativ selten auch ein Hinweis wie dieser: „Speisen mit einem Stern sind nicht immer vorrätig." Dazu gehört zum Beispiel Kuttelsalat; Bratwurst und Wurstsalat geht aber immer. Tel. 07626-972454, Fr bis So ab 10, Di bis Do ab 15 Uhr. RT: Mo.

Krumme Touren I – um Lütschenbach: In Malsburg gegenüber vom Kranz beginnt auch die Auffahrt auf die ruhigen Südwesthänge um *Lütschenbach* und *Kaltenbach* (745 m) und hier ist nun wirklich Tapetenwechsel: Abgehobene Weiler mit ein paar alten, alemannischen Eindachhöfen, erschlossen durch eine Straße, die jeder Waldfalte folgt. Der Laden in Lütschenbach ist schon länger zu, der Löwen gegenüber, na ja, Fleischkäse halt. Aus manchem Schopf ist eine Garage geworden, Restlandwirtschaft, ein paar Pendler in Neubauten.

Zwischen den paar Häusern von Kaltenbach trifft man am Feierabend fast zwangsläufig aufeinander, man steht vor der Scheune oder mitten auf der Straße und redet oder auch nicht. Manche Ureinwohner beherrschen auch noch die alte Schwarzwälder Kulturtechnik des meditativen vor dem Haus verweilens. Man geht nie mehr als drei, vier Schritte am Stück, dazu paßt langes Schweigen am besten.

Gärtle über die Gass': Maien, Vogelbach

Drumrum selten blumenreiche Matten, eigentlich ein gefälliges Abseitsland, nur der offene, der weite Blick fehlt hier. Trotzdem ideal, um einen Nachmittag zu verplempern. Zahlreiche Tourenmöglichkeiten, auch mit einem robusten Rad (und ebensolcher Kondition). Zur einzigen Höheneinkehr *Zur Krone* gibt es keine Alternative.

→ **Krone**, Kaltenbach. Außen schmucklos verputzt, der Eingang aber mit seltenem Wandschmuck in Gestalt eines Original Underberg-Thermometers versehen. Wie eingangs erwähnt, die ehemalige Grasbodenterrasse ist nun verbundsteingepflastert und kärcherbar. Ansonsten naturreine Stimmung, die Bewirtung widmet sich dem Grundsätzlichen.

Um Vogelbach: Von Malsburg (ebenfalls bei der Tantenmühle/Gasthaus Kranz) geht es auch hoch auf die westliche Talseite. Oben um Vogelbach wartet offenes Land, sonnig, schon nach Süden und zum Oberrhein orientiert, was den Höhen gleich etwas Heiteres gibt. Zuvor geht's in wenigen, aber spitzen Kehren den steilen Hang hoch. Auch das eine oder andere Detail am Wege paßt ganz gut zur Lage im hinteren Kandertal: an einem Haus warnt ein gelbes Schild vor Dachlawinen, darunter ein blaues vor Eiszapfen, eine Kurve später steht ein älterer Benz (W 124) am Straßenrand, mit perlmuttfarbener Sonderlackierung. Auch das hintere Kandertal ist voller Rätsel.

Der verstreute Weiler **Vogelbach** liegt sonnig auf einem Höhenrücken (650 - 700 m) am Südabfall des Hochblauen. Zumindest die oberen Häuser könnten auch auf den Namen Vogelnest hören. Das einzige Gasthaus in dieser selbstzufriedenen Landschaft ist der MAIEN mit einem Gärtle über der Straße, einem konventionellen Gastraum, sowie einem Nebenzimmer, das auch für eine größere Kuchentafel von Tante Sophie geeignet wäre. Lange Jahre war der Maien eine Außenstation, ein Platz quer durch alle Schichten, der VW-Kombi einer Waldarbeiterrotte stand ebenso vor dem Haus wie der Sechszylinder mit Cordon-Bleu-Gästen aus Basel, Einheimische schauten mal kurz nach dem Stall auf ein Glas Bier rein. Sozialer Wandel der Gastgeber führte dann zu allerlei Friktionen, die dem Kulinarischen nicht unbedingt dienlich waren, aber das ist Geschichte.

→ **Maien**, **Vogelbach** (bei Malsburg): Nach einem Inhaberwechsel bietet der Maien nun etwas von fast Allem. Jedenfalls zieren schon mal sechs Seiten Speisekarte den Schaukasten draußen. Das überaus mannigfaltige Angebot reicht von „Salatträumen" bis zum Programmpunkt „Wild auf Wild", von unser aller Putenbrust bis zum Finale „Viva Italia - Spaghettiade in Vogelbach". Richtig gelesen, Spaghettiade in Vogelbach. Und wer's nicht glaubt, kann den Dingen selbst nachschmecken; kann, muß nicht. Maien, 79429 Vogelbach/Malsburg, Tel. 07626-97 78 132, RT: Di. www.maien-vogelbach.de.

Krumme Touren II – um Käsacker und Bürgeln: Von Vogelbach führt eine Asphaltstraße niederer Ordnung durch eine Landschaft höheren Reizes. Ein kurzer Weg aus dem Weideschwarzwald ins Obstland der Vorbergzone. Sehr schön für Offenfahrer jeder Art, denkbar auch als Teil einer ambitionierten Radtour zwischen Blauengebiet, Sausenburg und

Frühling am Fuß des Hochblauen: Kirschblüte im Eggener Tal

Markgräflerland. Aus dem hinteren Kandertal also über Vogelbach und Käsacker *(Lippisbacher Höfe,* Demeter Käserei, vgl. unten) bis runter zum Kanderner Ortsteil Sitzenkirch. Von hier über die kleine Paßhöhe bei der St. Johannes Breite auf der L 132 mit Blick auf den Hochblauen in Richtung Badenweiler.

Das Besondere dabei: Man bewegt sich hier genau auf der Nahtstelle zwischen Markgräflerland und Südwestschwarzwald. Am eindrucksvollsten treffen beide Landschaften vielleicht am oberen Ausgang des Eggener Tals zusammen. (An der Abzweigung der Stichstraße zum Schloß Bürgeln, Parkplatz direkt an der L 132). Nach Westen reicht der Blick über das geschwungene Kirschen-, Obst- und Weinland des Eggener Tals in Rheinebene und Vogesen. Im Osten steht der dunkle Hochblauen gegen den Himmel (nicht selten mit einer weißen Neuschneekappe), und direkt hinter einem zieht die Zufahrt durch Mischwald nach *Schloß Bürgeln* hoch. Eine Schlüsselstelle, um den typischen Landschaften

Kleinod in Panoramalage: Schloß Bürgeln

des Südwestens zu begegnen.

SCHLOSS BÜRGELN – Schliengen. Über Schloß Bürgeln und die gastronomischen Versuche in der traumhaft gelegenen Schloßwirtschaft könnte man fast schon eine Monographie verfassen. All die munter wechselnden Öffnungszeiten (exakter: Nichtöffnungszeiten) während der letzten Jahre; das Angebot; die Kämpfe zwischen Pächtern und einem Bürgelnbund, der es bislang über Jahrzehnte nicht verstanden hat, eine dem Potential der Liegenschaft adäquate Gastronomie zu installieren. Nun, so hört man, soll wieder mal alles besser werden, zum wievielten Mal eigentlich? Mein Rat: Man höre die Botschaft und gebe die Hoffnung gerade im Fall Bürgeln nie auf. Die Pretiose liegt einfach zu schön. Stellen Sie sich einen Platz zwischen Himmel, Markgräflerland und Südschwarzwald vor, den der ungewählte König Südbadens zur Residenz wählen würde. Und dann setzen Sie sich z' Bürgeln auf der Höh' auf die Terrasse der Schloßwirt-

Mit Traumterrasse: Schloßwirtschaft Bürgeln.

schaft und warten, bis ein Märchen wird wahr (hoffentlich ist gerade geöffnet).

→ **Schloß Bürgeln** (mit Schloßwirtschaft, diese mit ♠ großartiger Freiterrasse). Schloß-Führungen, Veranstaltungen: Schloß-Konzerte, Vorträge zur regionalen Kultur und Natur, diverse Räumlichkeiten auch mietbar. Info aktuelle Veranstaltungen: www.schlossbuergeln.de, Kontakt: Dr. Ehrenfried Kluckert, Schloß Bürgeln 79418 Schliengen, Tel. 07626- 237.

Demeter-Käserei in Lippisbach

„Jede Neugründung einer Kleinmolkerei muß unter diesen Umständen als ein dankenswerter Akt agrar- und geschmackspolitischen Widerstandes betrachtet werden." So stand es mal, in protestantisch-strengen Worten, im MANUFACTUM Katalog. Auch Manufactums Quarkkritik aus dem Jahr 2004 bleibt aktuell: „Supermarktquark ist merkwürdig geschmacklos und ein Käsekuchen läßt sich kaum mehr daraus backen." Welcher Konditor weiß überhaupt, wie ein

Vorzugsfutter gibt Vorzugsmilch

richtiger Käsekuchen gebacken wird, ließe sich vielleicht noch anfügen. Und welche Supermutti, die ihre Fruchtzwerge im Geländewagen durch's Ländle kutschiert, kann eigentlich noch eine handvoll heimische Apfelsorten beim Namen nennen? Als Krone bürgerlichen Konsumverhaltens gilt ja bis heute die Fahrt auf Büffelledersitzen zur Schnittkäsetheke auf der grünen Wiese.

Zum Glück gibt es die guten Dinge nicht nur in Katalogen. Original südschwarzwälder Wiesenthymian wäre ein Mitbringsel von der nächsten Wanderung und immerhin leisten zwei Dutzend Hofkäsereien in Südbaden kulinarische Basisarbeit.

Eine der kleineren davon liegt etwas versteckt bei Kandern-Sitzenkirch, nahe einem Weiler, der treffenderweise Käsacker heißt. Wer also von Sitzenkirch rauf nach Vogelbach fährt, achte an der kleine Kreuzung unterhalb von Käsacker auf das Schild zur Hofkäserei der Vollmers. Die Milch von neun properen Vorderwälder Kühen wird hier

So ein Käse! Ingrid Vollmer, Demeter Hof Vollmer

in einer kleinen, aber feinen Hofkäserei verarbeitet. Neben Käse verschiedener Reifestufen, gibt es auch Butter, die wie Butter schmeckt. Auch ein schön saurer Yoghurt und ein merkwürdig geschmackvoller Quark sind zu haben. Mit dem könnte ein Käsekuchen gelingen wie damals.

→ **Demeter Hof** von Harald und Ingrid Vollmer, Lippisbacher Hof 1, 79400 Sitzenkirch, Tel. 07626-7954, Zufahrt über Sitzenkirch (bei Kandern), oder aus dem oberen Kandertal über Malsburg und Vogelbach. Kleine Käserei mit hervorragender Qualität. Verkaufskühlschrank zur Selbstbedienung vor dem Haus. Es gibt Bergkäse aus Rohmilch in verschiedenen Reifestufen, außerdem Butter (frisch ab Mo), Quark und Yoghurt – alle Produkte sind erstklassig. Achtung Radfahrer: aus dem Brunnen vor dem Hof kommt ein herrliches Trinkwasser.

⊃ **Weiter Wandern:** Von den Lippisbacher Höfen (auf ca. 530 m) könnte man weiterziehen, erst runter zur Straße, dann weiter Richtung Sandwerk. Im Steinbruch wird der rote Wegsand gebrochen, der in der ganzen Region als Wegmaterial verwendet wird. Die Route führt auf dem Blauenbachweg am Waldrand entlang Lippisbach aufwärts, bis zum Hexenplatz (843 m, an der Südflanke des Blauen), man trifft dort auf den Westweg. Der leitet einen direkt runter nach Vogelbach (Gasthaus Maien, S. 138). Nette Sommertour, mit Fuß oder Rad, oder beidem.

Hochschwarzwald

„Sport ist ein Privileg der Landlosen" – stammt von einem Chirurgen, der sich nach seiner aktiven Zeit als Hobbylandwirt niedergelassen hat. So ein Satz paßt ja da und dort ganz gut. Zum Beispiel, wenn es um den Wandel des Feldbergs geht. Vom höchsten Berg des Schwarzwaldes zum allzeit bereiten Spaßberg. Oder um nordisch Gehende, die mit ihrem Klick, Klack, Stöckchen-auf-Steinchen-Gestocher jede Waldstille aufmischen können. Nordisch Stochern und kein Schamgefühl. „Sport ist ein Privileg der Landlosen."

„Den" Schwarzwald gibt es ja schon länger nicht mehr. Der Großparkplatz und die stille Nische liegen dicht beiein-

Nebel schwadet, Feldberg leuchtet

ander. Zwischen dem Souvenir- und Kaffeefahrtengewusel am Titisee und den stillen Höhenwegen um Saig liegen nur ein paar Minuten. Selbst die Eventbühne Feldberg pendelt je nach Zeit und Ort zwischen Nordic-Ballermann und ruhigen Gipfelzonen. Es hängt von Neigung und Findigkeit der Besucher ab, was der Schwarzwald ganz oben bietet.

Hinterzarten wäre auch so ein Multifunktionscenter, vor Jahren noch als „heilklimatischer Kurort" mit Wolldeckencharme beworben, dann Veranstalter volksfestartiger Schanzenwochenenden, zu denen Zehntausende pilgerten. Literaturabend im Kurhaus gibt es aber auch, selbst eine nostalgische Freiluft-Liegehalle steht zur Erbauung bereit,

145

Der höchste Buckel im Land: Blick von Breitnau gen Feldberg

Sauerstoffdusche und Vogelstimmen inklusive.

Zum Weltcup-Skispringen in Neustadt ließ man schon Schnee aus dem Gotthardgebiet herankarren, auf dem Feldberg geben sich Umsatz- und Naturschutz ohnehin die Hand – eigentlich müßte der Europapark in Rust eine Filiale auf dem Feldberg eröffnen. Das gemischte Doppel *Haus der Natur* neben *Großparkplatz* steht ja schon. Das sogenannte „Haus der Natur" wurde übrigens von der EU im Rahmen von *Ziel 5b* gefördert. Subventionsschürfung und Vermarktung der Natur liegen hier in kundigen Händen.

An den Brennpunkten des Südschwarzwälder Herdentourismus möchte ich mich aus persönlichen Gründen auf ein paar Winkel beschränken, die noch nicht im Ziel 5b liegen,

dazu noch auf ein paar Orte, die trotz Zulauf Charakter zeigen. Einfach ist das nicht, Dreiseenfahrten hinterlassen Spuren, auch Busse brauchen Landebahnen. Auch kulinarisch gibt es reichlich verbrannte Erde, Originalton Gault Millau:

„Typisch im Hochschwarzwald sind Gasthäuser, die in niederen, zumeist zu dunklen Stuben vornehmlich jene deftig einfache Kost bieten, die die kulinarisch eher anspruchslosen Touristen in ihrer Mehrzahl erwarten."

Und das ist noch eine recht positive Sicht der Dinge. Wenn es denn eine „deftig, einfache" Kost wäre; *einfach und gut*, dann wäre ja alles in Ordnung: Bei Brot und Butter angefangen, über Speck und Schinken bis hin zu einem Bergkäse aus der Region. Schließlich ist ein guter Schinkenspeck

Im Schatzkeller: Rohmilchkäse vom Demeterhof in Äule

(bei aller Parmaschinken und San Daniele Verehrung) eine
weithin unterschätzte Delikatesse. Aber selbst bei diesen
Selbstverständlichkeiten des Regionalen muß man gehobene Qualitäten mittlerweile mühsam suchen. Angesichts
der hervorragenden Quellen – das Rind steht auf der Weide
nebenan, es gibt zahlreiche Hofkäsereien – ist die waldauf,
waldab gebotene Baukastenküche aus Großmarktware, je
nach Preislage unterschiedlich neckisch aufgerüscht, eine
dreiste Unverschämtheit. Zu stattlichen Preisen.

Wanderer bedenke,
auch die Vibramsohle hinterläßt Abrieb.

Ja, auch der Wanderer hinterläßt kahle Stellen. Erosion bedroht neben der Grasnarbe auf den Feldbergmatten auch

Gaststätten, Qualität kann auch zerwandert werden. Nach-
zuschmecken ist dem zum Beispiel am globalen Vesperbrett-
leangebot der Hütten im Feldberggebiet. Kaum anderswo
wird das folkloristische Umrubeln von Meterware so perfekt beherrscht wie hier. Aber das grundsätzliche Problem
kennen wir ja schon seit längerem, letztlich verdirbt der
moderne Vagabund Tourismus, was er sucht. Aber ganz so
heftig müßte es ja nicht kommen. In der Schweiz und in
Österreich machen sie es uns vor, wie es auch ginge: Qualität
und Saisontourismus, Berghütten mit einem umfassenden
Angebot an tatsächlichen Regionalprodukten und keine
Alibiveranstaltungen. Andererseits, solange die Achse Feld-
berg-Titisee ihre Magnetfunktion erfüllt, bleibt's anderswo
schön ruhig. Auch recht!

14 ▶ Loden und Speck in Hinterzarten

„Das weitverstreute Pfarrdorf Hinterzarten (1.200 Einw.) in einem waldumschlossenen Wiesenhochtal zwischen Feldberg, Thurner, Titisee und Höllental, wird als Höhenluftkurort und Wintersportplatz viel besucht. (Skigelände mit Sprungschanze, Eislauf.) Stattliche Kirche mit Zwiebelturm."

Baedeker, in den 30er Jahren.

Vom Pfarrdorf wurde Hinterzarten zum Vorbild der Südschwarzwälder Ferienorte. Neben der Promotion durch die sportlichen Erfolge von Thoma & Co. liegt das an ein paar Zutaten, mit denen kein anderer Schwarzwälder Ferienort

Für grob Gewirktes und fein Gestricktes: die Adlerterrasse

so üppig ausgestattet ist. Da wäre zunächst die Lage auf einem sonnigen Plateau auf gut 900 Metern Höhe, im Winter überwiegend nebelfrei. Nichts wirkt hier eingeklemmt, die Matten sind freundlich und weit. Dazu überraschend ebene Promenaden, auf denen nicht nur grob Gewirktes, sondern auch mal was fein Gestricktes getragen werden kann. Im Winter 70 Kilometer gespurte Loipen, und immer und immer wieder ein Sonnenbänkle am rechten Fleck.

Hinterzarten präsentiert sich somit wie eine Kreuzung aus zeitgemäßem Laufsteg und nostalgisch anmutendenden Kureinrichtungen. In der Summe ist das eine Art Premium-Schwarzwald für jene Klientel, die Exotik nicht nur in der

Luftkurort Hinterzarten

Karibik sucht. Obstler statt Bacardi, dazu Promenierstimmung ohne Durchgangsverkehr, ein nobles und ein paar gute Häuser. Und so kommen Gäste in den Ort, die nicht nur Kräuterbonbons, sondern auch Kreditkarten im Hosensack haben.

Zu beachten wäre ein gleichsam naturgegebener Niveauverlauf innerhalb des Ortes, der rasche Orientierung erlaubt: Je höher, desto besser. Unten an der Ortseinfahrt liegen die Parkplätze und die Filialen. Entlang der Souvenirmeile liegen die üblichen Bistros, Herren in Beige tragen Handgelenktaschen und Digitalvideo. Ein wenig Unterzarten.

Ein paar Schritte weiter, auch etwas höher, beginnt der etwas feinere Ferienort. Man sitzt auf dem Sonnenbänkle und hat realisiert, daß die Quälerei am Lift irgendwann ein Ende haben sollte. Darunter auch solche, deren erste Bergschuhe noch zwiegenäht waren, aber auch jüngere Paare. Sie zeigen jenen entspannten Blick, den in diesem Alter nur ein vernünftiges Erbe garantieren kann.

Ikone des komfortablen Höhentourismus: Adler, Hinterzarten

PARKHOTEL ADLER – Hinterzarten. Romantik trifft Luxus, dazu Wellness in einem Hedonistentrakt. Alles proper präsentiert bis zu den Mädels am Empfang – wie das bei einem „Leading small Hotel of the World" so üblich ist. Statt gepuderter Herrschaften hat der Adler eine solvente, gerne auch jüngere Klientel im Auge. Leute, die undogmatisch zwischen virtueller und realer Natur Entspannung suchen. Also gibt es vom Schwarzwald-Arrangement bis zur Wellnesswoche Angebote für Kurzzeitgäste, und die kommen mit leichtem Gepäck und hohen Ansprüchen.

Die *legendäre Sonnenterrasse* vor dem Adler Restaurantgebäude wäre aber auch eine Adresse für den kleineren Hunger zwischendurch, oder auf einen Nachmittagstee (nachmittags mit Kuchenbuffet). Der Gunstplatz längs der Hausfront (Foto Seite 150) gehört einfach zu den wenigen Pflichtzielen für undogmatische Streuner, a place to be. Hier verweilen, oder lauern, je nachdem, Bequemschuhträger neben Rahmengenähten. Ein geschütztes Eckle, das oft

Im Revier: Bar im Parkhotel Adler, Hinterzarten

noch im Spätherbst Hemdenwetter bietet. Ein Gunstfleck, ideal zum Sitzen und Schauen abseits der sonst so verbreiteten Heidelbeerweinstimmung. Zudem ein Platz für das beliebte Gesellschaftsspiel, wer kommt mit wem und wie. Es kommen Jünglinge mit großen Hunden und hochbeinigen Geländewägen, es kommen Ältere in junger Begleitung, dazwischen Durchschnittspaare in Funktionskleidung. Also genau die richtige Mischung aus Laffen, Strizzis und Strick. Und abends auf den Leopardenfellhockern der Bar geht alles wieder von vorne los. Zum Beritt gehört gleich nebenan noch ein etwas dick aufgetragener Neojugendstilpavillon namens *Café Diva*, über dessen Stilsicherheit sich lange streiten ließe, die Klasse des Adler hat der Annex jedenfalls nicht.

Zu den vorgenannten Facilitäten können Passanten noch die Einrichtungen der großzügigen Wellness-Zone nutzen (Details vgl. unten). Bevor Sie sich also sonstwo über etwas Hingeklatschtes ärgern, lieber mal eine Auszeit im Adler

Bei plötzlichem Verlangen nach Komfort: Adlerterrasse

einstreuen. Wobei die eigentliche Restaurantleistung trotz, oder besser, wegen der üblichen Zubereitungsakrobatik à la „Hirschkalb im Blätterteigmantel" den Level einer gehoben, routinierten Hotelküche erreicht, nicht mehr, nicht weniger. Gleich wie, das kluge Eintauchen in die Infrastruktur eines Großhotels ist unter deutschen Bausparern nicht sehr verbreitet, dabei hülfe gerade das Pendeln zwischen Berg- und Luxushütte gegen Horizontverengung.

Bei plötzlichem Verlangen nach routiniertem Komfort ist der Adler jedenfalls eine ziemlich konkurrenzlose Adresse im Hochschwarzwald. Einmal habe ich hier sogar einen wandernden Theologen in Loden getroffen. Auf seiner jährlich praktizierten Schwarzwaldquerung logiert er schon seit 20 Jahren im Adler. Recht getan, schließlich hat der Herrgott hier einen besonders reichen Garten geschaffen.

Conclusio: der Adler ist einer der wenigen Plätze zwischen Freiburg und Bodensee, um die neue Pelzjacke zu lüften, oder die Frage zu erörtern, weshalb die Hälfte der

Premium-Bauernladen: Ospelehof, Hinterzarten

Luis-Vuitton-Trägerinnen einen schnepfenhaften Gang an den Tag legt.

→ **Parkhotel Adler**, am Ortsrand in großzügiger Parkanlage (Leading Small Hotels of the World), Adlerplatz 3, 79856 Hinterzarten. Tel. 07652-1270, Fax: 127717, www.parkhoteladler.de. Mit elegantem Abendrestaurant (RT: Mo und Di); nebenan das Wirtshus, eine rustikalere Kachelofen-Stube, diese auch für Café und Tee, sowie einfachere Speisen (kein RT), davor die ♠ beliebte Kaffee- und Sonnenterrasse, die für Passanten zu den eigentlichen Pluspunkten zählt. Großer Wellness-Pavillon, ebenfalls für Passanten geöffnet, Tageskarte, mit Beauty, Fitness et al., Freiliegewiese im Park.

■ **Bauernkäserei Ospelehof** (Fam. Braun): Es geht also doch, Geld vom Kunden statt Almosen von der Agrarbürokratie. Milch und Rohmilchkäse von den Hinterzarter Matten, dazu weitere Hofprodukte in einem breit sortierten Laden: darunter Hausmacherwurst, Brot, Honig. Herausragend neben der Käserei besonders der nach traditioneller Handwerkspraxis hergestellte Speck und Schinkenspeck (nicht immer vorrätig, aber das gehört ja auch zum Handwerk). Das Alles in einem schönen, professionell geführten Hofladen, etwas außerhalb über dem Ortskern. Außerdem Schwarzwaldkosmetik (Pflege mit Frischmolke), Ferienwohnungen.

→ **Ospelehof**, Windeck 2 (nach der Eisenbahnunterführung am Ortseingang rechts, dann ausgeschildert), Tel. 07652-5482. Öffnungszeiten: im Winter: Do, Fr 10-13 und 15-17 Uhr; im Sommer Di bis Fr 10-13 und 15-17 Uhr, Sa 10-13 Uhr. www.ospelehof.de

Erzeugerläden, Direktverkauf, Käseroute: Es gibt mittlerweile zahlreiche Läden im Hochschwarzwald, die selbsterzeugte Qualität statt dem üblichen Speckbrettleramsch anbieten. Der Bauernladen im Ospelehof war früher als andere dran, er erfüllt somit innerhalb der erfreulichen Bewegung eine Pionierrolle; auch weil dort schon sehr früh mit einer professionellen Präsentation und mit kundenfreundlichen Öffnungszeiten begonnen wurde.

- Eine aktuelle Zusammenstellung der Hofläden und Direktvermarkter findet man auf der homepage vom Naturpark Südschwarzwald, dort auch Hinweise zur „Käseroute", der gehören viele, aber nicht alle regionalen Käsereien an. www.naturpark-suedschwarzwald.de (Menüpunkt „Produkte der Region").

■ **Kurverwaltung** und Gästeinfo liegen zentral in der Ortsmitte von Hinterzarten. Professionell, gut sortiert (u.a. Wanderkarten, auch eine regionale Eigenausgabe, auf deren Rückseite Vorschläge für Rundwege, Touren, Infos zum Naturpfad Feldberg); so daß sich Hinweise an dieser Stelle erübrigen. Im Eingang ein wunderbares Schwarzweiß-Portrait vom gänzlich erschöpften Goldbub Thoma Jörgl. Aber die Geschichte kennen Sie ja. www.hinterzarten.de oder www.hinterzarten-breitnau.de

Schwarzwälder Skimuseum Hinterzarten

Wer erinnert sich noch an seine erste Skibindung, wer kennt noch den legendären White Star von KNEISSL? Diese Sammlung von Schwarzwälder Ski- und Tourismusdevotionalien müßte selbst für Museumsmuffel interessant sein. Holzlatten, frühe Leder-Schnallenschuhe, nachtblaue BOGNER Popeline-Anoraks und MARKER-Sicherheitsbindungen dürften bei Manchem immer noch Erinnerungen wecken: Ja damals, als Skier noch keine Carving-Taille hatten und die Sache mit dem Wintersport noch mit Ernst und Eleganz praktiziert wurde. Jedenfalls wird man heute auf der Piste kaum jemandem begegnen, der so auf den Latten steht, wie Franz Bernauer aus Muggenbrunn. Beim Skilehrerkongress in Aspen/Colorado fuhr er auf seinen 2,05 Meter White Star ab, aber wie! Und wer glaubt, die Parkplatznot auf der Feldberg-Paßstraße sei eine Erscheinung der letzten Dekaden,

Franz Bernauer auf Kneissl: „Höhepunkt des ästhetischen Skilaufs"

der betrachte die Aufnahmen vom Stau der Brezelfenster-Käfer im Neuschnee, oder den Anfängerskikurs 1910 auf dem Feldberg (im Matrosenanzug). Dazu technisches und kulturelles Gerät zum Thema Schnee- und Skilauf, aber auch wunderschöne Aufnahmen vom Schwarzwälder Skiwinter wie er einmal war – und nie mehr sein wird. Überhaupt, die Bilder und Plakate aus früher Zeit des Schwarzwald Tourismus, die Szenen aus den Bergfilmen von ARNOLD FRANK und LUIS TRENKER, natürlich auch die Triumphe der THOMAS, vom Jörgl bis zum Dieter und, und, und.

Reizvoll plazierte Exponate im renovierten Hugenhof, schlicht-gelungene Präsentation, knappe, pädagogisch wertvolle Begleittexte. Kurz und gut: Augenschmaus und Nostalgienahrung von der Zipfelmütz' bis zum Rennanzug.

→ **Schwarzwälder Skimuseum,** Im Hugenhof, 79856 Hinterzarten. Öffnungszeiten: Di, Mi und Fr 15 - 18 Uhr, Sa, So und Feiertage 12 - 18 Uhr, Tel. 07652-982192. www.schwarzwaelder-skimuseum.de

Die banale Realität abbilden: Hermann Dischler (1866 - 1935)

Über die Bruderhalde Richtung Titisee: Die höhergelegenen Ortsteile Oberzarten und das kleine Naturschutzgebiet Keßlermoos werden durch eine Anliegerstraße erschlossen, die nach der kleinen Paßhöhe beim *Erlenbruck* über die Bruderhalde auf die Hauptstraße Titisee-Bärental führt.

An dieser reizvollen Nebenstrecke liegt in Horstlage die alte Villa des Schwarzwaldmalers HERMANN DISCHLER (vgl. nächste Seite), die Liegenschaft ist Privatbesitz und kaum zu sehen, da eingewachsen.

Der Schwarzwaldmaler

HERMANN DISCHLER (1866-1935) war ein, neben Hans Thoma vielleicht sogar „der" Schwarzwaldmaler. Dischler begann als Photograph in einer Zeit, als Photographie Außenseiterbeschäftigung war und deshalb Passion und totalen Einsatz forderte. Dischlers photographische Sichtweise der Landschaft, sein analytisches, fast naturwissenschaftliches Interesse am Motiv, bestimmten auch seine Malerei durchgängig. Seine Bilder sind keine Idealisierungen, sie stehen für eine Sehweise, die der Realität und nicht irgendeiner höheren Idee verpflichtet ist. Eine der Natur möglichst nahe Wirklichkeit, die „banale Realität" wollte Dischler abbilden, so perfekt und so getreu wie möglich. Dabei waren ihm das natürliche Licht, das Wetter und ganz besonders die typischen, damit verbundenen schwarzwälder Haus- und Landschaftsformen Anregung und Motivlieferant ohne Ende. So entstanden Bilder von außergewöhnlicher dokumentarischer Qualität, die – ohne platte Abbilder zu sein – einen Blick auf den Schwarzwald erlauben, den es schon lange nicht mehr gibt. Allenfalls das eine oder andere Detail, ein Aspekt wird einem auf langen Touren wieder gegenwärtig, eine vereiste Tanne, eine harmonisch geschwungene Hofzufahrt, eine blühende Wiese. Wobei es heute, dank Mineraldünger und Jauchewagen, ja ganz anders blüht als früher. Aber das ist wieder eine andere Geschichte.

„Mancher hat mir schon versichert, daß er nach Besichtigung meiner Bilder gelernt hat, die Natur mit ganz anderen Augen anzusehen." Hermann Dischler

Wer einmal gesehen hat, wie Dischler den Winter auf dem Wald gemalt hat, das Licht auf dem Schnee, wie er die symbiotische, fast emotionale Beziehung zwischen Schwarzwaldhaus und umgebender, umschließender Landschaft einfing, wer gesehen hat, wie ein Hof zu Dischlers Zeit mit der Landschaft verwachsen war, wie ein Feldweg den Rhythmus der Landschaft aufnahm, und wer heute sieht, wie gebaut, umgebaut und planiert wird, dem bleibt wirklich nur der Ausruf „oh Schwarzwald, oh Heimat". So zweideutig (und treffend) war das Motto der bisher größten Dischler-Ausstellung, 1992 in Freiburg.

Reinster Schwarzwald – Bilddetail von Hermann Dischler

Ein eternitverkleideter Hof wird eben nie jenes Lichtspiel zeigen, das Dischler auf seine Bilder zauberte. Und interessant wäre ja auch, wie Dischler all jene Schwarzwälder Gasthausterrassen gemalt hätte, die mit Plastikstühlen, Reklametafeln und kunterbunten Sonnenschirmen (Rothaus allüberall!) zur Horizontverschmutzung beitragen.

Dischlerrot und Dischlers Haus

Dischlers fotorealistische Bestandsaufnahme eines Schwarzwaldes vor 100 Jahren ist heute so idealtypisch fast nirgendwo mehr zu entdecken. Allenfalls einzelne Szenen in freier Natur, wie die eingeschneiten Tannen oben, sind noch wie damals. Auch das fahle, dennoch so suggestive Dischlerrot, das manche von seinen Winterbildern bestimmt, gibt es bis heute. Für Frühaufsteher oder auch, wenn an einem Winterabend plötzlich der Himmel aufreißt und im Westen über dem Rheintal nochmal die Lampe angeht. Schön auch bei Fahrten über die winterliche B-500 auf den Höhen bei Breitnau. Oder auch südlich vom Schluchsee, wo die B-500 um Höchenschwand lange über freies Land im Hotzenwald führt, und dann urplötzlich gegen den Hochrhein abkippt. Auch dort erlebt man herrliche Lichtstimmungen.

Die ehemalige Dischler Villa steht auf dem Erlenbruck, auf der Höhe zwischen Hinterzarten und Titisee. Dischler ließ das weitgehend selbstentworfene Haus zwischen 1907 und 1908 bauen, es zeigt typische Elemente der schwarzwälder Bauweise, große Walm-, Schindelfassade, die mit Formen des Jugendstils und dem zeitgenössisch, städtischen Villenstil kombiniert wurden. Dischler lebte auf dem Erlenbruck bis zu seinem Tode. Alte Ansichten aus der frühen Zeit zeigen die Villa umgeben von beeindruckenden Gartenanlagen in erhabenem Stand mit freier Sicht auf die Landschaft und natürlich hinunter auf Hinterzarten. Dischler konnte vom Fenster weg – in Hausschuhen – malen. Nach seinem Tode wurde das Haus mehrmals verkauft – Dischler hatte keine Kinder. Im Privatbesitz verschwand das Anwesen bald hinter dichtem Nadelholz, ja der gesamte Erlenbruck verwaldete. Von Hinterzarten kommend, führt kurz vor Erreichen der Erlenbruck Anhöhe, ein kurzer Zufahrtsweg nach links zur Villa. Heute liegt das Haus versteckt im Nadelwald. Aus der Villa des Schwarzwaldmalers ist ein Haus ohne Ausblick geworden.

Gastwirtschaft und Landwirtschaft: Engel, Alpersbach

15 ▶ Hinter Hinterzarten: Alpersbach

Der Weiler Alpersbach gehört zwar zur Gemeinde Hinterzarten, aber eigentlich ist Alpersbach ein Kontrastprogramm zum belebten Hinterzarten: Ein stiller Winkel, der vom Hinterzartener Tourismus eher beiläufig was abbekommt, was kein Fehler sein muß. Im zwei-Wirtshaus-Weiler Alpersbach (1.030 m) finden bis heute all jene, denen es in Hinterzarten zu umtriebig wird, ein Stück ruhigen Hochschwarzwald. Wiesen, krumme Bächle und weiter oben Rauschewälder, wie wir sie aus der alten Kurmark-Reklame kennen.

Eine vier Kilometer lange, gut ausgebaute Nebenstrecke führt ohne viel Auf und Ab, stets hoch über dem Höllental bleibend, raus nach Alpersbach, raus in die Alpersbacher Natur. Nach den paar Häusern und Höfen von Alpersbach geht es dann noch weiter Richtung Natur: in großen Kehren hinauf auf den *Wanderparkplatz am Rinken* nördlich vom Feldberggipfel (vgl. dazu weiter unten). Aber auch um

Alpersbach ist genug Platz zum solitären Gehen und Sein. Sagen wir so: Ein gutes Ziel für ein paar Stunden Hochwald mit anschließender Einkehr.

CHRISTOPH MECKEL schreibt in seinem Buch „Suchbild. Meine Mutter" (Hanser, München) nicht nur über vertrackte Familienangelegenheiten; Meckel schreibt auch, sehr konzentriert, über die geistige Weite und Enge in der Freiburger Gesellschaft und er schreibt über den Weg nach Alpersbach: *„Die Straße zog sich schmal an den Hängen entlang, an Postkästen, Milchtischen und hölzernen Höfen vorbei, durch taunasse Kurven, an offenen Windbrüchen hin, im Schatten der Vogelbeerbäume nach Alpersbach."*

Nach dem zwölften Milchtisch bog man damals ab, es war Krieg und der junge Christoph verbrachte seine Sommer in Himbeerschlägen, beim Marmeladeeinkochen und auf „heuheißen Speichern" beim Steigerhof. Heute gibt es keine Milchtische mehr, auch keine „Milcheimer in den Brunnen". Abbiegen und gut Einkehren in Alpersbach geht aber trotzdem, zum Beispiel bei der bürgerlich-gepflegten *Esche* oder etwas höher beim volksnah-rustikaleren *Engel*.

ESCHE – Alpersbach. Mit vollem Namen heißt die Esche nun *Waldhotel Fehrenbach – Gasthaus Zur Esche*. Der erste Blick zeigt einen wuchtig geratenen Traditionsgasthof, mit diversen Anbauten der Neuzeit, nur eine große Freiterrasse sucht das Auge vergeblich. Sei's drum, drinnen warten Stuben unterschiedlicher Heimeligkeit, am ansprechendsten immer noch der traditionell-gediegene Wirtskern des Hauses mit viel dunklem Holz und einem rehbraunen Kachelofen. Schon seit Jahren gehört die Esche zu den kulinarisch ambitionierten Adressen, erfreulich der Einsatz frischer Grundprodukte, die von Erzeugern aus der Region stammen, die auch detailliert genannt werden. Hinzu kommt ein verschärfter Kräuter- und Wildpflanzeneinsatz,

Sonntagsbraten und Rohmilchkäse: Die Esche in Alpersbach

der freilich die Grenze zum Gewollten erreicht. Ein Menügang liest sich dann so: „Schwarzwälder Kräuterhuhn mit Himbeer-Bohnenkrautsauce, Zucchini-Girschgemüse und Rosmarinpolenta". Ein attraktives Special ist das kleine Sonntagsbraten-Menü (drei Gänge zu 15 Euro!) – eine Offerte, die wenig Konkurrenz in der Umgebung hat. Dazu kommen bürgerliche und ausflugstypische Standards, auch hier fällt der Einsatz von Regionalprodukten auf. Der Rohmilchkäse kommt aus dem Hochschwarzwald und dann gibt es doch tatsächlich mal ein Dessert mit original „Feldberger Heidelbeeren". Und das mitten im Hochschwarzwald!

Gleich ob mit Ambition, oder nur auf ein sauberes Vesper mit Viertele, durch ihre breite Ausrichtung und das qualitative Bemühen wird die Esche zur Option bei allerlei Verlangen. Dazu kommen die Gästezimmer, diese bieten laut Hausprospekt „gastliche Behaglichkeit und Harmonie".

→ **Waldhotel Fehrenbach/Zur Esche** (Josef Fehrenbach), renoviertes Traditionsgasthaus, mittlere bis gehobene Preise. Ausgebaute Festscheu-

Sonnenterrasse und Vesperbrett: Der Engel in Alpersbach

ne für Feiern und Extras, Gästezimmer. Alpersbach 9, 79856 Hinterzarten, Tel. 07652-91940, www.waldhotel-fehrenbach.de, RT: Mi.

ZUM ENGEL – Alpersbach. Aussichtsreich gelegen, im kulinarischen Zuschnitt rustikal und volksnah, so war der Engel und so ist der Engel. Ein Schwarzwaldgasthof wie auf dem Kalenderblatt, innen gemütlich mit Holz ausgeschlagen, das gut eingesessen wirkt. Zum Stubengefühl gehört ein flaschengrüner Kachelofen mit langer Kunscht zum Wärmen winterkalter Knochen und ein familiär, eingespieltes Betriebssystem. Im Engel kehrt eine große Koalition ein: Wandertouristen neben dem Försterstammtisch, hinten im Eckle habe ich mal eine Runde MTB-Oldies vor einem halbmeterlangen Vesperbrett entdeckt, mittendrin der grau gewordene, aber höchst vitale Goldbub Thoma. Das bodenständige Angebot hat seine Stärken im Vesperbereich, dazu kommen volksnahe warme Speisen von Toast Hawaii bis zum dicken Steak, auch Wild. Alles in allem eine schöngelegene Einkehr, bei der Angebot, Stimmung und Gäste eine zufriedene Einheit bilden. Draußen nun auch mit ♠ großzügiger Sonnenterrasse. Zu den Vorzügen im Haus zählen die komfortablen und geräumigen Gästezimmer, sowie zwei Appartements; die meisten mit Balkon und sehr respektablem Blick. Eine sichere Bank in Hinterzartens Hinterstube.

→ **Zum Engel** (Fam. Steiert), Alpersbach 14, 79856 Hinterzarten. Renoviertes Traditionsgasthaus in Alleinlage, vier Kilometer von Hinterzarten. Bürgerliches Angebot, Preise: günstig, unkompliziert-gesellige Stimmung. Tel. 07652-1539, Fax: 5481. RT: Do. Komfortable und preiswerte Gästezimmer. Pferdeboxen.

Von Alpersbach zum Rinken: Von Hinterzarten-Alpersbach führt eine Nebenstraße hinauf zum Rinken, ein Wanderausgangspunkt nördlich des Feldberges, auf immerhin 1.196 m Höhe gelegen (Schranke, Parkplatz kurz vor der Rinkenhöhe; Durchfahrt ins Zastlertal für PKW nicht möglich, die Gastronomie an der Zufahrt: das *Jägerheim* käme vor allem als Alternative zu den vielbesuchten Feldberghütten in Frage.

⊃ **Touren:** Alpersbach und Rinken sind vergleichsweise ruhige und hoch gelegene Ausgangspunkte für Wanderungen nördlich des vielbesuchten Feldberggebietes (vgl. dazu weiter unten). Ein möglicher Abstecher mit einfacher bis banaler Wandereinkehr führt auf bequemem, breitem Weg ab Parkplatz Hanselehof in Richtung Hinterwaldkopf. Die gleichnamige Hütte, unterhalb der immerhin 1.198 m hohen unbewaldeten Kuppe liegt auf 1.098 m Höhe. Der ca. 2,5 km lange Zuweg steigt nur wenig an, unterwegs schöne Ausblicke auf die Höhen um Breitnau, aber auch ins steil abfallende Höllental. Viel Landschaftseindruck bei wenig Laufarbeit, um die Hütte dann freie Hochweiden mit Sonnenplätzen zum Abliegen im weichen Gras.

HINTERWALDKOPFHÜTTE – Hinterzarten-Alpersbach. Die Hütte wurde nach einem Brand Mitte der 90er Jahre vollständig neu aufgebaut als Wanderhütte im traditionellen Holzschindelstil, seit Ende 2007 wirtet ein neues Pächterpaar auf der Hütte. Zu den Vorzügen des Platzes zählen die freie Lage auf einer Hochweide wenig unterhalb vom 1.198

Reizvolle Bergpartie ab Alpersbach: Hinterwaldkopfhütte

m hohen Hinterwaldkopf, vor allem aber die ♠ Sonnenterrasse in reiner Südlage, zudem gibt es auf den Weideflächen um die Hütte zahlreiche Sonnenplätze für eine längere Rast auf moosweichem Gras. Drinnen wirkt die Hütte hell und freundlich, fehlende Patina läßt sich hier leicht verschmerzen. Fazit: Reizvolle Hütte in ebensolcher Lage.

→ **Hinterwaldkopfhütte** (Daria und Ulf Schlüter), sonnig und allein gelegene Berghütte mit großer Terrasse. Zugang ab Hinterzarten-Alpersbach zu Fuß ab Parkplatz Hanselehof). Tel. 07661-3314 (auch Ansage der aktuellen Öffnungszeiten).

➲ **Wanderzugang zur Hinterwaldkopfhütte**, entweder von der Rinkenstraße aus (Abzweig oberhalb Alpersbach, Parkplatz, Wegzeit eine halbe Stunde). Oder, auf sehr reizvollem Höhenweg in ebenfalls einer guten halben Stunde, auch von der **Höfener Hütte** aus (vgl. dort).

16 ▶ Schneeinsel Feldberg

*„Von hier aus hat sich seit Ende des 19. Jh. der Wintersport,
besonders der Schneeschuhlauf, über ganz Deutschland und
nach der Schweiz und Tirol hin verbreitet. Jetzt herrscht von
Dezember bis April das lebhafteste Treiben.“* BAEDEKER, 1936

Der Feldberg bietet nicht nur den höchsten Gipfel, sondern auch den höchstgelegenen Kreisverkehr im Land. Damit sind Vorzüge und Gefahren eigentlich umrissen. Der
Feldberg ist zum Spaßberg ausgebaut. Ausgerechnet so ein
Ziel in dieser Sammlung von eher stillen, abseitigen Oasen? Eigentlich paßt das nicht, aber ein paarmal im Jahr
paßt es eben doch: Wenn es über Nacht einen halben Meter
Pulver hingehauen hat, ist der Feldberg unschlagbar. Bei

Ski total auf dem Feldberg

Neuschnee und Inversion sowieso, auch bei Frühjahrsfirn und Alpenblick. An einem sonnigen Märztag, wenn unten alles am Latte-macchiato-Schlürfen ist, hat der Feldberg seine besten Phasen. Einfach hochfahren, Vorurteile ablegen und einsteigen.

Wer allerdings in der schneefreien Zeit auf den Feldberg kommt, erlebt einen Berg, dem die Schutzdecke fehlt, dem die Spuren der Intensivnutzung anzusehen sind. Schneekanonen in Sichtweite vom *Haus der Natur* sind hier kein Problem, Rock am Berg und gebührenfinanziertes SWR-Gipfelradio haben Tradition.

Im Winter ist und bleibt der Feldberg eine Schneeinsel, oft die einzige im Südwesten. Und Schnee auf dem Feldberg kann gleichsam „just in time" genutzt werden. Keine lange Alpenanfahrt, dennoch klasse Pisten, unter der Woche kein

Feldbergwinter: Unterwegs zum Herzogenhorn

Anstehen, einfach hinfahren, losfahren. Die Grafenmatte hoch und runterbrettern bis nach Fahl, das hat was. Es gibt weit und breit keinen besseren außeralpinen Skizirkus. Zu all dem hat der Feldbergwinter noch andere Seiten, Einsamkeit im Neuschnee gehört auch dazu.

Also hat der Feldberg Platz für alle! Was vielleicht garnicht schlecht ist, schließlich werden dadurch andere Regionen entlastet. Manche Orte haben ja was von Fliegenpapier. Eine Folge davon ist die Radiomeldung an sonnigen Winterwochenenden: „Die Parkplätze auf dem Feldberg sind besetzt,

bitte benutzen Sie öffentliche Verkehrsmittel."

*Feldberger Doppelpack: Ein Haus der Natur
neben Schneekanonen und Großparkplatz*

Schon fast sehenswert auch die Häufung von Imbiß- und Devotionalienbuden längs der Straße zum Seebuck-Groß-parkplatz. Nahebei die Kapelle für den ökologischen Ablaß-handel, das schicke *Haus der Natur*, ein Repräsentationsbau, gefördert mit Mitteln des „Europäischen Ausrichtungs- und Garantiefonds für die Landwirtschaft. Abteilung Ausrichtung

Hier geht's lang: Hüttenhopping auf dem Feldberg

im Rahmen von Ziel 5b." Das ist sicher ein ideales Ziel für gelangweilte Schulklassen, wenn dem Lehrkörper nichts Besseres einfällt. Gut geeignet auch zur Repräsentation für die lokale Politprominenz, für Gremien und Ausschüsse. Alles wirkt edel und kostspielig, zeitgemäß animiert und pädagogisch wertvoll präsentiert. Bilder zeigen Verwaldung und Verliftung und erinnern an die Bedeutung der Landwirtschaft für Wohlergehen und offene Landschaft. Alles wie gehabt, die Natur wird jetzt zentral vermarktet und hinterher geht's noch auf ein Warsteiner ins Bistro gegenüber.

- **Haus der Natur** (am Großparkplatz Seebuck): Multimediale Dauerausstellung zu ökologischen und sozialen Themen im Schwarzwald. Sonderveranstaltungen, Führungen, gebührenpflichtige Toilette. Sitz von Naturpark Südschwarzwald e.V., www.naturpark-suedschwarzwald.de, Tel. 07676-933610.

➲ **Wanderwege und Naturbeschilderung in der Feldbergregion:** Was die Wege auf und um den Gipfel angeht, schrieb der alte Baedeker schon vor 100 Jahren: „Alle Wege sind durch Wegmarken und Wegweiser gut bezeichnet; die von Hinterzarten sind die Bequemsten und auch die Schönsten." Anzufügen wäre, daß die Dichte von Weg-, Hinweis- und Warnschildern, sowie die Gipfelmöblierung ein schier groteskes Maß erreicht hat (etwa der Zaun oben am Seebuck!). Offensichtlich gilt gerade hier: wo Mittel fließen, wird Natur zum Naturpark – nur sieht das nicht immer gut aus.

Hüttenblues: soviel Speck und nichts zu essen

Aus Viehhütten mit uriger Wandereinkehr wurden populäre, heftig bewanderte Jausenstationen. Womit wir schon bei den Gefahren wären: wer mal unter eine fidele Gruppe Funktionshosen geraten ist, weiß, daß es am Berg nicht nur Schlagwetter gibt. Auch hinter den Schwarzwälder Traditionsfassaden ist die Neuzeit angekommen. Erwarten Sie keine heile Romantik, sondern (im besten Fall) folkloristisch präsentierte Routine, „Zeltservice", wie es ein Wandersmann einmal ausdrückte. Will heißen: Selbstbedienung am Tresen, Bonausgabe mit Wartenummer, Feldwebelton.

Klar, daß bei Saisonbetrieb Abstriche bei Service, Angebot und Komfort üblich sind. Nicht klar aber, wieso es (nicht nur auf dem Feldberg) so schwer ist, eine solide Basisqualität zu bekommen. Andernorts wird die Chance wahrgenommen, mit regionalen Produkten die Attraktivität einer Region zu stärken. Salsiz im Engadin, Comté im Jura, Rohmilchkäse aus der Sennerei auf vielen Schweizer Hütten … Man greift sich an den Kopf angesichts der verpaßten Möglichkeiten im Südschwarzwald. Wie gut könnte an einem der meistbesuchten Landschaftsziele Baden-Württembergs der Qualitätstourismus auch kulinarisch unterfüttert werden. Und was soll eigentlich das Gerede von der Bedeutung heimischer Landwirtschaft, wenn an prominenten Orten vakuumierte Dutzendware geboten wird, ähnlich wie bei Norma in Wanne-Eickel. Die Sprüche öffentlich finanzierter Tourismusexperten werden jedes Jahr schriller. Erlebnisqualität herausstellen, neue Zielgruppen erschließen etc, blabla.

Alles fließt – Blick vom Seebuck zum Feldberggipfel

Allen voran könnten die Gemeinden bei der Verpachtung der Berghütten Qualitätsstandards vorgeben, anstatt Spezeln zu protegieren. Ein anständiger Talwirt hat mir das Lebensziel einiger Hüttenwirte mal so erklärt: „Die wollen einen großen Geländewagen und lange in Kanada Urlaub machen." Treffender kann man den Mangel an charakterlicher Substanz kaum ausdrücken.

Dabei wäre eine bodenständige Qualitätsgastronomie der ideale Werbeträger. Dies gelingt in anderen Bergregionen ja auch, man denke an das Angebot auf Berghütten in Kärnten, in Südtirol oder in den Schweizer Alpen, wo ich noch über 2.000 m erstklassige Wurstwaren und Rohmilchkäse bekomme! Dagegen wirkt manche Schwarzwälder Hütte wie ein Notaufnahmelager. Man könnte handwerklich sauber hergestellte Produkte aus der Region anbieten: Regionalen (nicht Allgäuer!) Bergkäse aus Rohmilch, einen kernigen Speck (nicht die elastische, schwarzgeräucherte Industrie-

ware), Wurstspezialitäten statt fettreicher Meterware, Brot aus dem Holzbackofen statt aus der Tiefkühltruhe. Rundum wachsen Kräuter – und was liegt auf dem Vesperbrett: Tomatenfragment an Alibipetersilie. Beenden wir an dieser Stelle das Klagelied, sonst schlägt einem die Sache auf's Gemüt. Zuletzt noch ein Ankerplatz im Sturm:

→ **Café-Restaurant Waldvogel:** die exponierte Lage am Westweg, nah bei Seebuck und Großparkplatz am Feldberger Hof, bietet die Möglichkeit, dicht am, aber nicht mitten im Zentrum des Feldbergtourismus zu sein. Es gibt gute eigene Kuchen, ein vernünftiges Speisenangebot, vor allem eine so beachtliche wie geschützte Sonnenveranda. Die wäre ideal zum Beobachten des Betriebs aus der Halbdistanz. Und so ein sicherer Hafen auf dem Feldberg hat ja auch was. Knöpfleweg 25 (nahe Feldberger Hof), Ein-, und Mehrzimmer Appartements, sowie ein Gästezimmer zu fairen Preisen. Café-Restaurant RT: Do; www.cafe-waldvogel.de; Tel. 07676-480.

Holz in Form: Gesehen in Waldau

17 ▶ Wald und Wiesen um Waldau

Zwischen der Bundesstraße 500, dem Weiler Waldau und Titisee-Neustadt liegt ein sonniges, nach Südosten geöffnetes Nebental mit ungezwungenem Bachlauf, viel offenem Weideland und kleinen Siedlungen: Das Langenordnachtal. Keine putzige Titisee-Bootle-Landschaft, sondern richtig Hochschwarzwald, mit stattlichen Einzelhöfen, großen Ställen und einer so subventions- wie leistungsbewußten Landwirtschaft. Zu erkennen an den großen Photovoltaikanlagen auf den Dächern, aber auch an üppig gedüngten Weiden. Weide und Wald sind ja eigentlich auch Solaranlagen, nur gibt es da keine Einspeisevergütung, jedenfalls keine pro Kilowattstunde. Ohnehin seltsam, warum die Solarzelle einen viel größeren Heiligenschein trägt als der Energieträger Wald. Die Energieernte sollte kein Privileg von ein paar schlauen Aktionären sein. Oder werden demnächst auch Motorsägen subventioniert? Aber wir kommen vom Weg ab.

Stilleben im Langenordnachtal

Zurück zu den sattgrünen Wiesen, die im Frühjahr zur Löwenzahnblüte gelbe Teppiche bilden, was immer ein Zeichen für intensive Düngung ist. In seinem Buch Waldpassagen schreibt der engagierte Forstmann WOLF HOCKENJOS:

„Natürlich ist auch das Wiesengrün nicht mehr dasselbe wie zu Hans Thomas Zeiten. Schwemmist und Düngergaben haben auch die Talaue des Langenordnachtals zur Fettwiese entzaubert. Die seinerzeit mit spitzem Pinsel eingestreuten Trollblumen, Sumpfdottern und Vergißmeinnicht können wir uns schon länger nicht mehr an den Hut stecken."

Den Turbo gibt's halt nicht nur im bösen Kapitalismus, sondern auch auf den lieben Wiesen im Langenordnachtal und wahrscheinlich hängt wieder mal alles miteinander zusammen. Bevor wir schon wieder der allgemeinen Gesellschaftskritik nahe kommen, seien zwei Gasthöfe zur Einkehr empfohlen:

Leistungsträger im Tal: Sonne-Post in Waldau

SONNE-POST – Waldau. An Sonntagen ist rings um die Sonne-Post bald kein Parkplatz zu bekommen und drinnen in der neorustikal aufgetäfelten Stube sitzt und verzehrt eine große Koalition von Ausflüglern und Eingeborenen. Dazwischen freizeitaktive Pensionäre, die sich an den Schwarzwälder Dresscode halten. Es dominiert Mischgewebe in gedeckten Farben, man sitzt gerne vor bunten Salattellern und üppig angerichteten Platten. Kroketten, Spargelspitzen und Schweinefilet sind hier noch echte Werte. Schäumchen und Dialoge suche man anderswo, hier wird der Teller geputzt, im engeren Wortsinne. Summe: Die Sonne-Post ist ein leistungsfähiger Multifunktionsgasthof in Platzhirschlage. Angebot, Preis und Stimmung spiegeln grundbürgerliche Vorlieben. Ja, so ist unser Land nun mal. Und draußen von der ♣ Sonnenterrasse ist der Tal- und Wiesenblick besonders gefällig, ebenso von den großzügigen 19 Zimmern und Appartements.

→ **Sonne-Post** (Fam. Wehrle), Landstraße 13, 79822 Waldau bei Titi-

Nostalgieträger im Tal: Hirschen, Langenordnach

see-Neustadt, Tel. 07669-91020, www.sonne-post.de. Leistungsfähiges, renoviertes Schwarzwaldgasthaus, komfortable Gästezimmer und Appartements, Ferienhaus Sonnenhäusle, guter Ausgangspunkt für Touren im zentralen Hochschwarzwald.

ZUM HIRSCHEN (Oberes Wirtshaus) – Langenordnach. Die Eingangssituation wirkt verwinkelt bis antiquiert; die elektrische Energie wird hier noch sichtbar auf Putz weitergeleitet, dazu paßt ein Hinweis, demzufolge das Geburtsjahr des Hirschen anno 1665 war. Auch rechts drinnen in der Stube wartet ein Schlag Stimmung von damals: tiefe Decke, Dielenboden, umlaufende Holzbank und grüner Kachelofen, das Nudelsuppenschild hängt noch immer über'm Tresen und dazu liegt Nostalgie im Raum, die freilich nicht abgestanden wirkt. Zu den Vorzügen des *Oberes Wirtshaus* genannten Instituts zählt besonders die geschützte Sonnenveranda, auf der oft noch im Spätherbst, ja selbst an einem sonnigen Wintertag eine Vesper- oder Kaffeepause möglich wäre. Schade, daß ausgerechnet hier weiße Plastikstühle stehen,

Strom auf Putz: Entrée im Hirschen, Langenordnach

deren Anblick wird durch die gemütlichen Holzbänke an der Hauswand allenfalls neutralisiert. Auf der Standardkarte überwiegend touristengängige Standards in ebensolcher Zubereitung; der eingangs erwähnte Klassiker Nudelsuppe ist zwar mehr ein Nudelsuppeneintopf mit Rindfleisch, aber aufrichtig gekocht und somit immer einen Versuch wert. In der Summe ein aufrechtes Wirtshaus ohne neuzeitliche Verhübschungstendenzen. Und auf der Sonnenveranda bleibt man gerne etwas länger hocken.

→ **Zum Hirschen** (Fam. Schwab), Langenordnach 12, 79822 Titisee-Neustadt. Einfaches, traditionelles Schwarzwaldgasthaus mit ♠ Sonnenveranda, Gästezimmer, Ferienwohnungen. RT: Mi und Do, Tel. 07651-1426, warme Küche 12-13.30 und 18-20.30 Uhr. Preise: günstig.

■ **Novila Farbrikverkauf** in Neustadt: Schöne Unterwäsche, auch Nachthemden und Schlafanzüge gibt's beim Novila-Outlet an der alten Bundesstraße, am westlichen Ortseingang von Neustadt. Nach dem Kauf von einem der sehr gelungenen Novila-Schlafanzüge fühlt man sich auch im Bett gut angezogen (und hat den Preis für dieses Buch wieder raus). Gut, oder? 79822 Neustadt, Freiburger Str. 15, Tel. 07651-920050. Öffnungszeiten: Mo bis Fr 10-12/14-17 Uhr, Sa 10-12 Uhr.

Soweit die Füße tragen: Wegweisung in Schwärzenbach

18 ▶ Himmelweit um Schwärzenbach

Eine etwas andere Schwarzwaldhochstraße führt aus dem Langenordnachtal steil und geradewegs rauf zu den weiten und touristisch noch nicht allzu durchgepflügten Hochflächen um Schwärzenbach. Es ist die schmale Kreisstraße 4902 (Abzweig aus dem Langenordnachtal beim „Unteren Gasthaus"), eine Nebenstraße, aber was für eine Strecke. Die Trasse meidet auf ihrem direkten Anstieg von Unterschwärzenbach (Bauernhofeis) rauf zum Ahornhof keine Bodenwelle, es geht schier wie im Aufzug nach oben, und genau hier mal downhillen mit dem Rad kommt sicher auch gut.

Jedenfalls kommt man auf der Schwärzenbach-Hochstraße unvermittelt in einen selten ruhigen, kernigen Hochschwarzwald abseits vielbefahrener Routen. Im 19. Jh. war hier, wie im benachbarten Langenordnachtal eine bedeutende Uhrmacherregion, während der Hochzeit zur Mitte des 19. Jh. arbeiteten allein im Langenordachtal mehr als

183

Schwarzwald ohne Filter

zwei Dutzend selbständige Uhrmachermeister, Bauernsöhne exportierten die damalige Hochtechnologie nach ganz Europa und bis an den Hof der Zarin Katharina.

Heute ist hier Pendlerland, verstreut ein paar Höfe und mit dem betagten, aber wundervoll stimmigen *Gasthaus Ahorn* und dem Kuchentempel *Café Feldbergblick* – auf besonnten 1.040 Metern Höhe gelegen – wären da erst noch zwei ganz unterschiedliche Einkehren.

Reinluftraum Hochschwarzwald

Kaum zweihundert Straßenmeter oberhalb vom selten solitär gelegenen Gasthaus Ahorn, am Parkplatz und Ausgangspunkt *Platzberg,* ist erst mal richtig Hochschwarzwald: eine himmelweite Hochfläche auf immerhin 1.050 Metern Höhe, verstreute Einzelhöfe, dazwischen der dunkle Wald, im Scherenschnittkontrast dazu horizontweite Weiden und im Süden grüßt der Feldbergrücken. Hochschwarzwald als Reinluftraum, das richtige Land zum weit Ausschreiten.

Nostalgiestube und Sonnenbank: Ahorn in Schwärzenbach

Schön auch, daß an so spektakulären Stellen der allgemeine Auftrieb bis heute einigermaßen vorbeizieht.

Manchmal sind die Wattebauschwolken schier zum Greifen nah, manchmal hängt der Grauschleier über allem und der Winter will einfach nicht aufhören. Dann wird einem klar, weshalb ausgerechnet hier, zwischen Schwärzenbach, Friedenweiler und Rudenberg, eine Heimwerker- und Uhrenmachergegend war. Man gondelt also so vor sich hin und irgendwann ist mit dem Ahorn das Wirtshaus zur Landschaft erreicht. Ein Eindachhof, der daliegt wie eine zufriedene Katze und eine gastronomische Zeitreise.

AHORN – Schwärzenbach. Weit oben und ziemlich allein ein betagtes Höhengasthaus in markanter Lage. Allein schon die Sonnenfront vor dem Haus könnte manchen Tourenplan durcheinander bringen – hier sitzt man gerne fest. Drinnen wartet eine selten originale Nostalgiestube mit umlaufender Holzbank, auch schon der Duft beim Eintreten ist typisch Eindachhaus – etwas Küche, dazu ein gut abgehangener

„Roulade aus eigener Aufzucht" – im Gasthaus Ahorn

Schwung Wirtshaus. Drinnen steht die Zeit aber nur zum
Teil, die prächtige Standuhr tickt jedenfalls und die beiden
flott-freundlichen Serviertöchter des Hauses sind ganz von
heute. Vespern geht vom Bratenbrot bis Restaurationsbrot;
warme Küche gibt's auch, die zeigt sich bei kluger Wahl
durchaus bis überaus respektabel, etwa die hausgemachten
Bratwürste, ein besonders mürber Gulasch oder eine wirklich so genannte „hausgemachte Rinderroulade aus eigener
Aufzucht". Eine etwas eigenwillige Deklaration auch beim
„Seniorteller", der bietet gemischten Braten mit Kartoffeln,
Gemüse und Salat für ganze 8,40 Euro. Die Badische Nudelsuppe wertet im Ahorn mit 2,40 Euro, sie wird – wo gibt's
das eigentlich noch – direkt bei Tisch eingegossen. Oben im
Deckenbalken sind Fächer für Cego-Karten, das Elektrische
verläuft aufputz und wie gesagt: Das Solarium vor der Südfront ist eine Klasse für sich.

→ **Gasthaus Ahorn** (Wilhelm Knöpfle), 79822 Schwärzenbach, Tel.
07657-239. RT: Mi und Do, sonst durchgehend geöffnet. ♠ Sonnige,
lässige Freiterrasse.

Wallfahrtsort für Kuchenfreunde

➲ **Touren/Wandern:** Ein guter bis überragender Ausgangspunkt für Touren unter dem weiten Himmel über Schwärzenbach wäre der Parkplatz am **Platzberg:** auf 1.052 m Höhe gelegen, direkt an der Straßenkreuzung 200 Meter oberhalb vom Gasthof Ahorn. Vom Platzberg sind es gerade noch 500 Meter zum Panoramablick auf der **Hochebene**. Alpenblick und ringsum Wälder mit weichen Moospolstern, Schwebewege.

CAFÉ FELDBERGBLICK – Schwärzenbach. Ein, wenn nicht „das" hochschwarzwälder Pilgerziel für Kuchenfreunde. Eine solche Kombination von Auswahl und Qualität ist selten, dazu auch endlich mal ein Teeservice, der den Namen verdient. Aber beginnen wir ganz vorne: das Haus im Weiler Schwärzenbach hat eine bewegte Geschichte auf dem verschindelten Buckel. Um 1885 erbaut, diente das Anwesen zunächst als Schreinerei und Poliererei der Schwarzwälder Uhrenfabrik WINTERHALDER & HOFMEIER. Schon 1928 kamen dann die Vorfahren der heutigen Wirtsfamilie nach Schwärzenbach. Der Freiburger Theologieprofessor Meinrad Vogelbacher erwarb das Anwesen und führte es zunächst als

Teekultur und zwei Dutzend frische Kuchen: Café Feldbergblick

Landschulheim, 1954 erhielt sein Neffe Pirmin Vogelbacher eine Gasthauskonzession, seit 1980 wirtet die nächste Generation VOGELBACHER im Feldbergblick, einem Außenposten der besonderen Art. Denn ein Tagescafé mit so gepflegtem Tee- und Kuchenangebot erwartet man ja nicht unbedingt an einem so entlegenen Flecken im Hochschwarzwald. Deutlich mehr als ein Dutzend feine, durchweg tagesfrisch handgemachte Kuchen (alle ohne Zauberpulver) warten in der Vitrine gleich beim Eingang, dazu eine persönlich-familiäre Atmosphäre, das kommt an. Auch an einem gewöhnlichen Nachmittag füllt sich das Café, an Schönwetterwochenenden wird der Platz zum Wallfahrtsort. Drinnen sitzt man gemütlich bis bieder, unter anderem zwischen einer museumsreifen Sammlung wertvoller alter Schwarzwälder Wand- und Standuhren. Bemerkenswert auch die breite (Blatt-)Teeauswahl im Haus. Seltsam, daß so etwas eigens erwähnt werden muß, aber mittlerweile sind offene Tees ja selbst in Luxushotels nicht mehr selbstverständlich.

Vitrine voll: im Café Feldbergblick

Die geschützte Sonnenveranda bietet den namensgebenden, von hier aus freilich recht eingeschränkten Feldbergblick; im Haus auch preiswerte Gästezimmer (teils mit Balkon). Neben der selten breiten und wirklich gelungenen Kuchenauswahl gibt es noch eine Tageskarte mit Vespern und warmen Gerichten. Auch für kuchenliebende Tabakfreunde ist gesorgt: es gibt einen separaten Raucherraum. Alles zusammen eine reizvolle Station an einem exponierten Fleck im Hochschwarzwald.

→ **Café Feldbergblick** (Hubert und Angelika Vogelbacher), 79822 Schwärzenbach, große und gute Kuchen- und Teeauswahl im familiären Café in Aussichtslage (unter der Woche ca. 15-20 Sorten, am Wochenende bis zu 25), ♠ Terrasse am Haus, preiswerte Gästezimmer, Tel. 07657-463, www.cafe-feldbergblick.de. Das Tagescafé ist bis 19 Uhr geöffnet (danach nur für Hausgäste), RT: Mo. Preise im Café: günstig. www.cafe-feldbergblick.de

Modelleisenbahn: Im Haus eine 32 qm große Modelleisenbahnanlage von Märklin (Digital, 220 m Schienen, 15 bis 25 Züge sind jeweils unterwegs); zu besichtigen Fr und Sa von 14 bis 17 Uhr.

19 ▶ Bernauer Licht

Bernau hat die Gnade der Lage: Auf knapp 1.000 Metern Höhe ein sonnenoffenes Hochtal, darin locker verstreute Teilorte, gefällig plaziert wie von Gottes Hand. Gleich von wo Sie kommen, gleich ob Sommer, Herbstfarben oder

Die Gnade der Lage: das Bernauer Albtal im Frühherbst

Neuschnee, soviel Landschaft tut einfach gut. Jedenfalls solange man nicht die Wintercampersiedlung unten im Dorf erblickt. Die haben wahrscheinlich jene Leute genehmigt, die beim Heimatabend den Honoratiorentisch bevölkern. „Der Mensch ist gut", meinte Nestroy einmal, „aber die Leut' san a G'sindel."

Bernau Dorf, wenn der Ahorn brennt

Aber egal, im offenen Land um Bernau brechen städtische Krusten schnell auf, einfach hochfahren, vielleicht mal unter der Woche an einem dieser Malkasten Herbsttage, wenn der Ahorn brennt. Hier oben wachsen einem Flügel und die dazu passenden Wege gibt es glücklicherweise auch. Bernau ist eine Lichtmesse.

Von oben betrachtet: In einer 10 km langen, sanft nach Südosten geneigten Talmulde und an ihren waldfreien Hängen liegen die zehn Teilorte Bernaus. Eine bescheidene Zentralfunktion erfüllt der Ortsteil *Innerlehen*. Die Gemarkung Bernau ist nur zu 50 % bewaldet; für den Südschwarzwald eine geringe Quote, die Sonne und Sicht garantiert und ein erhabenes Landschaftsgefühl befördert. Geschwungenes Land ohne Düsternis, besonders an hellen Schneetagen ein gleißendes Erlebnis. Der Wald bleibt weit weg, Panoramawege erschließen die Hänge. Eine Gunstlage wie selten.

Hans Thoma, Hexenreigen, 1870

Bernaus Museen: Im *Hans-Thoma-Museum* wird das Werk des – neben Hermann Dischler – wohl bekanntesten Schwarzwaldmalers präsentiert. HANS THOMA (1839-1924) selbst, der für seine Malerei lange um Anerkennung kämpfen mußte, hat den Antrieb seiner Arbeit knapp und präzise erfaßt. „Die Natur hat mir ein gutes Augenpaar zum Sehen und Schauen mitgegeben, von den Eltern erbte ich Ausdauer im Arbeiten und die ruhige Geduld, das große Erbgut armer Leute, wenn sie dieselbe richtig gebrauchen lernen. Als besonderes Muttererbe wurde mir ein reicher Schatz von Phantasie und Poesie in den einfachsten Grundformen wie sie im Volke leben, zuteil."

Es ist ein besonderes Vergnügen, zunächst die Malerei im Museum anzusehen, und später raus in die Landschaft zu gehen. Oder andersrum. Man macht das viel zu selten, vom Museum ins offene Land – in Bernau liegen nur ein paar Schritte dazwischen.

Im historischen *Resenhof* wurde ein Holzschnefeler- und Bauernmuseum eingerichtet (vgl. unten). Auch im Ort Bernau wird emsig geschnefelt [schnefeln = Holz bearbeiten], geschnitzt, gemalt und gestaltet. Gerade das Holzhandwerk hat hier eine lange Tradition, weil die Berglandwirtschaft allein die Bewohner des Tals nicht ernähren konnte. Hinzu kam im Lauf der Jahre eine differenzierte Möbelschreinerei und holzverarbeitendes Gewerbe bis zum Holzhausbau, darunter Firmen, die bis heute im Tal ansässig sind.

So bekam Bernau mit der Zeit ein Image als Zentrum handwerklicher und kunstgewerblicher Holzverarbeitung. Vom Spielzeug bis hin zur Holzbildhauerei. Die beiden Museen sind sicher lohnend, sofern sie zu ruhigeren Zeiten besucht werden. Wer beispielsweise an einem sonnigen Vormittag von Präg kommend nach Innerlehen einschwebt, gegenüber dem Hans-Thoma-Museum das *Café Stoll* (vgl. unten) erblickt, und die von Birken beschattete Terrasse ebendort, der hat den Tag an einer guten Ecken zu packen bekommen:

- **Hans-Thoma-Museum**, Rathausstr. 18, 79872 Bernau (Ortsteil Innerlehen). Permanent sind gut 80 Originale des in Bernau geborenen Malers zu sehen. Zeiten: Di bis Fr 10-12 und 14-17 Uhr. Sa, So und Feiertage 10.30-12 und 14-17 Uhr. Mo geschl.; 15.11 bis 10.12 geschl. Dazu wechselnde Sonderausstellungen in getrennten Räumen. Insgesamt sehr lohnend. Tel. 07675-160040. www.hans-thoma-museum.de

- **Heimatmuseum Resenhof**, 79872 Bernau (Ortsteil Oberlehen). Heimatmuseum in einem an der Fassade unverändertem 200 Jahre altem Eindachhof, wie er für die Region um Bernau charakteristisch war (der Wohn- und Wirtschaftsteil unter einem Dach). Mit typischen Stuben und Anschauungsmaterial zur Holzgewinnung und Verarbeitung, gibt Einblicke in die Lebenswelt im Bernauer Hochtal vor einem Jahrhundert. Die „Waldstube" informiert über heimische Tiere und Pflanzen. Je nach Saison sehr unterschiedliche Öffnungszeiten, am besten Auskunft im Thoma-Museum über Tel. 07675-160040.

- **Hans-Thoma-Weg**. In Bernau-Dorf beginnt der 3 km lange Hans-Thoma-Weg (von 930 m bis auf 1.330 m), der von Bernau-Dorf aus zunächst in Richtung Scheibenfelsen, dann hoch zum Michberg die son-

Stimmig: Metzgerei Paulus in Bernau-Dorf

nigen Südhänge über dem Ort erschließt. Route durch schönes, freies Gelände mit herrlicher Sicht ins Bernauer Hochtal, oft hemdsärmelwarm, gerade auch im Winter.

→ **Café Stoll** (in Innerlehen, gleich gegenüber Hans-Thoma-Museum, Rathaus, Kurverwaltung), mit ♠ morgenbesonnter Terrasse. Schnitzerbäckerei, u.a. mit gutem Holzofenbrot, traditionelle Schwarzwälder Kirschtorte. Liebenswerter Betrieb, der schwarzwälder Charme ausstrahlt. Tel. 07675-360, So geschl.

→ **Unterkunft/Einkehr:** Ebenfalls nahe beim Hans-Thoma-Museum im Ortsteil Innerlehen liegt das **Gasthaus Rössle**. Mit dem mehr als aufgeräumten Vorplatz wirkt der Gesamtaspekt zunächst sehr nüchtern, wer aber ein preiswertes Zimmer sucht, kommt hier gut unter. Ein Leser lobt ausdrücklich das wöchentliche Samstagssuppenfleisch, was hiermit weitergegeben wird. Rössle, St. Johann Weg 2, 79872 Bernau, Tel. 07675-92 20 50, Fax: 1716, www.roessle-bernau.de

→ Im Ortsteil Dorf, direkt an der Hauptstraße: Die **Metzgerei Paulus.** Unter manch' Anderem auch Schwarzwälder Schinken und Speck, der den Namen verdient. Nicht mit Pökellake vollgespritzt und blitzgeräuchert (wie dies so oft geschieht), sondern zumindest mit ein paar Wochen Muße herangereift. Auch nicht verräuchert wie fast überall, sondern mild und zart, mit dem feinen, ganz leicht an Lachs erinnernden

195

Volles Holz: Original Bernauer Vogelhäuser

Geschmack einer längeren Reife. Außerdem sehr passable, luftgetrocknete Lammsalami, sowie vernünftige Kalb- und Rindfleischqualitäten, dann und wann auch um spezielle Angebote aus Hinterwälder-Schlachtung bereichert, zur Saison natürlich auch Wild. Dies alles erhält man aus auffallend sachkundigen Händen. Kompliment, der Laden stimmt. Hauptstraße 34, Tel. 07675-383.

Holzverarbeitendes Handwerk

und Holzbildhauerei waren und sind in Bernau konzentriert ansässig. Besonders im 19. Jahrhundert war das Gewerbe in und um Bernau ausgesprochen mannigfaltig entwickelt. So gab es hier allein 300 bis 400 Schnefler – Handwerker, die mit einem scharfen Ziehmesser geschnittene Holzwaren herstellen (Löffel, Gabeln, Teller, Kellen). Dazu kamen noch andere Holzberufe wie Drechsler, Kübler und Bürstenmacher. Über 200 verschiedene Gebrauchsartikel wurden im 19. Jh. aus Holz produziert, vom Kochlöffel bis zur Spanschachtel, vom Badezuber bis Mausefalle. Das Forstamt

Auf der Höhe bei Bernau: Kein Mangel an Promenaden

St. Blasien nennt für 1866 unter vielem anderen folgende Produktion: 8 600 Kübel, 90 000 Pillenschachteln, 9 700 Blasebälge, 4 300 Krauthobel.

Die meisten der verbliebenen Betriebe arbeiten bis heute eher im traditionellen Bereich der Formenwelt. Den mit schlichter Eleganz und handwerklicher Sorgfalt hergestellten Gebrauchsartikel muß man aber auch hier – wie überall – mühsam suchen, aber es gibt entsprechende Werkstätten. Wenn mir Salatschalen aus Olivenholz nicht so gut gefielen, würde ich in Bernau nach einer aus hiesigem Holz suchen. Ansonsten Herrgottswinkel, Bauernstuben und Madonnen, alles zu bekommen. Hinzu gekommen sind allerdings leistungsfähige Zimmerei- und Holzbaubetriebe, die ganze Wohnhäuser in Massivholzbauweise produzieren.

20 ▶ Heiß und kalt um Menzenschwand

Für einen Triathlon in den Disziplinen (Schnee-)Wandern, Baden und Einkehren bietet das sonnige, offene Hochtal von Menzenschwand (auch das von Bernau) reichlich Gelegenheit. So wartet im eiszeitlich weich ausgeformten Trogtal der Menzenschwander Alb eine Mischung aus Höhenidyll und mäßigem Tourismus. Gespurte Wanderwege und Loipen fordern den Bewegungsapparat, der hernach in einer familiär-kleinen Badestation gepflegt werden kann. Das Ende 2005 eröffnete *Radon Revitalbad Menzenschwand* wird von

Wärmestube: Radon-Revitalbad Menzenschwand

zwei Quellen im nahen Krunkelbachtal versorgt. Das radon-
haltige Wasser dient verordnungspflichtigen Anwendungen
im medizinisch-therapeutischen Bereich, das fluoridhaltige
Wasser speist die größere Wiederbelebungszone des Bades mit einem zentralen Bewegungsbecken und separatem
Heißwasserpool, ein Teil der insgesamt 240 Quadratmeter
Wasserfläche reicht ins Freie hinaus, die Temperatur beträgt
komfortable 35° Celsius; angeschlossen ist ein kleiner, aber
schön gestalteter Saunabereich mit Ruhezone, Ausblick und
Auslauf in der freien Landschaft.

Reizvolles Winterziel: Das Hochtal von Menzenschwand

Das Besondere des Radon-Revitalbades sind aber nicht Abmessungen und technische Daten, sondern Architektur und Stimmung eines menschenfreundlichen Bades, das sich mit seinen kurzen Wegen und gerade mal ein paar Dutzend Umkleideschränken fast ein wenig privat anfühlt. Es wartet ein lichtdurchfluteter, zur Talseite sich öffnender Baukörper, dessen Charakter vom Kontrast zwischen Naturstein, Glas und Holz bestimmt wird. Auf die Ausstattung mit andernorts üblichen Spaßinstallationen wurde verzichtet; also warten in der Saunazone weder tibetanische Klangschalen noch Kristallpyramiden. Zur Revitalisierung weich- oder gar hartgelaufener Muskulatur, oder einfach zur Einstimmung auf ein anschließendes Wildragout ist die kleine Therme von Menzenschwand jedenfalls unbedingt geeignet.

→ **Radon Revitalbad,** 79837 St. Blasien-Menzenschwand, täglich 10 - 21 Uhr, Tel. 07675-92 91 12, www.radonrevitalbad.de

Gut zum Auslüften: das Tal der Menzenschwander Alb

Eigentlich alles in Butter

Doch, Menzenschwand liegt schön, offensonnig im Hochtal der Menzenschwander Alb. Gleich neben dem fröhlich dahin mäandrierenden Bächle Almwiesen wie hingemalt, im Winter auch gerne langlaufgerecht verschneit. Ferienland, Kuhidylle, jedenfalls vor der Kulisse. Einmal habe ich hier auf den Glückswiesen einen Landwirt getroffen, der die Dinge auf eine andere Formel brachte: „Geld isch Gift." Damit war das Meiste gesagt. Außerdem werden ihm jede Saison die Kuhglocken von der lebenden Kuh weg gestohlen. Und über jedes Pfund Butter, das er privat ab Hof verkauft, muß Buch geführt werden, mitsamt Unterschrift des Käufers, in der Spalte: „Erhalt hier bestätigen". Der Zoll verlangt das so. Ganz im Ernst, unser Zoll im neuen Europa. Wegen Milchkontingent, Planstellenerhaltung, Parkinson und so. Außerdem meinte der gute Mann, das Volk sei am Ende, ein prinzipienloser Haufen in Trainingsanzügen.

Satt beschindelt: Waldeck in Menzenschwand

Das Gespräch wurde vor etwa fünf Jahren aufgezeichnet, aber ich habe das dumme Gefühl, daß sich Farben und Prinzipien des Volkes seither nicht grundsätzlich verändert haben. Sonst noch was in Menzenschwand? Das Theken-duo Jever&Warsteiner ist auch bis hierher vorgedrungen. Ansonsten wäre aber von einem überaus reizvollen Hochtal zu berichten, ein Traum bei Neuschnee. Aber auch mal zwischendurch zur Anwendung empfohlen, bei Nebel im Tal, morgens raus, den Feldberg links liegen lassen, hoch nach Menzenschwand und eine Spur legen. Wo es einen sauberen Faßwein, ein gutes Holzofenbrot und kernigen Speck gibt, kann ich Ihnen leider auch nicht sagen. Nichts dergleichen gefunden. Einkehren geht aber doch:

Gasthof WALDECK – Menzenschwand. Eigentlich kann man sich lange Sucherei sparen, die dunkel-glänzende Schindelfassade vom Waldeck weist den Weg. Ein Haus, außen, besonders aber innen, üppig dekoriert, dazu die Stimmung eines routiniert, aber aufmerksam geführten Famili-

Gemütlichkeit à discrétion: Ofenbank im Peterle, Falkau

enbetriebs. Die Karte zeigt ein breites, touristengerechtes Spektrum, darunter auch die üblichen Verdächtigen (Salatteller mit Putenstreifen, Kalbssteak Hawaii), aber eben auch frische Forellen, heimisches Wild und andere Standards, die passabel zu Tisch kommen. Für Puristen wirken die Innenräume vielleicht etwas ultranett, älteren Romantikfreunden dürfte der rüschenreiche Stil aber gefallen. Der angebaute Hoteltrakt bietet preiswerte Unterkunft. An Wintertagen spendet ein cremeweißer Kachelofen Behaglichkeit; die Wirtsleut' waren wiederum motiviert und freundlich.

→ **Waldeck**, Vorderdorfstr. 74, 79837 Menzenschwand. Gästezimmer in einem neueren Hotelanbau, preiswerte Zimmer im Gasthof, Sauna. RT: Mo, in der Nebensaison bis Di-nachmittag. Preise im Restaurant: mittel. Tel. 07675-90540, Fax: 1476, www.menzenschwand-waldeck.de

→ In der **Linde** steht vermutlich der längste Stammtisch weit und breit, auch sonst macht der Gasthof einen sehr geerdeten Eindruck. Gut also für jene, die einfach ohne große Umstände vespern wollen oder sich mal eine Schlachtplatte einverleiben möchten. Als Beilage einfache, aber extrem preiswerte Zimmer. Gasthaus Zur Linde, Vorderdorfstr. 28, 79837 Menzenschwand, Tel. 07675-357, www.linde-schwarzwald.de

Bürgerlich im Zwitscherstüble: Peterle in Falkau

PETERLE – Feldberg/Falkau. Das Einkehren im Hochschwarzwald, gerade im solid-bürgerlichen Bereich, gehört nach wie vor zu den anspruchsvollen Disziplinen. Selten wie ein Auerhahn erscheinen einem mittlerweile jene Häuser, die ihren Wesenskern pflegen und nicht mit einem Tuttifrutti internationaler Verlegenheitsgerichte aufwarten. Das Gasthaus Peterle in Falkau, wirkt von außen, erst recht aber innen, genau so, wie es heißt. Die wohl gehütete, schier überbordende Sammlung von Kächele, Milchkännle und Kirschkornsäckle würde sicher ausreichen, um mehr als ein „Zwitscherstüble" zu dekorieren. Die Vorhänge sind selbstredend gerüscht und gerafft, man sitzt hier also sehr gemütlich bis allerliebst – und man ißt gut.

„Wir sind ein Landgasthaus, verwurzelt im Schwarzwald und dieser Region und ihren Gästen verbunden." Ein eigentlich selbstverständliches Versprechen, wie es die Peterle-Karte im Prolog bietet, läßt einen mittlerweile schon aufhorchen, und die Küche folgt der Ankündigung. Von kleinen Gerichten in der Kässpätzle-Klasse über heimische Forellenfilets bis zum Wildragout aus wiesentäler Jagd, das Angebot paßt einfach zu Haus und Umfeld. Auch zu fairem Preis angebotene Tagesgerichte (etwa: Wildschweinbraten mit Spätzle und frischem Blattsalat) liegen auf ausgesprochen gutbürgerlichem Niveau. Hinzu kommen Details, die in der Summe für ein Aufgehobenheitsgefühl sorgen, das man gerade im Hochschwarzwald schätzt. Familiäre Stimmung, geübter Service, gute Suppen, auch im Offenausschank wohltemperierter Wein, ein Glas Wasser zum Espresso. Kurz: Gastlichkeit, die gut tut.

Wer möchte, kann im Peterle auch preiswert übernachten. Somit reichen die Revitalisierungsmöglichkeiten im Rücken des Feldbergs weit über das neue Menzenschwander Thermalbad hinaus.

→ **Gasthof-Hotel Peterle**, 79868 Feldberg-Falkau, Ruhetag: Do, Gästezimmer, ein Ferienhaus, www.hotel-peterle.de, Tel. 07655-677.

⮑ **Touren und Wandermöglichkeiten** gibt es beim Peterle in Falkau gleich vom Haus weg.

21 ▶ Vom Schluchsee und Schlüchtsee

Weit oben im Schwarzwald fühlt sich der Hochsommer ein
wenig anders an. Die Rheintalschwüle muß unten bleiben,
die Wattewolken sehen frischer, ja greifbarer aus und manche Gäste loben ausdrücklich die „kühlwürzige Luft".

Am kleinen *Schlüchtsee* bei Grafenhausen fehlt sogar der
übliche Eventismus. Weit und breit kein Wellnessberater, der
einem sagt, wie man sich wohlzufühlen hat. Der Mensch
muß hier noch selber schwimmen. In einem lauschig gelegenen Bergmoorsee auf 800 Metern Höhe, mit Umkleide-
hütte, Steg, Badeinsel und weiten Wiesen. Drum rum viel

Die ruhige Tour – Seerosen auf dem Schlüchtsee

Schwarzwald, Wanderwald. In den Prospekten der Wellnesshotels gibt es immer diese Fotos mit Wannenbädern voller Lotusblüten nebst ayurvedischem Lächeln; auf dem Schlüchtsee gibt es keine Lotusblüten. Im abgegrenzten, naturgeschützten Teil lächelt aber ein beachtlicher Seerosenteppich. Weiter oben im Tal sind dann Feuchtwiesen, Flachmoore und gaukelnde Falter. Das wäre dann so eine Art Hochschwarzwälder Ayurveda.

Am Schluchsee: Am größten Schwarzwälder Gewässer darf es von allem etwas mehr sein. Früher war der Schluchsee nur drei Kilometer lang und 30 Meter tief, „ein romantisches Wasserbecken", wie ein alter Reiseführer berichtet und der

Stellenweise stilles Gewässer – am Schluchsee

kleine „Luft- und Terrainkurort" Schluchsee lag hoch über
dem Seespiegel. Vom damals noch ungestauten Ausfluß der
Schwarza schwärmt der Freiburger Naturkundler KONRAD
GUENTHER: „Rauschendes Schilf umgab die Ausmündung,
Weidenbüsche neigten sich über das Wasser, Tannen spie-
gelten sich in der Flut."

Alles Geschichte, 1932 wurde die Staumauer gebaut und
seither ist der See bei „Vollstau" 8 km lang und bis zu 65 m
tief. Im Vollstau befindet sich der See auf 930 m Höhe freilich nicht immer und so hat es bei Niedrigwasser auch mal
gelblich bis graubraune Uferpartien, die auf keiner Postkarte
auftauchen. Mehr oder weniger heftigen Vollstau gibt es heute auch mal entlang der Uferstraße B 500, bevorzugt an sonnigen Sommerwochenenden, wenn sich schwäbische Surfer,
dem Bodensee ausweichend, und badische Kniebundhosen,
der oberrheinischen Hitze entfliehend, wenn sich also Ha-
no und Hä-nei hoch zum Schluchsee begeben.

Natürlich hat der größte See des Schwarzwaldes für Fin-

Badplatz am Schlüchtsee

dige auch noch träumerische Ecken zu bieten, aber seien Sie gewarnt. Der Ort Schluchsee gehört zu den Südschwarzwälder Gemeinden mit Parkscheinautomaten, und Stefan, mein Freund fürs Grobe, sagte nur ein Wort, als es um die Hochsaisonbewanderung in der Region Unterkrummenhof ging: „Sommerhölle".

Und dann gibt's noch einen Spruch zum Schluchseesommer: An einem Sommersonntag bei Flaute läßt sich der Schluchsee trockenen Fußes überqueren. Von Surfbrett zu Surfbrett. Baden kann man natürlich auch, mit Genuß aber nur an einem wirklich heißen Hochsommertag, die Lage auf fast 1.000 m verkürzt die Saison erheblich. Trotzdem, das hat was, eine Hochsommertour umgeben von kühlem Tann und danach ab in den See, und falls es am Schluchsee wirklich zu voll wird: der kleine Schlüchtsee ist nicht weit und dort kann man wirklich zu den Seerosen schwimmen.

Badplätze am Schluchsee-Ostufer: Animiert im Strandbad Schluchsee

Sandstrand im Schwarzwald: am Schluchsee bei Seebrugg

mit Aqua-Fun und so weiter, Sie verstehen schon. Deutlich ruhiger geht's im kleinen Strandbad von Seebrugg zu, das fast ein wenig an eine nostalgische Sommerfrische erinnert, mit Kiosk und schönem Naturstrand.

Freie Badestellen gibt es besonders entlang vom Westufer (Unterkrummenhof), eine recht betriebsame Badwiese liegt nahe der Landstraße von Aha nach Oberaha (großer Parkplatz direkt an der Landstraße).

Schluchsee Westufer – Unterkrummenhof

Die Route am Westufer des Schluchsees lang zählt wohl zu einer der meistbewanderten im Schwarzwald. Man sieht es schon dem gepflegten Bodenbelag des fahrbahnbreiten „Wanderweges" an, hier käme eine Dame auch noch mit hohem Absatz ans Ziel. In der Regel kommt das Publikum trotzdem grobstollig und angeschirrt, als ginge es zum Gipfelsturm. Darunter mischen sich Radler, Kinderwagenschieber und fidele Gruppen, die mitunter rudelweise nordisch walkend wie ein schweres Wetter hereinbrechen. Mit Verlaub, liebe Leute am Stock, so ein Schwarm hat etwas

Stark bewandert: Unterkrummenhof am Schluchsee

Heuschreckenhaftes. Und warum sehen die neuen Kinder-
wagenmodelle eigentlich so nach Geländewagen aus? Hat
die allgemeine Entwicklung zum Geländewagen womöglich
etwas mit der gefühlten Unwirtlichkeit bei gleichzeitig stei-
gender Vollkaskomentalität zu tun? Aber wir kommen schon
wieder vom Weg ab. Die Route zum Unterkrummenhof ist
jedenfalls eine gepflegte Wanderautobahn und am Ufer gibt
es nur eine Raststätte.

UNTERKRUMMENHOF – Schluchsee. Von der gegenüberlie-
genden Seeseite aus gesehen, liegt der Unterkrummenhof
da wie ein Schönheitskönig. Auf freier Aue, im Rücken der
Wald, vorne raus der See. Der FEINSCHMECKER, ein Zentralor-
gan der Terrinenfraktion, bewertete die Idylle einst mit dem
Prädikat „Eine der schönsten Vesperbeizen des Schwarzwaldes". Na ja, wenn Hamburger zur Vesper gehen…
    Man muß wirklich gehen, der breite Waldfahrweg zum
Unterkrummenhof ist für Autos gesperrt und so entstand

auf den drei Kilometern zwischen Unteraha und Unterkrummen so etwas wie eine Drosselgass' im Südschwarzwald. An Volkswandertagen werden Sie jedenfalls auf ein breites Spektrum an Freizeitarbeitern treffen: darunter Landschaftsmaler, Jogger, Biker, letzte Einzelgänger, draußen auf dem See Wasserfahrzeuge mancher Art und irgendwann kommt jene Lichtung, aus der des Städters Träume sind: Der See, der holzgebaute Hof und die Weide. Alles wie im Heimatfilm, sogar die Wäsche flattert im original Schwarzwälder Tannenwind. Trotzdem frage ich mich, ob die Hamburger Feinschmeckerle je eine richtige Vesperbeiz von innen gesehen haben. Speckbrettle und Essiggurke allein sind jedenfalls noch keine seligmachenden Kriterien.

Das Stüble im Hof wirkt jedenfalls hübsch hergerichtet, manches wirkt, als käme gleich der Fotograf. Andererseits werden ausgerechnet hier, an einem der Brennpunkte des Hochschwarzwälder Romantiktourismus nur Unverbesserliche die reine Lehre erwarten. Ein paarhundert Jahre alter Hof und der Ausflugsbetrieb des 21. Jh., da gibt es zwangsläufig Reibung. Im Unterkrummenhof wurde dennoch ein überaus effektives System gefunden, diese in Umsatz zu verwandeln, unter Beibehaltung Schwarzwälder Tugenden wie Sparsamkeit und Ausdauer. Die Befürchtung, daß manche Plätze an ihrer Popularität zugrunde gehen, scheint hier ebenso deplaziert wie beim Vogtsbauernhof.

→ **Unterkrummenhof**, kürzester Zugang ab Parkplatz Unteraha, von dort ca. 3 km zu Fuß. Tel. 07656-1500. Geöffnet von 10 bis 18 Uhr, mit großer ♣ Freiterrasse, Kinderspielplatz etc.

↻ **Der Seerandweg** führt am gesamten, ca. 8 km langen Südwestufer des Sees entlang, der potentiell mögliche Rückweg auf der anderen Seeseite über den Ort Schluchsee ist wegen Straßen- und Eisenbahnnähe aber weniger reizvoll. Info-Schluchsee: Tel. 07656-7732. www.schluchsee.de

Hinterwälder Rohmilchkäse, Till-Hof, Äule

■ **Demeter-Hof und Käserei TILL – Schluchsee-Äule**. Seit
Jahren schon eine der herausragenden Adressen im Hochschwarzwald für wirklich feinen Rohmilchkäse. In der Käserei wird der gesamte Milchertrag von etwa 30 hofeigenen
Hinterwälder Kühen verarbeitet, einer Lokalrasse, die optimal an die regionalen Gegebenheiten im Hochschwarzwald
angepaßt ist – zum Hof gehören immerhin 60 Hektar Weideland (auf denen noch Ziegen gehalten werden). Außer dem
reifen Bergkäse verschiedenen Alters, gibt es auch Frischkäse, Schnittkäse und Ziegenkäse, sowie diverse Wurst aus
eigener Tierhaltung, auch Trockenfleisch nach Bündner Art.
Gute Leut', feine Produkte, von Anfang bis Ende autonom
und lokal erzeugt.

→ **Till Hof**, Äule 9 (direkt an der Landstraße von Oberaha nach Menzenschwand, rechter Hand), 79859 Schluchsee, Tel. 07656/1792, Fax
07656/9102, Hofladen werktags und samstags offen.

22 ▶ Sanfte Höhen um Saig und Kappel

Im Osten, zur Baar hin, wird der Schwarzwald weit und offen. Was die Landschaft an Dramatik verliert, gewinnt sie an Raum. Mit Ausnahme der Wutachschlucht ist hier wenig von der heftig gefalteten Berg- und Tallandschaft des Südwestschwarzwaldes zu sehen. Stattdessen beginnt um Lenzkirch, besonders um die beiden höhergelegenen Teilorte *Saig* und *Kappel*, ein Land sanfter Höhen und breiter Senken. Auch die Waldgesellschaft ändert sich: neben dem

Sanfte Übergänge: Blick von Saig zum Feldberg

Weideland dominieren weiter im Osten Wirtschaftswälder mit Nadelholz; oft auch monotone, schnurgerade gesetzte Fichtenäcker mit einheitlichem Altersaufbau (etwa um den Weiler Grünwald, der schier im Nadelwald ertrinkt). Allerdings versucht die Forstwirtschaft auch hier, wieder zu artenreichen Waldgesellschaften und natürlichem Altersaufbau der Wälder zurückzukehren. Allein schon aus Gründen höherer Sturmfestigkeit, aber auch wegen der Klimaänderung, geht die Zeit der Fichtenmonokulturen zu Ende.

Zeugen früher Blüte: Villen in Saig

Walmdächer und Alpenblick

Keine vier Kilometer Luftlinie vom Bus- und Bootlesrummel, schon am Fuß der Saigerhöhe, wird der Schwarzwald beschaulicher, und weiter, und ruhiger. Vom verstreuten Weiler Falkau mit seinem Retro-Luftkurortcharme bis rüber nach Saig und Kappel ließen Freiburger Professoren und Fabrikanten einst ihre Wochenendhäuser bauen. Zu Zeiten, als der Süden und das Meer noch keine Mode war. Bei anderen waren es medizinische Gründe, vor allem die „gute, ozonreiche Luft", wie man früher sagte. Eine Pensionärin erzählte mir einmal, ihre Familie sei einst wegen der chronischen Atemwegserkrankungen ihres Sohnes nach Saig gezogen. Der ist längst über alle Berge, aber sie blieb hier oben und fühlt sich nun seit 40 Jahren wohl.

Ein paar der alten Villen stehen noch, mit Walmdach und Alpenblick, mit geschütztem Sonnenbalkon an den Südfronten, mit Wassertretbecken in einer Ecke des großen Grundstücks, das von einem grau verwitterten Lattenzaun begrenzt

Großzügig geschnitten: Liegenschaft am Ortsrand von Saig

und von einzelnen Solitärbäumen betont wird. Manches Haus wurde auch verhunzt, entkernt und mit Zweieinhalbzimmerappartements vollgestopft, dazu Küchenecke und Tiefgarage. Was in dem kleinen Weiler *Hiera*, in der Stille zwischen Saig und Kappel gelegen, so alles in die Landschaft gestellt wurde, entzieht sich eigentlich jeder Beschreibung. Ein Panoptikum an Zweithausentgleisungen.

Dennoch macht es bis heute Spaß, hier einfach mal so zwischen Wald, Weide und Dörfern zu promenieren und die Phantasie mitlaufen zu lassen. Es muß damals etwas Besonderes gewesen sein, wenn die Wochenendgäste mit der Eisenbahn hochkamen oder sich mit ihren ersten Autos in den schneereichen Winter hochwagten. Bis heute birgt ein sonniges Winterwochenende hier oben Potential als eine abgespulte last-minute-Reise.

Die Lenzkircher Ortsteile Saig und Kappel liegen in freier Höhenlage, aber abseits des hochschwarzwälder Ausflugsrummels. Besonders Saig liegt da wie eine Katze in der

Wie ein hingerollter Teppich – das Land um Saig

Sonne, inmitten südgeneigter Weiden. Wie immer östlich
der schwarzwälder Kammhöhen gibt es auch hier keine
schroffen Wechsel zwischen Berg und Tal, sondern rund
auslaufende Höhenzüge, die in Weideland übergehen. Eine
Landschaft wie ein ausgerollter Teppich. Dazu Panoramawege, die sich am Waldsaum hinziehen, gespickt mit Sonnenbänken. Ideal für einen hellen Wintertag nach Neuschnee,
wenn der Horizont mal etwas weiter sein darf. Ein nebel-
freier Tag hier oben kann paradiesisch sein; aber wenn das
Wetter nicht paßt, wenn früher (oder später) Schnee auf
grünen Matten liegt und der Nebel schwadet, ist das Fe-
gefeuer nicht weit. Also vor dem Losziehen unbedingt den
Wetterbericht studieren.

⊃ **Touren um Saig:** Ausgangspunkte zur Erkundung der sonnigen Hochebene um Saig sind die Wanderparkplätze Holzmatte (oder Rotkreuz, an B 315 nach Lenzkirch, beim Abzw. der Nebenstraße nach Saig); oder man fährt gleich nach Saig und parkt dort zentral in der Ortsmitte nahe der Kirche, bzw. beim Ochsen. Von hier zahlreiche Möglichkeiten in alle Himmelsrichtungen.

Das Land um Saig

„Durch den Hochfirstrücken erhält Saig Schutz gegen Nordwinde; durch seine nach Süden offene Lage wird das Klima im Verhältnis zur beträchtlichen Höhenlage sehr günstig beeinflußt. Man findet hier noch eine überraschende Vegetation, besonders aber fällt auf, daß hier noch Obst, selbst Birnen auf freiem Felde gedeihen.“ (Aus: Kurorte und Heilquellen des Großherzogtums Baden, 1905)

In Platzhirschlage: der Ochsen in Saig

Das mittlerweile etwas angestaubte Prädikat „heilklimatischer Luftkurort" trägt Saig bis heute. Die sonnige Insellage im Schutz des Hochfirst garantiert dem Lenzkircher Ortsteil noch immer eine abgeschiedene Beschaulichkeit, die – drei Kilometer Fußweg von Titisee entfernt – kaum jemand vermuten würde. Freilich sorgen die Hotelanlage auf der *Saigerhöh* und die weithin bekannte Kuchenadresse *Alpenblick* zumindest am Wochenende für einige Gäste. Direkt im Ort und nicht zu übersehen das Traditionshaus zum Traditionsort:

→ **Gasthof Ochsen.** Eine mächtige Firstlinie mitten im Ort, eine Traditionsfassade, deren Fundament sich mit den Jahrhunderten sichtbar gesetzt hat und innen eine Holz- und Kachelofenstube. So traditionsschwer ist der Ochsen aber nur im alten Kern, andere Räumlichkeiten, vor allem der rückwärtig angebaute Hoteltrakt, sind dann eher im nüchternen Stil des ausgehenden letzten Jahrtausends gehalten, die Freiterrasse zeigt sich dazu passend verbundsteingepflastert und plastikbestuhlt. Wo einen aber soviel Holz umgibt, soll keine lockere Zunge den Reiz des Augenblicks stören. Auch meine nicht, bei nostalgischem Heißhunger ist der Ochsen sicher eine Option. Ein Leser kehrt seit Jahren ein und

Ziel für Kalorienfreunde: Café Alpenblick in Saig

kommt immer wieder. Tel. 07653 - 90010, Fax: 900170, Dorfplatz 1, 79853 Lenzkirch-Saig, www.ochsen-saig.de.

Café-Pension ALPENBLICK – Lenzkirch-Saig. Das Haus liegt oben, am sonnigen Rand von Saig und es könnte kaum besser liegen. Das freut nicht nur die Kuchenfreunde, sondern auch Pensionsgäste. Also ein Tortentempel mit Alpenblick und ♠ extralanger Eckterrasse. Ein Platz, der lange im Jahr Solariumsqualitäten besitzt. Drinnen wirkt das Haus behäbig-bürgerlich ausgeschlagen, in Dekoration und Angebot auf eine kaloriengeneigte Klientel abgestimmt, die sich am Wochenende auch mal mit dem Bus chauffieren läßt. Der Betrieb wird von einem Konditormeister geführt und so sieht auch die Kuchentheke aus: Frisch und üppig bestückt, mit breiter Auswahl, darunter auch eine stattliche Oversize-Schwarzwälder und viele andere Offerten vom kleinen Teilchen bis zur Jumboschnitte. Professioneller Service, der auch mit saisonalem Andrang zurechtkommt. Im Speiseangebot für jeden etwas. Alles in allem und besonders bei

Prächtiger Standort: Ferienhaus in Saig

hellem Wetter ein guter Ort, um leergelaufene Glucosespeicher aufzufüllen, erst recht bei Alpenblick.

→ **Café-Pension Alpenblick**, 79853 Lenzkirch-Saig, Titiseestraße 15/17, kein RT. Im Haus Gästezimmer mit Balkon und herrlichem Ausblick. Moderne komfortable Ferienwohnungen im separaten Appartementhaus Alpenblick, Liegewiese und Garten. Preise: mittel. Tel. 07653-99020, Fax: 0990215, www.alpenblick-saig.de

■ **Ferienwohnung**: Direkt an der Auffahrt zum Café Alpenblick, an der Titiseestraße Nummer 6 steht eine prächtige Villa (Bild oben): Das Haus Faller wurde von der bekannten Breisgauer Holzhändlerfamilie gebaut und zunächst als Ferienresidenz genutzt. Die neuen Besitzer haben dem wunderbar gelegenen Haus bis heute sein Aussehen und seine Würde gelassen. Im ersten Stock wird eine Ferienwohnung für 2-6 Personen vermietet, funktional eingerichtet, grandioser Sonnenbalkon, befreite Panoramalage, preiswert. Kontakt: Heiderose und Karlfred Pfrengle, 79853 Lenzkirch-Saig, Titiseestr. 6, Tel. 07653-962046, Fax: 962047.

○ **Wandern, Schweben, Schwimmen:** Es gibt einige Sonnenwege um Saig – bei hellem Wetter und Fernblick lohnt fast jeder. Besonders angenehm zu gehen sind die steigungsarmen fünf Kilometer von Saig über den Weiler **Hiera** bis rüber nach **Kappel.** Zur Route würde das

Späte Blüte: Bauerngarten in Lenzkirch-Kappel

etwas antiquierte Wort Terrainkurweg passen, denn es trifft die komfortablen, fast meditativen Wegverhältnisse ganz gut. Weite Strecken sind geteert, somit wäre hier auch mal eine naturnahe Promenade mit elegantem Schuh möglich. Es geht über sonnige Weiden, man passiert freiliegende Höfe, die paar Häuser von Hiera, wozu wenige sehr ansehnliche Höfe gehören, aber auch einige neudeutsche Ferienhausträume, oder auch Alpträume. Einmal mehr kann man hier Max Goldts hohe Kunst des „seitlich dran Vorbeigehens" üben. Später im Hochwald dann moosweiche Böden und mannshohe Ameisenhäufen, zuletzt dann die wohl gehüteten Bauerngärten von Kappel. Manchmal leuchten dort noch Ende Oktober die letzten Herbstastern durch den Lattenzaun.

Die Höhenvariante: Sehr reizvoll, teils mit Alpensicht, auch die höher (zunächst am Waldrand) verlaufende Wegstrecke von Saig rüber nach Kappel. Beginn wenige Meter oberhalb vom Hotel Sonnhalde. Anfangs stets mit Blick nach Süden, gleich am Beginn diverse Bänke mit Alpenblick, grandiose Wärmeplätze, gereiht wie auf einer Perlenkette. Fortsetzung dann im Hochwald und oberhalb des Weilers Hiera, bis rüber zum kleinen, wirklich apart gelegenen Sommerfreibad von Kappel (Motto: Schwimmen unter freiem Himmel, vgl. übernächste Seite). Weiter dann wieder über offenes Land zum Ortsteil Lenzkirch-Kappel.

Gefühlsecht: die Blume in Lenzkirch-Kappel

Lenzkirch-Kappel. Auch der Lenzkircher Ortsteil Kappel bietet eher ruhigen Schwarzwald. Keine Sensationen, aber mit viel Raum für eigenen Antrieb. Der Blick schweift bei hellem Wetter über den Feldbergrücken bis zu den Alpen. Nach Osten hin nimmt das Land die weitläufigen, nur schwach buckligen Formen an, wie sie für den Übergang zur Baar typisch sind. Nichts erinnert hier an das zerschluchtete Tal- und Bergland weiter im Südwesten. Ganz oben im Ortsteil Kappel, wo man wenig mehr als eine Kuhweide und einen Wanderweg erwarten würde, eine gastronomische und soziale Überraschung:

BLUME – Lenzkirch-Kappel. Schon der klassische Bauerngarten mit den Buchsrabatten macht Laune, erst recht die 200 Jahre alte Vollholz-Stube der Blume. Eine gut erhaltene, gepflegte Einkehr, aber nicht für Touristen aufgerüscht oder sonstwie rausgeputzt. Das würdige Anwesen wurde erst vor wenigen Jahren renoviert und in engagierte Damenhände

Herrgottswinkel in der Blume

verpachtet. Eine Frauenwirtschaft also, aber eine heiter-leutselige mit einem erfahren, unaufgeregten Betriebssystem. Das gilt auch für die übersichtliche Karte, es gibt Vesper kalt und warm, darunter sehr gute Bratwürste mit feiner Sauce, einen so preiswerten wie redlichen Tagesteller, am Wochenende endet der Essenservice bereits um 13 Uhr (!), danach gibt es dann die guten hausgemachten Kuchen. Die Bedienung ist mit Herz dabei, bei plötzlich aufbrausendem Wochenendbetrieb gerät der Service allerdings auch mal an seine Grenzen.

Die Gäste aus der näheren Raumschaft passen zum volksnahen Charme des Hauses. Es kommt überwiegend Lokalpublikum, darunter sind tatsächlich Familien mit Kindern, die länger als drei Minuten ohne Schreianfälle am Tisch sitzen können, auch mal Trachtenträger mit und ohne Instrument, Wandersleut' im Walkjanker, Freisinnige. Am Stammtisch sitzt auch mal ein Flaschenbiertrinker mit STIHL-Kappe. Schwarzwald gefühlsecht. Zusammen die rechte Mischung für ein spezielles Gasthaus, dessen überlegene Raumwirkung und Akustik allen Wohlfühlingenieuren die Schamröte ins Gesicht treiben müßte. Nicht nur in der Blume, aber auch dort, wird einem wieder mal klar, wieviel heiße Luft heute umgewälzt (und verkauft) wird.

→ **Gasthaus Blume** (Ulla Kramer), 79853 Lenzkirch-Kappel, geöffnet: wochentags 10 bis 13 Uhr, sowie ab 16 Uhr, Küche bis 21 Uhr, Sa und So durchgehend geöffnet, Mittagsessen aber nur bis 13 Uhr, danach gibts gute hausgemachte Kuchen. RT: Mi und Do. Tel. 07653-6444, Preise: sehr günstig. Kleine, aber verlockende ♠ Sonnenveranda.

Beachtlich: Der generationenalte, wunderbare Bauerngarten vor der Blume, er wird vom Hauseigentümer gepflegt. Klassische Anlage mit Buchsrabatten, Nutzpflanzen und Blumen, man beachte den alten Holunder im Eck und die Kräuter und die Gesteinsammlung um's Haus.

■ **Freibad Lenzkirch-Kappel.** Ein kleines Bad, aber was für ein Kleinod! Ein Freibad im Wortsinne, Liegewiese, Körperweide. Das Idyll liegt auf einer weiten Hochfläche, gut einen Kilometer westlich vom Ortsteil Kappel. aber drinnen fühlt man sich noch immer wie auf einer fernen Insel und der Himmel kommt einem ziemlich nah. Tiefblaues Becken, leuchtende Holzkabinen, Kiosk, seilhüpfende Mädchen. Seit Jahren kümmert sich ein lokaler Förderverein um den Erhalt der einzigartigen Anlage. Bravo. Weitermachen!

Östlich von Lenzkirch verliert sich die B 315 zwar nicht im Nirwana, aber doch in einer rauhen Höhenlandschaft, die nicht unbedingt zum Jubilieren Anlaß gibt. Ortschaften am Weg heißen Löffelschmiede, Holzschlag und Grafenloch. Man sollte hier bei einsetzendem Neuschnee auf ausreichenden Kraftstoffvorrat achten. Wer auf einer West-Ost-Querung straßennah pausieren möchte, ist jedoch in der Löffelschmiede gut aufgehoben:

LÖFFELSCHMIEDE – Lenzkirch. Ein rares Exemplar aus der Serie „Sorgfalt an bundesdeutschen Fernstraßen". Zunächst liegt die Löffelschmiede etwas gewöhnungsbedürftig: einen Kilometer östlich Lenzkirch macht die B 315 eine weite Schleife und umgeht so das tiefer gelegene Gasthaus mit-

Gutbürgerlich an der B 315: Löffelschmiede, Lenzkirch

samt der alten Straße, die früher direkt vor dem Gasthaus vorbeiführte. Allein schon die Fassade zeigt, daß die Dinge hier etwas anders laufen. Hier wurde nicht rumgezimmert, sondern einfach nur renoviert. Das alte Rogg-Bräu-Schild durfte hängenbleiben, ebenso die Laterne über dem Eingang von 1846. Vor der Tür eine gekieste Terrasse im Schatten von zwei Kastanien. Innen wird der Stil gehalten, jedenfalls in der gediegen-alten Stube mit rehbraunem Kachelofen und Parkett, die Wände bollenhutfrei. Sonntagmittag kommt Mittelstand aus dem Umland, was ja immer ein gutes Zeichen ist. Frisch gekocht und solid bürgerlich auch das Essen: Vesper, ein günstiges „Tagesgedeck" mit Suppe und Dessert, Wildgerichte. Ein redlicher Familienbetrieb, die Gerichte sind – trotz recht präsenter „Butternüdele" und „Rahmsauce" – deutlich über Fernstraßenniveau. Ein sicherer Platz.

→ **Löffelschmiede** (Fam. Helmle), 79853 Lenzkirch, Tel. 07653-279. Gemütliche Gaststube mit neuem Anbau, ♠ kleine Terrasse vor dem Gasthaus. RT: Di ab 14 Uhr und Mi. Preise: günstig. Gästezimmer.

Begrüßung im Rothauser Land (aktuell)

23 ▶ Vom Rothauserland zur Sommerau

Der schlanke Staat, war da mal was? Hat ordentlich zuge-
setzt der Bursche. Wenn es Staatsweingüter gibt, dann wird
das Bierbrauen auch zu den Kernaufgaben eines sorgen-
den Staates gehören. Das Hoheitsgebiet Rothauser Land
beginnt jedenfalls deutlich sichtbar an jeder Zufahrtsstraße,
die in die Nähe der BADISCHEN STAATSBRAUEREI ROTHAUS
führt. Kräftiges Marketing, das die Rothäusler da oben insze-
niert haben. Dazu zählt auch die Gestaltung weiter Teile des
Brauereiareals als eine Art Bier-Freizeitpark. Der geneigte
Tourist findet hier perfekt inszeniertes biernahes Entertain-
ment (Multimedia, Brauerei-Shop etc.).

Offen bleibt nur die Frage, ob ein privater Brauer, oder ein
landesweit agierender Wursthersteller ähnlich große und
ähnlich leberwurstig gestaltete Willkommens-Schilder so
nahe der Straße aufstellen könnte, dürfte? Aber solche Fragen werden sicher in einer eigenen Straßenbegleitschilder-
zulassungsverordnung geregelt.

Begrüßung im Rothauser Land (historisch)

Die Brauerei Rothaus wurde 1791 vom Benediktiner-kloster in St. Blasien gegründet, durch die Säkularisation kam sie 1806 zum Großherzogtum Baden, seit 1922 ist die „Badische Staatsbrauerei Rothaus" eine Aktiengesellschaft, deren Anteile zur Gänze dem Land Baden-Württemberg gehören. Der Landesbetrieb Rothaus wurde in den letzten Jahren überaus dynamisch weiterentwickelt, im letzten Jahrzehnt hat sich der Bierausstoß verdoppelt. Dazu trägt neben dem vielgeliebten TANNENZÄPFLE auch eine Innovation namens ROTHAUS RADLER bei. Ein flotter Biermix, auch für jene jugendliche Zielgruppe, der die bösen Alcopops vom Bekümmerungsstaat vergällt wurden. Was Umsatz, Bekanntheitsgrad und Markenpräsenz angeht, ist Rothaus eine Erfolgsgeschichte. Der ehemalige Baden-Württemberger Innenminister und jetzige Rothaus-Vorsitzende Dr. Thomas Schäuble macht im Rothauser Land keine halben Sachen.

Privatbrauer, möglicherweise auch ordinäre Steuerzahler und alle, die Brauen und Werben nicht zu den Kernaufgaben

Staatliches Biererlebnisland: Brauerei Rothaus

der öffentlichen Hand zählen, dürften die Expansionspolitik der Staatsbrauerei vermutlich mit gemischten Gefühlen betrachten. Aber wir kommen vom Thema ab...

Einst kam der Brauerei im strukturschwachen Hochschwarzwald auch eine soziale Funktion zu. Rothaus garantierte Arbeitsplätze und Rothaus Bier, so hieß es, sei ein probates Gegengift, wenn es um die grassierende Schnapserei geht. Wenn schon Alkohol, dann zumindest unter staatlicher Aufsicht.

Noch vor ein paar Jahrzehnten war das Rothauser Land eben noch kein Ferienland, im Gegenteil: Wir schließen die Augen und denken an verrußte Küchen und schwaches Licht hinter kleinen Fenstern. Der lange Winter auf dem Wald, die tiefe Decke und die Stille in der Stube, die sich wie Klebstoff über alles legt. Schwarzwälder Mehltau. Das Leben auf den großen Höfen war nicht ohne Risiken. Die SAT-Schüssel und die Fahrt ins nächste Kaufland war damals noch nicht so wohlfeil zu haben. Also Spiel und Suff, Suff und Spiel

Rothaus Pinup „Birgit" in einer älteren Darstellung

und irgendwann war der Hof weg. Das steht zwar in keinem Prospekt und so ein Schicksal paßt auch nicht zur touristengerechten Tannenzäpfleromantik um Rothaus, aber so war das eben auch. Ganze Anwesen mit Riesenflächen an Wald gingen nieder und sind dann irgendwann dem Land zugefallen, manche werden bis heute als Staatsdomäne unterhalten. Nicht so romantisch, aber eben auch eine Geschichte aus dem Rothauserland.

Hotel-Gasthaus ROTHAUS – Grafenhausen/Rothaus. Der Gasthof zur Brauerei ist nicht zu übersehen – ein wuchtiger Natursteinbau im historischen Kurhotel-Stil, er steht unmittelbar neben der Brauerei. Die erst unlängst neu gestalteten Galerie wirken nun deutlich heller und freundlicher; die alte, mit dunklem Holz ausgeschlagene Braustube durfte aber ihre heimelig-nostalgische Patina behalten. Hier lächelt auch das Wappenmädel Bi(e)rgit noch in alter Manier. Ansonsten bietet das Haus Räumlichkeiten für verschiedenste Ansprüche, von der Busgruppe bis zum kurzen Pils an der Bar wäre also alles möglich. Ebenso von einer bürgerlichen, überwiegend bieraffinen Küche bis zu guten Vesperstandards, die auch außerhalb der engeren Küchenzeiten gereicht werden. Die Qualität der diversen Biere frisch ab Hahn ist erwartbar hervorragend. Der freundlich, initiative neue Pächter tut dem Betrieb sichtlich gut, der lange Jahre währende Muff ist jedenfalls verflogen, auch die Küche zieht mit. Allein der ♣ Biergarten draußen zeigt die ästhetischen Grenzen der Gestaltung im Rothauserland auf, aber das sind Nebenschauplätze. Ein, zwei Biere zischen, oder auch deftig einkehren geht hier allemal: der Gasthof macht bei allem Umtrieb einen sehr ausgeschlafenen Eindruck. Falls es mal später wird: 17 Gästezimmer im Haus.

→ **Brauereigasthof Rothaus,** 79865 Grafenhausen-Rothaus, Tel. 07748-522-9600, tägl. 10-24 Uhr, Gästezimmer, www.brauereigast-hof-rothaus.de

Die Wälder um Rothaus sind kilometerweit und stattlich, aber auch dicht und dunkel. Man erwarte hier oben auf dem Wald also keine Lichtmesse wie im Südwesten des Schwarzwalds. Um Grafenhausen wird es zwar heller, die Weiden reichen bis zum Horizont, rauh ist es dort aber trotzdem: im Winter werden längs der Straßen Schutzzäune gegen Schneeverwehungen aufgestellt und die Häuser tragen Eternitplatten an der Wetterseite – aber eigentlich gibt es hier vier Wetterseiten.

Wer auf der Bundesstraße 315 von Schluchsee über Rothaus nach Bonndorf unterwegs ist, durchfährt den Nadelwald des östlichen Schwarzwaldes. Die Stämme stehen hier wie Kadetten, breite Waldfahrstraßen erschließen Nadelholzplantagen. Jahrzehntelang waren solche strukturarmen Wirtschaftswälder ein Ideal der Forstwirtschaft. Mittlerweile kommt mehr Abwechslung in die Bestände (vgl. das Kapitel »Wald« am Buchende). Der Wandel zu artenreichen Bestän-

Allein im Tal der jungen Steina: Die Sommerau

den vollzieht sich freilich nicht nur aus Naturliebe, er wurde eher durch Sturmschäden beschleunigt. Bis sich das Auge wieder am naturverjüngten Waldaufbau erfreuen kann, wird es noch Jahrzehnte dauern.

Erfrischende Landschaft, wie sie der Name Sommerau schon andeutet, gibt es aber auch im Nadelwaldmeer: im Tal der jungen Steina, ausgerechnet hinterm Wald zwischen Schluchsee und Bonndorf, wird plötzlich Licht. Eine nach Osten geneigte Au, ein paar Häuser, Weiden, Pferdekoppel und mittendrin ein Gasthof, nein, eher eine Offenbarung:

SOMMERAU – bei Rothaus. Es geht also doch, auch allein, weit draußen und abseits großer Verkehrswege: ein zeitgemäßer Familienbetrieb ohne Scheuklappen, ein Ausflugsziel ohne Massenabfertigung, Schwarzwald ohne Wälderbarock. 1988 brannte der alte Traditionsgasthof nieder, für den Neubau der Landesdomäne wurde ein Architekturwettbewerb ausgeschrieben. Bauaufgabe war, Holzbauweise und zeitgemäßes Wirtschaften zu vereinen. Dazu wurden klassische

233

Eigentum verpflichtet: Die Hegars von der Sommerau

Formen schwarzwälder Eindachhäuser zitiert und da und dort modernen Betriebsabläufen angepaßt: Auskragendes Dach mit Glasüberhang, so kommt Licht in die Zimmer. Die Holzfassade mit viel Glas gegliedert, alles ohne Ornament, das Romantik nur vortäuscht, aber von Ratlosigkeit zeugt. Das Stallgebäude als separater Neubau, eine Dependance für Festlichkeiten und Gesellschaften und, ganz neu ab 2009, eine in die Sommerauen integrierte Außensauna mit Freibadeteich. So bietet die Sommerau ein selten komplettes Ensemble, das die Tradition nicht verrät und dennoch modern wirkt. So ein Gasthaus wäre allein schon wegen seiner Architektur einen Besuch wert, dazu kommen noch Bewegungsmöglichkeiten vor der Tür und eine handwerklich tadellose Küche, die wie maßgeschneidert zum Haus paßt: Qualitätvoll, aber ohne preistreibenden Schnickschnack und bemühte Moden. Eine überschaubare Karte, wo möglich mit Produkten aus der Region: Fleisch aus eigener Hofhaltung, Wild und Forellen von nebenan. Dazu paßt der familiär-

Gute Stube mit Blick auf die Sommerau

persönliche Stil im Haus, somit eine stimmige Herberge, von der Küche bis zum – wundervoll gepunkteten – Kachelofen im kächelefreien Gastraum. Die Sommerau ist somit ein Reformgasthof, auch eine komfortable Flucht für Reisen in die Nähe. Dazu dient das gute Dutzend behaglicher Gästezimmer, funktional eingerichtet, mit guten Betten und dem unübertroffenen Raumklima von Holzbauten. Ideal für Stadtflüchtlinge oder bei aufkommender Sauerstoffnot.

Vor zwei Jahren konnte die Wirtsfamilie Hegar die zuvor gepachtete Landesdomäne Sommerau als Eigentum erwerben, zwei Söhne der Familie sind Köche. Somit sind die Weichen gestellt. Ein Gasthof, der exemplarisch zeigt, wie es laufen kann.

→ **Gasthof Sommerau** (Fam. Hegar). 79848 Bonndorf, einsame Zufahrt durch den Hochwald von der L 170 Rothaus-Bonndorf. Man beachte den alten Stein-Wegweiser an der Abzweigung! RT (des Restaurants): Mo und Di; Tel. 07703-670, Fax: 1541; ♣ Terrasse, neue Saunahütte mit Naturschwimmteich, www.sommerau.de; Preise: mittel.

Wiesental

Gebrauchsanweisung fürs Wiesental: möglichst rasch vom Tal auf die Höhe. Gleich ob Westseite oder Ostseite, über den beiden Talflanken gibt es hochgelegene Nebenstrecken, Wanderwege, Sonnenstuben und Einkehren, die den Zusatz **Panoramica** verdienen. Unten ist das große Tal zwischen

Siesta bei Oberhepschingen

dem Feldberg und Lörrach mehr Durchgangs- als Aufenthaltsraum. Wer sich nur entlang der Wiese bewegt, wird landschaftlich (und gastronomisch) eher enttäuscht sein.

So auch um Lörrach und Schopfheim: Ausbauland, Gewerbe und Industrie. Die B 317 wurde in den letzten Jahren pendlergängig ausgebaut, ein paar Kilometer werden noch dazukommen, bis alle Mehrzweckhallen und Fitnesscenter an die Schnellstraße angeschlossen sind. Die Neubaugebiete im Tal wirken wie versteinerte Vorabendserien, aber das ist keine spezielle wiesentäler Erscheinung. Auch nicht der Funktionswandel von Einkehren, deren Angebot das Vorankommen erleichtert. Manches alte Gasthaus bietet jetzt Kebab und Pizza, mitunter verkündet ein Schild „Bikers Welcome", chinesisch geht aber auch, in Höhe Schönau heißt es: „Jeden Sa. Asia-Buffet Party ab 18 Uhr." Das könnte dann die letzte gastronomische Fruchtfolge sein.

Wiesentäler Industrie: Das Wiesental ist das größte Talsystem im Südschwarzwald. Neben den historischen Erwerbsformen Waldnutzung und Weidewirtschaft prägt industrielle Erschließung das Talbild entlang der Wiese: bereits im 18. Jh. setzte hier die Industrialisierung ein. Neben den Glashütten im Seendreieck (Titisee, Schluchsee, Windgfällweiher) waren die Textilfabriken im Wiesental ein Schwerpunkt der industriellen Produktion. Wasser und Arbeitskräfte waren reichlich vorhanden, als Vorläufer war die Handspinnerei schon im 18. Jh. im Tal aufgekommen, so war es fast zwingend, daß zu Beginn des 19. Jh. die ersten Fabriken entstanden, meist Filialen von Lörracher und Schweizer Unternehmen. Andere hoch spezialisierte Sparten, wie die Bürstenindustrie um Todtnau (mit fast 2000 Beschäftigten Ende des 19. Jh.), profitierten von Infrastruktur und allgemeinem Umtrieb – Synergie würde man heute sagen.

Irisette beschäftigte
2000 Leute allein in Zell

Der Aufschwung der Wiesentäler Textilindustrie verlief so rasant wie der Abstieg: Ende der 1950er Jahre arbeiteten fast 2000 Leute bei der Irisette, die damals zu den bedeutendsten Herstellern von Tisch- und Bettwäsche in Europa zählte. Mit dem raschen Anstieg der Arbeitskosten in den späten

Spitze Kirche, runde Gipfel: Wiesental um Schönau

80er Jahren war der Boom der Wiesentäler Textilindustrie dann endgültig gebrochen. Heute kommen die Stoffe bunt und billig aus dem nahen und fernen Osten. Die blinden Scheiben der ehemaligen Produktionsstätten verbreiten bis heute ein wenig nachindustrielle Tristesse.

Die Industrie im Tal floriert dennoch bis heute: talabwärts um Schopfheim und Maulburg mit mittelständischen Produzenten von Hochtechnologie und die enorme Wirtschaftskraft von Basel strahlt bis weit ins untere Wiesental. Hinzu kommt der Tourismus. Was 1891 im Südschwarzwald mit dem ersten deutschen Skiclub begann, also lange vor dem Alpinskiboom, ist ja auch eine Industrie geworden, inklusive Weltcuprennen und künstlicher Beschneiung. Gerne üppig gefördert aus öffentlichen Töpfen, wie etwa die Weltcupstrecke mitsamt monströsem Zieleinlauf in Fahl. Nach einem kurzen Boom und den üblichen Festreden der Regionalprominenz wurde es um das ehemalige Renommierprojekt aber rasch ruhig. Die Karawane öffentlicher Wohltäter zieht weiter und breitet anderswo ihr Füllhorn aus.

Winter auf der Gisiboden-Alm

24 ▶ Von Todtnau auf den Berg

Die beiden großen Talorte im oberen Wiesental, Todtnau und Schönau, liegen in der Einflugschneise des Feldbergtourismus. Pendler, Gewerbe und Kleinindustrie sorgen zudem für eine beachtliche Binnendynamik – also kein stiller Südschwarzwald, sondern Wiesentäler Umtrieb.

Ganz anders wirkt die Stimmung im höher gelegenen Ortsteil **Todtnauberg** (1.050-1.380 m, 700 Ew.), wo die Ortsstruktur eher vom Fremdenverkehr geprägt ist, der in den vergangenen Jahren jedoch ins Stottern kam. Sofern Schnee vorhanden, sorgen Schlepplifte für etwas Wintersportbetrieb, gegen die Sogwirkung der Schneeinsel Feldberg kommen die Anlagen freilich nicht an.

Verglichen mit den Weilern auf der Wiesentäler Sonnenseite, hat Todtnauberg zahlreiche Hotels, Pensionen und Ferienwohnungen. Trotz Popularität durch die Heidegger-Hütte und einem eigens angelegten Rundweg, hat die Regi-

Hoch und beliebt: Gisiboden-Alm bei Todtnau

on aber wenig Liebreiz, mich zieht die Ecke jedenfalls nicht so an wie die stillen Hänge zwischen Schönau und Zell. Geschmackssache.

Gisiboden und Präger Böden: Schließlich wären da noch zwei allein und hoch gelegene Berggasthäuser, die durch direkte Auffahrt aus dem Oberen Wiesental zu erreichen sind: Allein schon die Bergfahrt zu beiden Außenstationen ist nicht alltäglich. Auf schmaler Waldfahrtstraße taucht man tief in den Hochschwarzwald ein, wobei die kurvenreichen und mitunter ordentlich steilen acht Kilometer durch den Hochwald bis hoch zum Gisiboden auch für Südschwarzwälder Verhältnisse etwas Besonderes sind.

Gasthaus GISIBODEN – Todtnau-Geschwend. Allein und weit draußen zwischen Wiesental und Bernau liegt die Gisiboden-Alm auf fast 1.200 m Höhe. Oben wartet aber kein stiller Außenposten, sondern ein ausgesprochen munteres Almgasthaus. Zum Betriebssystem gehören hier ein paar

241

Alles frisch – Kuchenservice auf der Gisiboden-Alm

Dinge, die man auf anderen Schwarzwälder Außenstellen lange suchen kann. Als da wären: ein ebenso flotter, wie freundlicher Service durch die selten ausgeschlafenen Mädels, sowie ein für diese Lage durchaus beachtliches Angebot, es reicht von der guten groben Bratwurst bis zur Extraklasse der Obstkuchen. Somit avanciert die Gisiboden-Alm zum Exempel für leistungsfähige Berggastronomie, und zum Gegenteil der mitunter provozierend verharzten Verhältnisse anderswo auf dem Berg. Erstaunlich, wie sich der Platz nach dem Pächterwechsel vor ein paar Jahren gemacht hat. Es geht also doch, auch weit oben, auch bei Saisonbetrieb. An manchen Wochenenden sieht es aus, als komme das halbe Wiesental hoch auf die Alm, wobei der breite Gästemix für sich spricht. Vom orthodoxen Rucksackwanderer bis zum Sonntagspärchen mit Handy und Handtasche sind alle da, und jeder findet seine Ecke. Vergleichsweise gemütliche Stube, ♠ Sonnenveranda, großer Freisitz. Fazit im erweiterten Sinn: Gute Aussichten auf der Gisiboden Alm.

Freie Lage, freundliche Stimmung: Gasthaus Gisiboden

→ **Berggasthaus Gisiboden** (Bernd Gerspacher, Katharina Schäuble), 79674 Todtnau-Geschwend, Zufahrt ab B 317 beschildert, 8 km lange, zunächst recht schmale, später gut geteerte Waldfahrtstraße, ab Geschwend Kirche. RT: Mo, sonst von 10 bis 18 Uhr, an Sonn- und Feiertagen ab 10 Uhr Brunchbuffet (in einem besonderen Nebenraum); guter eigener Kuchen in selten großer Auswahl. Küche durchgehend; im November längere Betriebsferien, in den Wintermonaten nur am Wochenende geöffnet. Unterkunft mit Etagendusche nach Anmeldung (Einer-, Zweier- und Dreierzimmer), für exakte Öffnungszeiten im Winter anfragen. Tel. 07671-999821, bzw.: www.gisiboden.de.

➲ **Wandern** ab Gisiboden: Sonntagsausflügler bevorzugen die kinderwagentauglichen Flanierwege direkt unterhalb der Alm, auf denen an Schönwetterwochenenden entsprechende Kolonnen wandeln. Schon wenige Minuten abseits verliert sich der Almauftrieb allerdings.

Gute Tourenmöglichkeiten ab Gisiboden (1187 m), darunter: Hasenhorn (Einkehr) 3,6 km; Präger Böden (Einkehr, vgl. dort), 2,2 km; Bernau-Hof 4 km, oder gleich auf's Herzogenhorn 5 km.

Wer nur ein paar Schritte gehen und dennoch für sich sein möchte, wähle den Zugang auf die oberhalb der Almgaststätte gelegene sonnigen Panoramaweide (beschildert: Sackweg, Brennetkopfweg). Mit jedem Meter steigen Aussicht (Belchenblick!) und Raumgefühl. Auf der oberen Alm schließlich eine Raumweite wie selten. Am sonnig, geschützten Waldrand zahlreiche Rastmöglichkeiten in weichen Graspolstern.

Willkommen auf den Präger Böden

Von Präg auf die Präger Böden

Muntere Wiesenbäche durcheilen die Matten des eiszeitlich ausgeformten Präger Kessels. Darüber der dunkle Tann, unten in der sanften Talmulde war während der Kaltzeit ein See, gestaut von Toteismassen des Prägbachgletschers. Diese schrammten vom Feldberg herab, konnten aber durch das enge Prägbachtal nicht abfließen. Also wurde der Kessel erst mal rundgeschliffen, was heute noch zu sehen ist.

Auf dem flachen Gerölldelta, das der obere Prägbach einst in den See schwemmte, liegen heute die Höfe in der Landschaft, zufrieden wie grunzende Braunbären. Auch die Straße folgt dem Land, die Augen freuen sich und alles wirkt ganz nett und typisch Schwarzwald. Dazu gehören freilich auch grob verkleidete Hausfassaden, die grotesk mißglückte Materialwahl bei Dachrenovierungen, all die Anbauten, Umbauten und besenreine Hofeinfahrten, die aussehen, als bekäme hier jeder seinen Höchstrabatt beim nächsten Baumarkt.

Sicher sind geschmacksferne Renovierungen auch anderswo im Schwarzwald längst Praxis, bemerkenswert bleibt dennoch, wie ein in Jahrhunderten gewachsenes Häuserensemble in wenigen Jahrzehnten so mutieren kann. Dem Auge tut so was besonders weh, weil noch zu ahnen ist, wie es hier einmal war. Welche Einheit zwischen der Landschaft, ihrer Bewirtschaftung und ihrer Bebauung einmal war. Jeder Schweizer Bergort bekommt das besser hin als der hochgepriesene Naturpark Südschwarzwald. Aber Schluß mit Nostalgie, so ist das Todtnauer Ferienland eben. Was im Bereich Feldberg-Hinterzarten an Stärke gewinnt, deutet sich hier schon mal an. Rote Geranien, Vesperteller und die unvermeidliche „urige Speck- und Hüttenwanderung". Trotz allem, Präg liegt nicht im Romantiktrubel des Südschwarzwaldes, die Landschaft stimmt und ein solitär gelegenes Bergziel gibt es auch:

Berggasthaus Präger Böden, unterhalb vom Herzogenhorn liegt die Hochweide Präger Böden auf 1.050 m Höhe, eine schmale, reizvolle Anliegerzufahrt (für Gäste offen) erschließt das einsam gelegene Höhenidyll. Das einfach-urige Bergasthaus dort oben profitiert von der sonnig, ruhigen Lage, aber auch vom betont familiären Umgang der Wirtsleute, wie er auf solchen Außenstellen nicht alltäglich ist. Man fühlt sich willkommen, außergewöhnlich auch der Einsatz lokaler Produkte (darunter: Fleisch vom Hinterwälder Weiderind, eigenes Brot) und ein mürber, hausgemachter Rinderbraten oder ein Tafelspitz ist ja auch mal was in so einer Lage. Somit wären die Präger Böden ein interessantes Ziel, abseits der populären Wanderautobahnen gelegen.

→ **Präger Böden**, Präger Böden 2, 79674 Todtnau Präg, Tel. 07671-999 550. Ganzjährig geöffnet, ♠ Sonnenterrasse, Sauna, preiswerte Gästezimmer (darunter Familienzimmer mit 4 Betten). www.praeger-boeden.de

Paßt rein: Schönau im Oberen Wiesental

25 ▶ Wiesental um Schönau

Die Stadt Schönau bildet mit neun Teilgemeinden und zusammen fast 6 000 Einwohnern, mit Gymnasium, Forstamt, Amtsgericht und etwas Industrie ein kleines Zentrum im oberen Wiesental. Den Strukturwandel der vergangenen Jahrzehnte sieht man Schönau nicht sofort an, die ehemaligen Textilfabriken wurden – außer im Ortsteil Brand – eher in Randlagen gebaut, so wirkt das Städtle auch nach dem Exodus der Textilindustrie bis heute quirlig und beschäftigt.

Als Extra bietet Schönau ein kleines, ganz passables Zentrum direkt bei der Kirche, etwas abseits der Bundesstraße 317 (freitagsmittags kleiner Markt). Eben hier warten ein besonderes Gasthaus und gleich daneben zwei bemerkenswerte Metzgereien, ideales Terrain also für eine qualitätvolle Einkehr und den Einkauf guter Rindfleischqualitäten von Tieren aus regionaler Haltung:

Vollblutwirt: Walter Karle, Vier Löwen, Schönau

VIER LÖWEN – Schönau. Keine besonderen Vorkommnisse, könnte man beim ersten Blick auf die Vier-Löwen-Fassade denken. Aber das täuscht, denn bei Walter Karle gehört das Schmoren noch zu den Grundkocharten. Aber eigentlich sollte ein Koch ja noch weiter zurück, bis in den Stall. Da trifft es sich, daß es in der Familie seiner Frau noch einen gibt – in Rohrberg, ganz weit oben im Wiesental. Das ist dort, wo Rindvieh noch nach dem deutschen Reinheitsgebot aufwächst. Gras, Heu, Wasser, ab und zu mal ein paar Eimer Kartoffeln und sonst nichts. Gut vier Wochen vor dem Schlachttermin kommt das Rind von der Weide in den Stall zur „Ruhestellung", was die Fleischqualität weiter fördert.

Nach dem Schlachten bleibt Zeit zum Abhängen und weil so ein Vorderwälder auch mal zehn Zentner auf die Waage bringt, steht auf der Vier-Löwen-Karte mehr als Filet und Rumpsteak. Ein Stück Vieh wird hier nach allen Regeln der Kunst verwertet, bis zur Rinderlyoner für die Frühstücksgäste im Hotel.

Kleine Inspektion: Christoph Riesterer, Walter Karle (v.l.)

Wer Glück hat, bekommt in den Vier Löwen auch mal einen Ochsen zu schmecken – der hat im Vergleich mit üblichem Rindfleisch, das von etwa 18 Monate alten, unkastrierten Tieren stammt, einen höheren Fettanteil. Ochsenfleisch ist etwas dunkler und kerniger im Biß, gut abgehangen aber eine Spezialität mit aromatischem Potential. Auch sonst gibt es in den Vier Löwen einige Klassiker, etwa einen Schmorgulasch mit großen, wunderbar mürben Stücken im Stil eines Boeuf Bourgignonne, Sauerbraten, gekochtes Rindfleisch, Rindfleischsalat, Kutteln mit goldgelben Brägele, natürlich auch eine kräftige Brühe mit Markklößchen. Das eine oder andere Steak wird auch gebraten, auf den Punkt. Christoph Riesterer vom Zähringer Hof (vgl. dort und Bild oben), gehört übrigens auch zu den Profiteuren vom Schönauer Ochsenfleisch.

So sind die Vier Löwen ein Beispiel für ein leistungsfähiges Gasthaus, das erwanderten Appetit mit einer handwerklich sauberen Küche und ausgesuchter Fleischqualität zu stillen weiß. Sowas dürfte im Südschwarzwald öfter zu finden sein. Dürfte, sollte, müßte. Fazit: zum Ersatz Argentinischer Steaks genügt eine kleine Koalition aus wählerischem Gast und engagiertem Gastgeber.

→ **Gasthaus-Hotel Vier Löwen**, Talstraße 16, 79677 Schönau, Tel. 07673-918120, www.vier-loewen.de. RT: Mi. Ab 2009 mit ♣ neuer Freiterrasse.

■ **Krone Metzgerei.** Seit Ende 2008 praktiziert die Krone Metzgerei in einem freundlichen Neubau (auf dem Kronenareal, gleich um's Eck beim Gasthaus Vier Löwen); schönes Fleischangebot von Weiderindern, am Wochenbeginn schlachtfrische Blut- und Leberwürste, auch Schinken und Speck aus eigener Herstellung. Meist sind auch gute Rindfleisch- qualitäten von der geschätzten Lokalsorte Hinterwälder zu bekommen. Hinterwälder sind kleine Rinder, die auf Wiesentäler Weiden zuhause sind und hier ideale Haltungsbedingungen finden. Ihr Fleisch ist beson- ders feinfasrig, zart und aromatisch. Der Einkauf an der Quelle bietet wieder mal eine Möglichkeit, vernünftiges Handwerk und angemessene Tierhaltung zu honorieren. Inh. der Metzgerei: Wolfgang Strohmeier.

■ **Metzgerei Otto Grass**: Eine weitere Metzgerei mit einem Angebot an lokalem Rind- und Kalbfleisch liegt nur wenige Meter oberhalb der Vier Löwen, auf der rechten Straßenseite, ebenfalls im Zentrum Schön- aus.

Tunau

Was 200 Höhenmeter und eine Stichstraße doch alles aus- machen: Selbst an sonnigen Herbsttagen, wenn unten im Wiesental Kolonnenverkehr droht, wenn die Motorräder wie Kreissägen in die Wälder reinkreischen – in Tunau ist Ruhe. Der Weiler mit 200 Einwohnern liegt abseits vom Verkehr auf dem 735 Meter hohen Grund eines nach Westen offenen Kessels. Eine markante Landschaft, rundum steiles, sonniges Weideland, insgesamt fast 170 Hektar, Felder kommen auf dieser Höhe fast keine mehr vor, auch Roggenanbau wird bei einem Jahresmittel um die 6 Grad problematisch.

Tunau brannte 1936 fast völlig nieder, wurde aber danach in lockerer und traditioneller Bebauung wiederhergestellt.

Nur die Kirche und drei Höfe im oberen, östlichen Ortsteil blieben damals vom Feuer verschont, die Holzhäuser mit einfachem Laubumgang sind heute noch zu sehen.

Die Bautätigkeit hält an, wobei auch hier die klassischen Formen von der grassierenden Baumarkt-Formensprache verdrängt wurden. Trotz partieller Baukastenarchitektur bleibt Tunau ein sympathischer Aus-der-Welt-Fleck, nur wenig abseits der belebten Achse Lörrach-Feldberg gelegen. In nächster Umgebung der Siedlung noch etwas Streuobst, darüber das „wilde Feld", Weideland mit Hangneigungen von 15 bis 35 Grad. Gerade diese schwer zu bewirtschaftende Flächen zeigen auch hier Anzeichen von Verhurstung mit Adlerfarn oder bereits fortgeschrittener Verwaldung – wie andernorts auch im Wiesental (vgl. dazu das Thema am Buchende: »Garten, Feld und Wald«).

TANNE – Tunau. Ein Gasthaus wie der Ort. Sehr traditioneller Anblick, sehr ruhige Lage, ein lauschiges Nest. Die Tanne (erbaut 1779) lockt mit dunkler Schindelfassade, ringsum läuft ein Sonnenbalkon, beschützt vom ausladenden Dach. Außenrum wurde ordentlich gepflastert, drinnen bietet das Haus ultragemütliche Gasträume. Mit schnuckeligen Tischdecken, Vorhängle und Heukränzle ist die Grenzen zum Niedlichen freilich erreicht. Die Atmosphäre ist familiär und gastnah, die Wirtsleute sind präsent, der Küchenchef hat sichtbar Freude an Haus, Hof und Herd, und manchmal ergibt sich so eine spontane Diskussion über die Vorzüge einer Zickleinkeule aus dem Ofen. Die Spannweite der Karte reicht vom Vesper über ein kleineres Menü in der 30-Euro-Klasse (die Tanne hat seit Jahren einen Michelin-Bib) bis zu Ambitioniertem, das hier vom Wild bis zum Lammfilet in Thymianjus reichen kann. Eine kleine Karte mit warmen Gerichten gibt es zudem noch. Die Tanne steht somit für das rare Beispiel einer gehobenen-bürgerlichen Gastronomie an

Freundliche Gastgeber in sonniger Lage: Tanne, Tunau

einem stillen Gunstfleck. Wobei Gastfreundschaft hier kein aufgesetztes Programm ist, sondern einfach gelebt wird. Ein Extra-bib sei für die Gartenterrasse vor der Südfront des Hauses vergeben.

→ **Gasthaus-Pension Tanne** (Fam. Neubacher-Ruch), 79677 Tunau, Tel. 07673-310, Fax: 1000. RT: Mo ab 14 Uhr und Di. 13 Gästezimmer, Sauna und Hallenbad. ♣ Idyllische, geschützte Gartenterrasse.

■ **Schinken & Wild:** An der Straße von Schönau nach Tunau liegt der Metzgereiladen der Firma STOME. Hier wird der Schwarzwälder Schinken in großen Mengen produziert, also kein romantischer Hinterhofbetrieb, sondern ein moderner Fleischverarbeiter. Aber stome-Schinken basiert auf ausgesuchter Fleischqualität, er wird trocken von Hand gesalzen (also nicht mit Salzlake gespritzt) und kalt geräuchert (und nicht schwarz verräuchert!). Danach kommt der Schinken zur Reife und verliert ein Viertel an Gewicht. Resultat: ein Schinken mit fester Konsistenz und ansprechender Farbe.

Im Rauch, vor allem im Salz für meinen Geschmack aber sehr intensiv; angeboten wird zudem ein Wildschweinschinken und ein luftgetrockneter Schinken, der nur kurz im Rauch und eben länger in der Luft hing. Auch der kräftig im Salz, aber sehr schöne Konsistenz. Vorzüglich die leicht angerauchte Leberwurst, sowie Blutwurst; außerdem gibt es eine Haussalami.

Zur außergewöhnlichen Adresse wird der Schlachthof stome wegen des Angebotes an frischem Wild aus heimischer Jagd. Hubert Lais – selbst Jäger – kennt seine Lieferanten und bietet nicht nur Wirten, sondern auch dem Privatkunden, portioniertes Wild in ausgesuchter Qualität. Wünsche nach besonderen Stücken oder Sorten kann man auch vormerken lassen und bekommt so Qualität aus erster Hand. Die Ware wird auf Wunsch auch vakuumiert und hält sich gut zwei Wochen. Die heimische Jagdsaison beginnt – früher als allgemein angenommen – bereits Mitte Mai, Anfang Juni (einjährige Rehe, einjähriges Rotwild) und dauert bis in den Winter.

- **stome:** Verkauf direkt im Schlachthof Schönau, Tunauer Str. 11, Mo 7-16, Di, Do, Fr 7-12.30/14.30-18, Mi und Sa 7-12 Uhr. Besondere Wünsche Wild betreffend direkt mit Herrn Lais besprechen, Tel. 07673-7184.

Kleine Pässe: von Tunau rauf nach Herrenschwand

Durch den Fuchswald: Die schmale Fuchswaldstraße ist eine nostalgische Bergstrecke, in der Schildersprache heißt das: Max. 2,5 t, 30 km/h, kein Winterdienst. Real sind es neun Kilometer in engen Schleifen durch Hochwald, am Straßenrand stehen prächtige alte Ahornbäume, die Straße gleicht eher einem geteerten Waldfahrweg, tief in die Hänge gelegt, jede Bergfalte auskurvend. Die Fahrt bietet zwar kaum Aussicht, aber Erinnerungen an wegplanierte Zeiten. Laubgehölz begleitet die Strecke, wundervoll im Frühjahr

Max. 2,5 t, kein Winterdienst – Fuchswaldstraße bei Schönau

oder im Herbst, wenn sich das Bergahornlaub flammend gelb färbt und auf die schwarze Asphaltspur fällt. Leider werden die markanten Straßenbäume nun mehr und mehr vom Nadelwald eingewachsen und ein wesentlicher Aspekt der Strecke geht so verloren, es müßte dringend mehr durchforstet werden. Die Trasse ist da und dort zwar eng, im Sommer aber nicht mal verwegen genug für eine ordentliche 4x4 Werbung. Einfach eine der wenigen kleinen Paßstraßen im Südschwarzwald – für Genußfahrer fast obligatorisch.

⊃ **Wandern:** Ein guter Ausgangspunkt für Wanderungen im Bereich zwischen Tunau, Fuchswaldstraße und Herrenschwand, ist der Waldparkplatz am Tiergrüble-Sattel (1.064 m, kleine Schutzhütte, Parkplatz, Wegspinne, diverse Rundwege). Zu Beginn führen zwar alle Routen durch Hochwald, aussichtsreiches Gelände wird aber relativ rasch, besonders in westlicher, auch in östlicher Richtung, erreicht:

Nach Westen z.B. der Tunauer Schweineweg. Nach einem Kilometer ebenem Waldfahrweg wird ein gigantischer Aussichtspunkt erreicht (Wendestelle, Sitzbänke): Tiefblick nach Schönau. Im Westen Blauen, Köhlgarten, Belchenmassiv, Stübenwasen. Ebenfalls schön zu sehen ist der Waldfahrweg, der am Waldrand oberhalb von Tunau den gesamten Kessel umläuft.

Von Schönau nach Schönenberg

Nochmal so eine Ausweichstrecke im Wortsinne. Unten rauscht der Verkehr, oben der Wald, und ganz oben auf den warmen Südhängen bei der Böllener Viehhütte gedeiht die Wildkirsche bis auf 1.000 m, das ist rekordverdächtig, auch im Südschwarzwald. Kaum vorstellbar, was so ein paar Kilometer Nebenstraße bringen können. Sie fahren also von der B 317 ab Schönau vorbei am Golfübungsplatz ins stille Land, erst mal hinauf nach Schönenberg auf 680 Meter Höhe.

Die Siedlung liegt friedlich in einer eiszeitlich rundgelutschten Hochtalmulde, die steil zum Wiesental abfällt. Im Weiler fallen erst einmal die nackten Betonstege auf, die sich in trauter Einfalt entlang der Bächleanreiner reihen. Auch die Liebe zur umfassenden Verbundsteinpflasterung scheint in Schönenberg besonders ausgeprägt, ebenso wie eine gewisse Lässigkeit bei Fassadenrenovierungen und Anbauten. „Wiesentäler Freistil" wäre eine der harmloseren Bezeichnungen für solchen Stilmix, der freilich nicht typisch Schönenberg ist, sondern im gesamten Wiesental als fast schon typisch auffällt.

Fassaden werden modernisiert,
exakter vielleicht: traktiert

Manchmal erstaunt der Grobianismus aber schon, mit dem hierzulande jahrhundertealte Fassaden modernisiert, oder besser traktiert werden. Man vergleiche einfach einmal das Material- und Formenbewußtsein in Schweizer Bergdörfern mit dem im Schwarzwald. Und frage sich dann, was in unseren Schulen und Bauausschüssen eigentlich gemacht wird. Aber wir kommen erneut vom Thema ab.

Das kleine Schönenberg hat zwei durchaus stattliche Gasthöfe, die fast gegenüber liegen. Damit wäre meinerseits schon alles zur kulinarischen Situation gesagt. Der Sternen

Abseits auf der Höhe – bei Schönenberg

beeindruckte bei meiner letzten Visite mit einem verbleichten Fenster-Aufkleber: „Zum Wohl. Die Pfalz." Man soll den Glauben an das Gute aber einfach nicht aufgeben.

Kleine Pässe: Schönenberg – Wildböllen

Mehr Nebenstraße als von Schönenberg nach Wildböllen geht selten: abseitig, weitsichtig; von der kleinen Paßhöhe gut einen Kilometer oberhalb Schönenberg bis hinab nach Wildböllen immerhin ein geteerter Waldfahrweg (sonn- und feiertags ist die Strecke zwischen 6-22 Uhr für Kraftfahrzeuge gesperrt).

Das Sträßle führt zunächst über Schönenberg steil hinaus, vorbei am markanten Wasserbehälter und weiter aufwärts bis zur Paßhöhe bei der Unteren Stuhlsebene, dort auf freier Weide ein kleiner Parkplatz, Wegkreuzung. Hier ein Wegweiser (auf ca. 800 m, herrliche Sicht ins Wiesental). Das Land hier oben wirkt heiter, ausgesprochen sonnig, ein Fleck mit dem gewissen Etwas. Schön, um sich der wiesentäler Weite zu überlassen. Der Wanderwegweiser bietet unter vielen anderen folgende Varianten:

⮑ **Wandern, Bank und Kraft:** Wunderbare sonnige Höhenwege in Richtung Belchen ab der **Unteren Stuhlsebene/Sägeneck** (859 m, oberhalb Schönenberg an der kleinen Straße nach Wildböllen gelegen). So z.B. Belchenweg, der von Schönau herauf kommt und über die Obere Stuhlsebene weiterführt (sog. neuer Belchenweg).

Eine dazu passende Bank wartet gerade zweihundert Meter von der Stuhlsebene entfernt: Richtung Süden, am sogenannten Sägeneck steht ein Bänkle mitten in der Weide (bei einer runden Viehtränke). Ein Bänkle, auch ein Kraftort, um das neudeutsche Esowort ein einziges Mal zu verwenden. Der Platz ist jedem zu empfehlen, der einmal in Ruhe frühstücken möchte oder sein Leben in Ordnung bringen muß.

Zum Belchengipfel sind es ab Stuhlsebene noch gut 5 km (aber fast 600 Höhemeter), von Aitern rauf auf die Stuhlsebene 4 km, runter nach Wildböllen 2 km, zum Parkplatz Hau (vgl. dort) oberhalb Neuenweg 7 km.

Der Weidbuchenpfad bei Schönenberg

Nur fünf Gehminuten von der Paßhöhe, direkt an der Unteren Stuhlsebene (859 m), beginnt ein Weidbuchen-Naturpfad, der in 11 Stationen ausgesucht prächtige Exemplare dieser Gattung Naturdenkmal erschließt. Gleich bei Weidbuche Nr. 1, der vermutlich über 250 Jahre alten Leolustbuche, wieder so ein magisches Bänkle. Kommen Sie früh am Tag hierher oder spät, aber kommen Sie mal! Zum Thema Weidbuchen vgl. auch das Kapitel am Buchende, sowie die Literaturhinweise dort.

Auf den Weiden der Unteren Stuhlsebene stehen auch noch ein paar solitäre Wacholderbüsche; Landmarken, die ansonsten eher selten im Südschwarzwald zu sehen sind. Hier ließen sich gleich noch ein paar Beeren für den nächsten Wildgulasch sammeln.

Weidbuche am Aufstieg zum Belchen (am Weidbuchenpfad)

Weiter nach Böllen: Die Strecke abwärts nach Wildböllen (Wildböllenstraße) führt nun als wunderschöner geteerter Waldfahrweg über dem Bach entlang und runter nach Wildböllen. Am Weg diverse Ausgangspunkte für Wanderer und Radtouristen. Wildböllen selbst wirkt weniger verwegen wie sein Name. Ein vier-Höfe-Weiler auf etwas erhöhter, aber doch enger Talsohle, Ferienwohnungen, Endlage. Jeder Passant wird hier gleichsam erkennungsdienstlich behandelt. Interessant die überlieferten Einwohnerzahlen, die von der Entvölkerung entlegener Siedlungen und vom Beginn der Auspendlerfamilien berichten (1809: 91, 1980: 15). Schöne Auf- bzw. Abfahrt entlang eines natürlich fließenden Glucksebaches bis ins Tal nach Böllen. (Fortsetzung dieser Route vgl. unter Tour 9, »Zwischen Kreuzweg und Belchen«).

26 ▶ Auf den Winden

Wege in alle vier Himmelsrichtungen, Weidbuchen mit Alpenblick und ein Gasthaus ohne Busparkplatz: über Aitern und das anfangs noch weite, später schattig, steile Tal des Aiternbaches führt die Landstraße 142 aus dem Wiesental in Richtung Belchen und Wiedener Eck. Die eigentliche Attraktion dieser Bergfahrt liegt aber lange vor dem Belchen: Gleich in Aitern lohnt es, auf eine unscheinbare Abzweigung zu achten, denn die Nebenstrecke rüber nach Rollsbach und Wieden gehört in die Klasse „kleine, unbekannte Panoramastraßen" (einfach dem Gasthof-Schild *Auerhahn 3 km* folgen). Zunächst führt die Route über die höhergelegenen Höfe Aiterns, dann in Kehren über Weideland bis zu einem kleinen Parkplatz und einer nur sanft ausgeprägten Paßhöhe mit dem bemerkenswert eleganten Namen AUF DEN WINDEN (830 m): weite Sicht ins Wiedener Tal, perfekte Tourenmöglichkeiten, ein positiver Fleck (Hinweise vgl. übernächste Seite).

Die krumme Tour für Minderheiten läßt sich – schier verkehrsfrei – fortsetzen: Von der Paßhöhe Auf den Winden sanfte Abfahrt nach Rollsbach (Auerhahn). Dann weiter Höhe haltend die sehr reizvolle Weiterfahrt auf einer schmalen Waldfahrstraße zum höhergelegenen Wieden-Laitenbach (einfache Einkehr: Café Bergblick).

Die Strecke ist eigentlich zu schade fürs Auto! Aber was soll's, die mobilen Schichten orientieren sich mittlerweile ja weitgehend an der ADAC-Freizeitkarte, was kein Fehler sein muß. So sitzt man oben zwischen den Winden, allein im polsterweichen, herbstsonnig trockenen Gras, im Rücken eine Weidbuche. Es riecht nach Schwarzwälder Macchia, Wiesenthymian duftet, der Blick reicht rüber auf den Knöpflesbrunnen – Naturpark Südschwarzwald.

Weidbuche auf dem Tannenboden „Auf den Winden"

Tourenrevier: Abfahrt von Wieden-Rollsbach ins Wiesental

Wunderschön ist die Region auch im Winter bei Neuschnee! In Wieden-Rollsbach hängt an bald jedem Stall ein Schild, das auf Hinterwälder-Zucht hinweist. Regional angepaßte Landwirtschaft mit gesundem Vieh auf freier Weide – gut für die Qualität, gut für die Landschaft. In Zeiten von billigem Fleisch aus engen Ställen ein seltener Aufwand, der den meisten leider am Gaumen vorbeigeht.

⊃ **Wanderung/Tour/Loipe:** An der Paßhöhe Auf den Winden (830 m, zwischen Aitern und Wieden-Rollsbach, Parkplatz, Wegweiser) Beginn herrlicher Wanderwege und Skispuren in Richtung Belchen und Wieden/Oberrollsbach. Ideal in Kombination mit der Einkehr im Auerhahn, Rollsbach. Schöne Weidbuchen stehen z.B. auf dem Tannenboden.

Schön zu gehen der Lärchenweg (ab Paßhöhe Auf den Winden): zunächst mäßig steigend durch Naturschutzgebiet, der Wegverlauf führt einen von allein zu den Attraktionen der Gegend: Weidbuchen in allen Entwicklungsstadien von Sprößling bis Opa, längs der Wege schöne Lesesteinmauern, allmählich beginnende Alpensicht, die mit ansteigendem Weg zum Panorama wird. Deutlich wird leider auch hier wieder die zunehmende Verwaldung der offenen Weidelandschaft: zunächst erobert der Adlerfarn ganze Hänge, Böschungen wachsen mit Pionierhölzern zu, später folgen dann Nadelwälder.

Die stille Tour: Von Aitern zum Auerhahn in Rollsbach

Nach zwei Kilometern verschwindet der Lärchenweg nur kurz im Wald, wer sich Richtung Wieden hält, erreicht weiter oben auf der Kälberweide wieder einen herrlichen Aussichtspunkt (auch Loipe, Feldberg und Alpenblick); wunderbare Höhenwege führen von hier weiter bis Wieden, lange Passagen am Waldrand entlang, stets mit Sicht. Insgesamt eine der schönsten Touren über dem Wiesental.

➲ **Skitour:** Die gesamten Hänge auf der nach Südosten exponierten Seite des Wiedener Tales eignen sich zum Einlaufen für die Skitourensaison. Ausgangspunkte: Wiedener Eck (Busverbindung sowohl mit dem Belchen als auch mit Schönau. Ziel einer Abfahrt könnte Schönau im Wiesental sein, die Route führt dann über Rollsbach, auf den Winden (vgl. oben), Tannenboden und dann Loch ab bis Schönau (wegen der Tallage von Schönau allerdings nur bei optimalen Verhältnissen).

AUERHAHN – Rollsbach. Fast ein Wintermärchen: Der paar Häuser Weiler Rollsbach liegt wohlig in der Sonne wie eine schwarze Katze. Von den Dächern tropft Schmelzwasser, der Rauch steigt senkrecht ins Blaue und mittendrin eine verwunschen gelegene Einkehr überm Tal. Die Welt mit all

Gastronomisches Idyll: Auerhahn in Rollsbach

ihrem Lärm und Gedrängel kann einem hier gestohlen blei-
ben. Ähnliches gilt für den Spätsommer, wenn das Öhmd
aus der Scheune duftet und der Birnbaum auf der Matte
Farbe bekommt. Dann das gemalte Auerhahn-Schild, der
Tisch, die Holzbank und ein paar Stühle vor der Südfront.
Die Veranda mit Blick auf den Bauerngarten nebenan. Der
Luxus von Rollsbach.

Drinnen Balkendecke und eine gemütliche Wärmestube
mit gut eingesessener Ofenbank am flaschengrünen Kachelofen, ein Set wie im Heimatfilm. Kulinarisch verspricht
das Haus „ausgezeichnete Verpflegung, zum Teil aus eigener Landwirtschaft" – nun, die Vesper sind sehr brauch-
bar, Speck und Schinkenspeck sind außergewöhnlich. Die
warme Küche geht soweit in Ordnung, bemerkenswert die
zwei, drei Angebote von der lokalen Rindersorte Hinterwälder, die in dieser Gegend besonders häufig im Stall steht.
Etwa ein Kalbsgulasch mit breiten Nudeln oder auch Eintopf mit Rindfleisch. Hinzu kommen die weichen Faktoren:

Beinahe off-road: von Rollsbach nach Laitenbach

stimmungsvolle Lage und Originalstimmung. Ein seltener Aus-der-Welt-Fleck, auch wegen der wenigen, aber durchaus ratsamen Gästezimmer.

→ **Auerhahn** (Fam. Behringer), 79677 Aitern-Rollsbach, Tel. 07673-309. RT: Do. Preise: günstig, Übernachtung möglich und ebenfalls günstig, fünf Zimmer, drei mit Ostbalkon. Auffahrt sowohl aus dem Wiesental über Aitern – Auf den Winden (überaus reizvoll), als auch über Wieden-Königshütte oder Wieden-Laitenbach möglich (im Winter evtl. speziell). In den Wintermonaten ab Mittag etwas schattige Lage, da ♣ Freiterrasse nach Osten. Im Haus eine seltene Toilettenanlage mit Rinnenpissoir.

Rollsbach – Laitenbach – Wieden

Die Eskapade auf betont schmaler Straße läßt sich von Rollsbach rüber nach Wieden fortsetzen. Am reizvollen Bergsträßle über Laitenbach runter nach Wieden gab es früher sogar mal eine Tankstelle. So eine Einmann-Tank-stelle mit Klingel und Vollservice, aber die ist schon länger

In Wieden: Wege in den Landschaftspark

Geschichte. Ein Opfer fleißiger Weltverbesserer und Entkeimer wie das kleine Schlachthaus und der Dorfladen. Dafür kommen jetzt die Berater mit dem Dienstwagen und predigen das Regionale.

Der schmale Wald- und Wiesenfahrweg von Rollsbach nach Laitenbach wirkt der Landschaft angepaßt wie ein lange eingelaufener Weideweg. An den Böschungsrändern haben sich Sträucher und Bäume angesamt, die Beeren der Ebereschen werden im August rot, da und dort ein moosüberwachsener Steinhaufen oder ein Mäuerchen aus Lesesteinen, warm von der Mittagssonne. Manche Partie wirkt hier wie der Anfang eines Landschaftsparks. Im Spätsommer liegt der betörende Duft der Öhmdernte über allem. So ein Spätsommertag im Südschwarzwald kann es mit der Karibik aufnehmen. Exotik, Anmut, Sinnenkitzel, alles da und auf manchem Sonnenbänkle drängt sich unweigerlich die Frage auf, ob es denn immer eine volle Badewanne im Süden sein muß.

Restidyll unterhalb der Utzenfluh in Utzenfeld

Die Utzenfluh

Früher war sicher nicht alles besser, aber es flogen immerhin noch Apollo-Falter im Südschwarzwald. Auch und gerade um die Utzenfluh. Die felsigen Südhänge der Wärmeinsel oberhalb Utzenfeld sind von der Bundesstraße 317 aus eben noch zu erkennen. Und warum erzählt er das alles? Nun, alte Aufnahmen zeigen das gesamte Felsgebiet nordwestlich von Utzenfeld kaum bewaldet. Damals konnte sich die Futterpflanze der Apollo-Raupe, die Fetthenne, noch behaupten. Erst die Verwaldung der Weidehänge führte zu ihrem Verschwinden und damit zur Auslöschung der letzten Apollobestände. Und warum verwalden die Weiden? Weil der Milchpreis unten ist. Übrigens kaufen nicht mal alle Eingeborenen die etwas teurere Schwarzwälder Milch. Es gibt auch Milchbauern, die kaufen ihre Schmelzkäseecken im Großmarkt und beklagen sich über die niederen Auszahlungspreise von Breisgaumilch. Ja, wir lieben alle die offene Landschaft, aber den Käse holen wir im Supermarkt. H-Milch, Scheibletten und Argentinisches Rindersteak sind Apollos Tod.

Heute ist der steile Südhang oberhalb der Gemeinde Utzenfeld ein 84 Hektar großes Naturschutzgebiet. Die felsendurchsetzten Trockenhänge bilden eine selten warme Klimainsel im Südschwarzwald. Die Flächen werden nicht oder nur extensiv genutzt, eine artenreiche Insekten- und Vogelwelt ist die Folge. Besonders groß der Reichtum an wärmeliebenden Pflanzen- und Käferarten.

Aber auch der wandernde Laie bemerkt das artenreiche Vegetationsbild als Folge der Klimagunst. Im zeitigen Frühjahr beherrscht weiß blühende Felsenbirne das Bild ganzer Felspartien, daneben später Blütenpflanzen von der duftenden Schlüsselblume über Akelei bis hin zu Orchideen, wie Waldhyazinthe, Knabenkraut und der seltenen Mücken-Handwurz (Orchideen sind geschützt!).

⮑ **Zugang zur Utzenfluh** u.a. ab Rathaus Utzenfeld beschildert.

KNÖPFLESBRUNNEN – bei Utzenfeld. In 1.124 m Höhe und freier Südlage wartet eine der schönstgelegenen Almgaststätten, mit ♠ gekiester Terrasse und warmer Sonnenbank entlang der Holzfassade. Drumrum Weiden und Weidbuchen, alte Gesellen mit elephantengrauen Stämmen, eine angenehmere Rückenlehne ist kaum vorstellbar. Dazu weiche Graspolster, Blick über das Wiesental und bei hellem Wetter Alpensicht – ein Platz mit Perspektiven. Soweit das Äußere. Drinnen im Knöpflesbrunnen dominiert dann eher die konventionelle Form der Hüttengemütlichkeit, eine Kachelofenbank, vor allem aber das Panoramafenster mit Blick nach Süden bis ins Berner Oberland sorgen dennoch für ein besonderes Gefühl. Die einfachen Warmspeisen bieten das Erwartbare, manche Basisprodukte der Vesper stammen

Lage, Lage, Lage: Knöpflesbrunnen bei Utzenfeld

aus regionaler Quelle, zur Saison besonders breite Kuchenauswahl. Den Zauber des Platzes macht aber die solitäre Lage aus, die dem Knöpflesbrunnen schon therapeutische Qualitäten verleiht – ein Gefühlsverstärker. Vorausgesetzt, man erwischt einen ruhigen Tag außerhalb der ärgsten Wanderwochenenden.

→ **Knöpflesbrunnen** (Fam. Stiegeler), Tel. 07673-888455, www.knoepflesbrunnen.de. Ein Dreier-, bzw. Doppelzimmer mit Dusche und WC, ein Achtbettraum. RT: Fr. Von Ostern bis in den Herbst geöffnet (bis Ende November), im Winter auch über Weihnachten und Fasnacht oder auch nach Vereinbarung offen. Zufahrt ab Utzenfeld-Königshütte auf einer ca. 4 km langen Forststraße steil aufwärts (im Winter nicht geräumt);

⊃ **Wandern:** Der Knöpflesbrunnen bietet nicht nur eine Höheneinkehr, sondern ist auch ein günstiger, hoch gelegener Ausgangspunkt für weite Runden oberhalb der südexponierten Hänge des Wiedener Tals. Hier gilt des öfteren: sich mit den Weidbuchen gut stellen, bzw. setzen. Wunderbar z.B. der Weg von Wieden kommend. Auch gleich oberhalb der Gaststätte, an der Wegspinne, eine wunderbare Weidbuchenformation mit Stämmen unterschiedlichen Kalibers, manche davon als bequeme Rückenlehne gewachsen. Anziehende Landschaft, positive Ausblicke.

In Ittenschwand

27 ▶ Panoramica im Wiesental: Westseite

„Einen ausgezeichneten Überblick über alle Terrassensiedlun-
gen hat man von der Bergstation des Skilifts am Horn bei Hof.
Dabei fällt auf, daß die Mehrzahl der Häuser Schwarzwald-
häuser sind; diese gehören dem Typ des Schauinslandhauses
an. Dank einer ausgesprochen bodenständigen und tradi-
tionsbewußten Bevölkerung sind so gut wie alle Häuser in
einem guten Zustand. Ausdruck dieses Bewußtseins ist auch,
daß alle alten Weiler noch von Apfel-, Birnen-, Zwetschgen-
und (ab und zu) Kirschbäumen sowie gutgepflegten Wiesen
– meist mit Be- und Entwässerungsgräben – umgeben sind.“
Der Landkreis Lörrach, Bd. 1.

Mit ihren acht Weilern, die über die Sonnenhänge des Wiesentals verstreut sind, hat die Gemeinde Fröhnd siedlungs-
geographisch kein Gegenstück im Schwarzwald. In der engen Talsohle der Wiese, die das Gemeindeareal durchschnei-

Im oberen Wiesental: Feldberg weiß, Tal grün

det, war kein Platz für eine größere Ansiedlung, so entstanden Siedlungskerne auf höhergelegenen Hangterrassen. Zu den zitierten alten Walmdachhöfen vom Typ Schauinsland kamen in den letzten Jahren zwar einige Neubauten vom Typ Pendlerglück dazu, etwa am Ortsrand von Kastel und Hof, aber im Grunde ist Fröhnd ein Glücksfall, der sogar amtlich bestätigt wurde, mit einer Goldmedaille fürs schöne Dorfbild.

Noch schöner – jedenfalls für eine touristische Eskapade – sind die heuwagenbreiten Nebenstraßen, welche die Sonnenhänge zwischen Fröhnd und dem Zeller Bergland erschließen. Es geht rauf und runter, manchmal bis in die hinterste Bergfalte hinein, wo sich noch im Hochsommer feuchte Kühle hält und im Winter der Reif nicht weicht. Dann wieder raus auf einen Sonnenhang mit Panoramablick. Dabei hat jede Talflanke zwischen Schönau und Zell ihre eigene Panoramica – beginnen wir auf der Westseite in Fröhnd-Hof:

Holz in Hof

Fröhnd-Hof. Von der verkehrsreichen B 317 im Wiesental bei Wembach ist man in knapp zwei Kilometern oben in Hof, und zugleich in einer anderen Welt. Ein Gunstplatz, 670 Meter hoch gelegen auf einem Sonnenplateau über dem Wiesental. Eine Verandaanlage, wie sie wenig weiter südlich nur noch der Zeller Ortsteil Pfaffenberg bietet. Schon auf den ersten Blick bemerkenswert sind die stattlichen Höfe von Hof, mit ihrer mächtigen Walm, einzelne davon noch mit den typischen, bergseitigen Auffahrten in die alten Scheunenböden. Dann die üppigen Bauerngärten: das Klima hier ist außergewöhnlich mild, darauf weisen Stechpalme, Buchsbaum und selbst Nußbäume hin, die hier noch in Lagen bis 700 m gedeihen, an einem Hof rankt sogar eine Weinrebe empor. Auch die heiteren Streuobstwiesen um Oberhepschingen zeigen an, daß hier kein Finstergrund ist. Bevor es aber auf die Panoramahänge in Richtung Zell-Pfaffenberg geht, wäre eine, die einzige Einkehrmöglichkeit zu beachten:

Romantikziel In Fröhnd-Hof: Hirtenbrunnen

HIRTENBRUNNEN – Hof. Auf den ersten Blick wirkt der Hirtenbrunnen wie ein Traum vom heilen Schwarzwald. Gartentörle, Brunnen, Plattenweg, drumrum reichlich Gartenwildnis. Dann die Holzfassade eines 400 Jahre alten Hofes, um's Eck eine ♠ Sonnenbank, die ihresgleichen sucht. Auch innen Nostalgie vom Riemenboden bis zur Holzdecke. Man müßte mal einen Sack voll Schreinermeister hier hochbringen und fragen, warum die Spanplattenzunft mittlerweile so verkommen ist. Andererseits fällt vor solchem Hintergrund manche stilistische Sünde auf und der Hirtenbrunnen hat sich im Lauf der letzten Jahre doch ziemlich verändert: es wurde munter an-, um- und ausgebaut, die Aussicht vom Garten wächst mehr und mehr zu.

So mischen sich hier potentiell paradiesische Zustände mit einem recht nüchternen Alltag, was auch für das Angebot an Vesper, Kuchen und Warmspeisen gilt. Letztlich bleibt aber gerade hier oben alles Geschmacksache. Man wird im Hirtenbrunnen satt, viel mehr wäre meinerseits nicht zu

Jeder packt an: Heuernte historisch im Wiesental

berichten. Dazu gibt's recht unterschiedlich ausgestattete Zimmer unter der alten Walm. Gesamthaft gesehen ein Haus wie der Schwarzwald – ein Traumfleck mit Kanten.

→ **Café-Pension Hirtenbrunnen** (Sago Müller), 79677 Fröhnd-Hof, Tel. 07673-425, Fax: 7713, www.hirtenbrunnen.com. Werktags ab 14 Uhr, Sa und So ab 11 Uhr, RT: Mo. Preise: günstig-mittel. Neues Sauna-Blockhaus im Garten.

Luis-Trenker-Gefühl am Hornlift

Neuerdings erfreuen sich auch Rodelhänge wieder einiger Beliebtheit. Wobei die Renaissance des Schlittelns Teil einer größeren sozialen Entwicklung sein dürfte: „Schlittenfahren erfordert wenig Körperdisziplin, die Ausrüstung ist billig, die Eltern können ihre Kinder unbeaufsichtigt rumtoben lassen. Paßt doch perfekt in die Zeit." Der das sagt, hat es öfter

Retrowintersport – am Hornlift bei Fröhnd-Hof

mal mit jenen Eltern zu tun, die ein Gasthaus auch wegen seiner Vorteile als Basisstation besuchen. In der Mikrowelle die Gläschen für die Kleinen wärmen lassen, dann zum Pampern auf die Toilette, anschließend kollektives Abtauen bei zwei Glas Tee. Macht wenig Umsatz und große Pfützen unterm Tisch. Diese dienen hernach als Abenteuerspielplatz für den aufgetauten Nachwuchs. Wobei es wenig nützt, Eltern an das Recht ihrer Kinder auf Erziehung zu erinnern, Gutmenschen sind per se im Recht. Die Rundumtoleranz zeigt Wirkung.

Andererseits eröffnet das zeitgenössische Rudelverhalten auch Perspektiven. So warten nur ein paar Kilometer abseits bekannter Bergparkplätze idyllische Wintermärchen. Der HORNLIFT zwischen den Fröhnder Ortsteilen Hof und Ittenschwand ist so ein nostalgischer Winkel. Wenn ausnahmsweise mal Schnee liegt, wähnt man sich hier in Luis Trenkers Zeiten – Berg frei! Die Sonnenhänge rings um die Fröhnder

Panoramica: zwischen Oberhepschingen und Pfaffenberg

Ortsteile werden damit zum Ziel für jene Minderheit, die das Anstehen nicht zu den Bergsportarten zählt.

Ähnliches gilt für die Sommersaison: Wenn sich am Belchen die Wandergruppen am Parkscheinautomaten treffen – um Ittenschwand und Oberhepschingen hat es Platz.

⮑ **Wandern/Radtouren:** Ein günstiger Ausgangspunkt für Wanderungen ist der Wanderparkplatz auf der Anhöhe zwischen Hof und Ittenschwand (**Tannenboden**, auf ca. 700 m). Zahlreiche weitere Möglichkeiten folgen im Verlauf der kleinen Höhenstraße, die über Oberhepschingen rüber nach Zell-Pfaffenberg führt.

- Der **Skilift** am Ittenschwander Horn ist bei einem Höhenunterschied von immerhin 310 Metern gut 1000 m lang. Oben am Horn (996 m) wunderbarer Blick vom Feldberg bis ins Berner Oberland, wegen seiner bescheidenen Höhenlage ist der Hang allerdings nicht schneereich.

Talblick bei Pfaffenberg – auf die Kapelle Maria Frieden

Panoramica West: Hof-Hepschingen-Pfaffenberg

Die Fröhnder Teilorte an der Westflanke des Wiesentals sind mit einer wenig befahrenen Höhenstraße verbunden, Abfahrten führen zur Bundesstraße 317 im Wiesental. Eine schmale Panoramastraße, die großen Landschaftseindruck bietet; Partien entlang der Route sind zu Fuß, mit Auto oder Rad ein Gewinn. Der Wechsel zwischen gut erhaltenen Weilern, offener Kulturlandlandschaft und Wäldern ist eine Augenfreude. Ein Manko ist der Mangel an akzeptablen Einkehren, im Winter kommen längere Schattenperioden hinzu. Ein Zustand, der sich im horstartig gelegenen Zell-Pfaffenberg wieder verbessert, dort aber drastisch.

Zell – Pfaffenberg: Unten um Zell-Atzenbach wird es eng, auf der Talsohle ist kaum Platz für Verkehr und Wiese; auf den sonnigen Hängen darüber eine heitere Welt. Schon die Auffahrt von Zell-Atzenbach nach Pfaffenberg macht Laune und oben kommt es noch besser: die Südhänge um

Die Terrasse im Zeller Bergland: Schlüssel in Zell-Pfaffenberg

Pfaffenberg sind ein Wiesentäler Schatzkästlein: Als Extra in Pfaffenberg ein gepflegter Gasthof, dazu gutbestückte Bauerngärten und ein Brunnen, der wunderbar weiches Wasser spendet. Ein Brunnen, endlich mal ohne das Schild „Kein Trinkwasser". Trinkwasserbrunnen sind in deutschen Gemeinden ja längst die Ausnahme. Eine seltsame Gemeindepolitik, die mediterranes Kübelgrün und exzessive Betonsteinpflasterei subventioniert, damit sich Gemeindeobere vor dem neuesten Renommierstück ablichten lassen, und was fließt aus dem Brunnenstock: „Kein Trinkwasser".

SCHLÜSSEL – Pfaffenberg. Ein Schwarzwaldgasthof in Akropolislage. Drinnen gemütlich, gepflegte Speiseräume, davor ♠ die Sonnenterrasse mit Breitwandsicht auf die wiesentäler Landschaft. Für einen Ausflugsgasthof bietet der Schlüssel ein ambitioniertes, freilich recht breit gespanntes Angebot von Pasta über Wild bis zu unser aller Putenbrust, die in solchen Lagen wohl ebenso unvermeidlich ist wie eine „Familienpfanne" und allerlei nette Rahmsuppen. Abseits solcher

Wege mit Sicht: Parkplatz Zimmerberg bei Pfaffenberg

Zugeständnisse an Frau Mustermanns Geschmack pflegt der Schlüssel schon seit Jahren sein kulinarisches Kernangebot, wozu auch reichlich Wild gehört. Die Weinkarte ist für ein Haus in solcher Ausflugslage außergewöhnlich und mit Engagement zusammengestellt. Also wird hier oberhalb des üblichen Bollenhutniveaus gearbeitet und bei geschickter Auswahl findet sicher jeder etwas. Fazit: In der Klasse bürgerlich Einkehren mit Panoramablick ist der Schlüssel ohne Konkurrenz im Zeller Bergland, für die exeptionelle Lage gibt es ohnehin eine Haube extra.

→ **Berggasthof Schlüssel** (Fam. Lafferentz), 79669 Zell-Pfaffenberg. Komfortable Fremdenzimmer, erhabene Lage, reizvolle Wanderregion. Guter Platz für ein stilles Wochenende. Tel. 07625-375, Fax 9632. RT: Mo und Di. Preise: mittel.

➲ **Wandern:** Zwei lohnende Ausgangspunkte liegen oberhalb Zell-Pfaffenberg: Zunächst wird der panoramisch gelegene **Zimmerplatz-Parkplatz** erreicht (an der Auffahrt zu den winzigen Weilern Käsern/ bzw. Blauen, am Fuß des 1.077 m hohen Zeller Blauen).

Weiter und höher in Richtung Blauen folgt dann der **Blauen-Wald-parkplatz** (auf 830 m). Die Wandermöglichkeiten auf der Süd-Ostseite

Qualitätsmetzger an der Bundesstraße

des Zeller Blauen sind vielfältiger und vom Landschaftscharakter her freundlicher als jene auf der steilen, stark geschluchteten Westseite des Berges, im Bereich um Elbenschwand.

■ **Metzgerei Wassmer**, in Zell-Atzenbach: „Schwarzwälder Spezialitäten" steht an der Hauswand und so ist es auch – Breitseite, Schinkenspeck und Speck (und andere Regionalia) in überdurchschnittlicher Qualität gibts hier, direkt an der Bundesstraße 11. Die Metzgerei wurde erst seit September 2008 in die kundigen Hände des jüngeren, freundlichen Metzgermeister übergeben. Auch der gereicht, wie sein Vorgänger, der Zunft zur Ehre. Besonders bemerkenswert sind: die schöne Auswahl an gut abgehangenem Hinterwälder Rindfleisch und, neben dem gerauchten Schwarzwälder Schinken, die selten gelungene Spezialität von ausschließlich luftgetrockneten (also nicht gerauchten) Speckseiten. Die reifen nach dem Einsalzen über mehrere Monate in der Höhenluft am Produktionsort Rohmatt, weit oben im Wiesental. Fein-aromatisch, nicht übersalzen, mit einem wunderbar weißen, kernigen Speckanteil.

→ Metzgerei Edelbert Wassmer, 79669 Zell-Atzenbach, ab der Bundesstraße Nr. 11, Tel. 07625-385, Filialen in Wehr-Öflingen, Wehratalstr. 65 und Grenzach-Wyhlen, Markgrafenstraße 6. Produktion in Rohmatt 28, Tel. 07625-98359 (gehört zur Gemeinde Häg-Ehrsberg).

Ein Platz mit Blick: Gresgen zwischen Großer und Kleiner Wiese

Zell-Gresgen: Zwischen dem mitunter etwas engen Talgang von Großer und Kleiner Wiese liegt das Dorf Gresgen auf einer sonnigen Hochterrasse auf gut 750 Metern Höhe. Nichts erinnert hier an die bisweilen ziemlich eingeklemmten Siedlungsformen unten im Tal bei Zell oder um Tegernau. Das Hochplateau von Gresgen fällt steil nach Süden ab, im Rükken sind die Berge. So fühlt man sich oben in Gresgen schon am Saum zwischen Schwarzwald und lieblichem Oberrheinland. Wer zum Waldparkplatz über dem Ort hochfährt, blickt an klaren Tagen nach Frankreich, bis weit in die Schweiz und zur Alpenkette.

ZUM GÄSSLE – Zell-Gresgen. Der Landgasthof Gässle heißt nur so – die Lage an einem Sonnenhang am Rand von Gresgen ist alles andere als im Gässle. Panoramafenster geben Licht, eine ♠ Terrasse nach Süden bietet bis weit in den Herbst hinein Solariumqualität. Dabei wirkt der 90er Jahre Neubau aus der Ferne zunächst eher wie ein braves Wohn-

Einfach gut: Gässle in Gresgen

haus. Die Wandlung zum Gasthaus liegt auch erst ein paar
Jahre zurück. Dank der initiativen Wirtsfamilie Hanke kam
es hier, ausgerechnet in einem Weiler des Zeller Berglandes,
zu einer erfolgreichen gastronomischen Neueröffnung. Also
finden nun sowohl streunende Wanderer als auch wohnzim-
mermüde Einwohner eine zuverlässige Einkehr. Zur Wahl
steht die freundlich helle Stube mit Kachelofen, aber ohne
Wälderbarock, sowie eine Terrasse mit Weitblick.

Das anständige Vesper- und Speisenangebot korrespon-
diert wie Atmosphäre und Ablauf im Haus mit der ländlich,
aufrichtigen Umgebung. Also gibt's ordentlich Kalorien statt
bemühter Kulinarik; günstig für Wandersleut' auch der Service einer durchgehend warmen Küche. Bodenständig das
Angebot von der guten, groben Bratwurst bis zum Cordon
Bleu, das mittlerweile weithin gerühmt wird, auch Schnitzel
und Salate in allerlei Variationen. Solide Wurst zum Vesper
mit Bauernbrot, an einzelnen Tagen gibt es auch Innerei-
en wie Leberle und Kutteln – jeweils mit Rösti und Salat,

Die „Schöne Buche" von Gresgen

in der kalten Jahreszeit natürlich auch Metzgete, die gastfreundlich nicht nur komplett als Schlachtplatte, sondern
auch in Teilmengen angeboten wird. Umfang und Qualität
der Fleischwaren beeindrucken durchaus, Kuchen dito. Am
Wochenende, besonders aber am Sonntagmittag, wird das
Gässle zum beliebten Essenstreff. Eine ganze deutsche Familie friedfertig an einem Tisch sieht man ja nicht mehr so
oft, hier im Gässle kommt sowas noch vor. Alles zusammen
die richtige Wirtschaft am richtigen Fleck, oder auch: Gresgen und Gässle, paßt zusammen.

→ **Gasthaus Zum Gässle** (Fam. Hanke), 79669 Zell-Gresgen, Nr.
21A, Tel. 07625-8088. Di bis Fr ab 11 Uhr, Sa und So ab 10 Uhr (Küche
durchgehend), RT: Mo (Dez. bis Mai: Mo und Di). Preise: günstig.

28 ▶ Panoramica Ostseite: Holz – Stadel – Ehrsberg

Von der Bundesstraße durchs Wiesental zweigt wenige Meter südlich von Wembach die Kreisstraße 6303 ab. Schon nach kurzer Auffahrt erreicht man gelobtes Land. Blick und Stimmung weiten sich mit jeder Kehre, die Straße führt an gepflegten Höfen und gefälligen Siedlungen vorbei, über offenes Wiesen- und Weideland Höhe gewinnend. Das Holz ist ordentlich geschichtet, die Wiesen wirken parkartig gepflegt. Es lohnt sich, mit dem Aussteigen zu warten, bis der Weiler Holz auf 770 m erreicht ist (Gaststätte und überlegener Wanderparkplatz am Holzer Kreuz, vgl. nächste Seite).

Verkehrsarm und luftig: Auf der Höhe bei Ehrsberg

Die kleine Panoramica führt von Fröhnd-Holz weiter in südlicher Richtung und spektakulär am Hang entlang über Vorder- und Hinterstadel (historische Klopfsäge) bis rüber nach Ehrsberg (854 m), das in exklusiver Lage auf einem Höhenrücken über der Talsohle thront.

Auf der gesamten Strecke zwischen dem von weit sichtbaren Holzer Kreuz und Ehrsberg zahlreiche Aussichts- und Sonnenplätze, nur am Wochenende muß man hier mit etwas Auftrieb rechnen. Verglichen mit bekannteren, feldbergnäheren Plätzen bleibt es dennoch erträglich und beruhigend provinziell. Binnentourismus von der angenehmeren Sorte, unter der Woche eine Erholungslandschaft im Wortsinne.

Sonnenplatz am Holzer Kreuz

HOLZER KREUZ – Holz. Gut 200 Jahre alt, nach und nach renoviert, prächtig gelegen. Genau da, wo ein Gasthaus liegen muß: In der Sonne, an der Kurve, mit Talsicht. Selbst an einem Sonnentag im Winter fängt die Südseite genug Wärme ein für die Rast im Freien, dazu passen die wenigen, aber soliden Vesper: Sehr ordentlicher, eigener Speck, dito Vesper wie Hausmacherwurst, gute grobe Bratwürste, Schäufele, Käsesortiment aus der Gersbacher Käseküche, Alpkäse, auch Schnitzel und Salat, die Stärke liegt jedoch bei den Brotzeiten mit hausgebackenem Brot und eigener Butter.

Das Holzer Kreuz ist eine einladende Stätte mit der persönlichen Atmosphäre eines Familienbetriebes, der bei Andrang auch mal seine Grenzen erreicht. Die Gaststube wurde innen zwar mit pflegeleichtem Kunststoffboden versehen, sie wirkt dennoch gemütlich mit umlaufender Holzbank und altem Kachelofen (die Motivkacheln!). Außen mit einer der vorzüglicheren ♠ Terrassen über dem Wiesental. In der Klasse „Vesperplatz in Bestlage" rangiert der Ort somit ungefährdet auf den vorderen Rängen.

Auf dem Grasweg: zwischen Holz und Ehrsberg

→ **Holzer Kreuz** (Fam. Kiefer), 79677 Fröhnd-Holz, Tel. 07673-286, Gästezimmer und Ferienwohnungen. Offen: So 10 bis 20 Uhr (Mittagstisch von 11.30 bis 14 Uhr), Mo bis Mi und Sa 14-20 Uhr geöffnet, Fr 17-20 Uhr (Küche jeweils bis 19 Uhr), RT: Do. www.froehnd.de

↻ **Wandern I:** Sehr gute (auch im Winter sonnige) Möglichkeiten ab **Holzer Kreuz**, Wanderparkplatz (auf 814 m), Aussichtspunkt, abgehobene Stimmung. Direkte Zufahrt über Fröhnd-Holz, diverse Rundwege beschildert.

↻ **Wandern II:** Ein weiterer Ausgangspunkt für vielfältige, teils auch wintersonnige Routen in der Region Holz-Ehrsberg liegt ca. 1 km nördlich, oberhalb Ehrsberg. Dort Abzweigung und blickreiche Auffahrt zum Wanderparkplatz **Beim Kreuz/Waldmatt** (963 m, mit Orientierungstafel). Der Parkplatz erschließt ein Wegkreuz, das Touren in alle Himmelsrichtungen ermöglicht. Lohnender Weg nach Süden über offenes Weideland in Richtung Angenbachtal, Querung des Tals östlich oberhalb Schürberg und durch die Wälder um Großes Moos, Zimmerplatz (1.091 m, Weg/Straßenkreuzung) und Herrenschwander Kopf zurück. Im letzten Abschnitt teils durch prächtige Tannenbestände des Ehrsberger Gemeindewaldes. Vom Waldmatter Kreuz ist die Durchfahrt nach Herrenschwand auf gut ausgebauter Forststraße möglich.

Nichts als Landschaft: zwischen Rohrmatt und Gersbach

29 ▶ Sonniges Ende im Angenbachtal

Erst eng und klamm, dann weit und sonnig: Bei Mambach im Wiesental zweigt die Landstraße 146 in Richtung Rohmatt und Todtmoos ab. Eine zunächst eher unscheinbare Route im tief eingeschnittenen Kerbtal, die sich Freunde hinterer Winkel dennoch merken sollten. Mehr Urschwarzwald als oben zwischen Rohrberg und Gersbach oder gar um Mutter-bühl und Simmelebühl geht nicht. Doch dazu später. Noch sind wir ganz unten im Tal in Mambach und dort wirken ein paar Hausfronten noch immer wie Relikte aus der Zeit von Opel-Rekord und Ford-Taunus: Werbeschilder für Veedol-Schmierstoffe, an der Werkstatt war mal ein Emailleschild: „Reparaturen nur gegen Barzahlung". Lange hielt sich hier auch eine Hausfassade mit der Aufschrift: „Huf-Beschlag und Wagenschmied".

Von Mambach geht es dann ins erst mal enge, auch op-tisch herbe Angenbachtal. Aber weiter oben liegen ein paar der feinsten Sonnenbalkone des Wiesentals versteckt. Die steilen Weiden werden auch hier häufig vom Adlerfarn überwuchert. Ein Zeichen für rückläufige Viehhaltung und lahmende Landwirtschaft. Wo das Land nicht mehr beweidet wird, könnte nur zweimaliges Mähen im Jahr die Farnwucherung (und spätere Verwaldung) verhindern. Aber wer übernimmt solch schwere Arbeit, die keinen Ertrag bringt? Weiter oben im Wiesental wird die Verwaldung durch öffentliche Landschaftspflege zurückgedrängt (vgl. hierzu »Freunde und Feinde der offenen Landschaft« am Buchende).

Halbmond und Bergstüble: Die Landstraße 146 von Mambach nach Todtmoos führt längs der engen, oft feuchten Talsohle zunächst bis Rohmatt (gehört zum höher gelegenen Hauptort Häg-Ehrsberg). Der langgezogene Weiler am Angenbach wird noch immer von zwei Fabrikgebäuden dominiert, in denen ursprünglich eine Weberei (der sog. obere Betrieb) und eine Spinnerei (der untere Betrieb) waren. Die LANZ UND CIE. beschäftigte zur Mitte des 19. Jh. immerhin 150 Arbeiter, endgültig stillgelegt wurde die Textilproduktion im Jahr 1977.

Heute stehen neben den gefallenen Fabriken ein paar Wohnhäuser der herben Art, wenig weiter rosten Laster auf einem Werksgelände vor sich hin – vielleicht ein Drehort für den nächsten Tatort mit sozialem Hintergrund. Um Rohmatt versprengte Kleinstsiedlungen heißen Wölflisbrunn oder Husarenmühle, das klingt romantisch, ist es aber nicht. Es bleibt beim Südschwarzwald der eher düsteren Sorte und einer Straße, die im Winter Ihr ABS fordern wird, ansonsten: Obacht mit dem Gasfuß, die Pendler hier haben es meist eilig! Um Rohmatt also eher bescheidene Aussichten. Aber dann lohnende Routen in die Höhe:

1. Von Rohmatt über Rohrberg nach Gersbach (ab Rohrberg auf Waldfahrweg – eine ideale Strecke, um den neuen Allrad zu testen): Zunächst steil hinauf zum 800 m hoch gelegenen, einkehrfreien Weiler

Die große Schleife: von Rohrberg nach Gersbach

Rohrberg. Das Bedrückende der Tallage ist nun verschwunden, stattdessen sonnige Weiden, wenig oberhalb der letzten Häuser (wo auch die Asphaltstraße endet und der Waldfahrweg beginnt) ein herrlicher Mirador. Danach ca. 3,5 Kilometer auf ungeteertem Fahrweg durch Wald und Wiesen bis zum Wanderparkplatz **Schwellen** auf 1.002 m, der liegt schon jenseits des Wiesentals, oben beim Naturfreundehaus Gersbach.

2. Von Altenstein bis Mutterbühl: Eine Fahrt ans Ende, oder an den Anfang der Welt, je nachdem. Der Landstrich hier oben heißt jedenfalls nicht von ungefähr „Hinterhag". Von Rohmatt zunächst weiter dem Angenbach folgen und vorbei an der ebenfalls lohnenden Abzweigung nach Häg-Ehrsberg (mehr dazu vgl. weiter unten). Weiter talaufwärts rechterhand dann besagte, plötzliche Abzweigung einer Nebenstraße nach Altenstein, Sonnenmatt, Mutterbühl. Der Reihe nach:

Sonnenmatt: Das Tal verrät noch nichts von der Landschaft, die da kommt. Nur der Name Sonnenmatt erzählt etwas von diesem begnadeten Stück Wiesental: weiter Blick nach Süden und Westen, gerade mal 13 Höfe, fast alpin an steile Hänge gesetzt, kein Durchgangsverkehr, nix Wanderparkplatz, nirgendwo Heimatstuben, auch kein Vespertourismus.

Mutterbühl: Von Sonnenmatt aus geht es weiter hinauf in weiten Schleifen über Altenstein und – man glaubt es kaum – noch weiter bis Mutterbühl und Simmelebühl (850 - 880 m), zwei am-Ende-der-Welt-

Weit hinten im Zeller Bergland

Flecken. Was in Mutterbühl sonst noch zu finden ist, kann hier nur angedeutet werden:

BERGSTÜBLE – Mutterbühl. Der Fleck heißt zwar Bergstüble, es handelt sich aber um einen Außenposten in der seltenen Kategorie „bewirtetes Wohnzimmer". Oft stehen auch ein, zwei Tische draußen. Die wandern dann mit der Sonne und der Zeit (und den leeren Flaschen) bis in die Mitte der Straße, was kein Problem ist, weil die Straße hier ohnehin so gut wie aufhört. Bewirtet wird das Ganze von einer Seele von Frau, wobei das Wort „bewirtet" nicht paßt. Thekla Schmidt betreut ihre Gäste, neben manch anderem mit Rothaus und Wurstbrot, dazu auch mal ein Schnaps, oder ein Lachen und Auslachen. Bergstüble, Thekla Schmidt in Mutterbühl. Meistens, nicht am Donnerstag und am Samstag ab 19 Uhr, Tel. 07625-7790.

Auf der anderen Hangseite die Winzsiedlung **Simmelebühl**. Wie so oft im Land mit dem treffenden Namen Hinterhag auch hier wieder eine Herrgottslage, Paradiesgärtle vor den Höfen, nur der neue Langbau am Ende der Straße paßt nicht ins Bild. Weiter nach oben und komfortabel am Waldrand entlang führt nun ein breiter Weg; er erschließt gepolsterte Rastplätze, die in die Kategorie handliche Paradiese gehören. Heaven ist eben nicht nur „on the backseat of your Cadillac".

Anflug auf Häg (von Ehrsberg aus)

Vom Angenbachtal nach Häg und Ehrsberg

Kurz nach Rohmatt geht es kräftig hinauf zur Doppelge-
meinde Häg-Ehrsberg. Als erstes wird Häg erreicht, schon
von weitem zu erkennen an der katholischen Kirche, die
zusammen mit dem Friedhof ganz vorne auf dem Orts-
sporn liegt. Auffallend auch der spitz zulaufende Kirchen-
dachhelm. Auch im 600-Einwohner-Ort Häg gibt es, wie im
höhergelegenen Ehrsberg, eine bewirtete TANNE. Das Traditionsgasthaus entstand Mitte des 19. Jh. nach dem großen
Ortsbrand, der praktisch die gesamte historische Substanz
einäscherte. Zudem gibt es in Häg noch eine zweite, fast 200
Jahre alte Wirtschaft mit dem seltenen Namen Halbmond
(beachtliches Wirtshausschild, Speisen seit eh und je in der
Leberkäseklasse, alle Preise auf der Karte einstellig).

Im Lauf der Jahre haben die Häuser von Häg durch Umbauten und Renovierungen viel von ihrem alten Aspekt
verloren. In der Kreischronik steht hierzu: „Generell zeigen

sich im Ort kräftige Renovierungs- und Modernisierungsten-
denzen, wobei landwirtschaftliche Funktionen kaum noch
augenfällig in Erscheinung treten." Das war nicht immer so.
Die kleinen Siedlungen im sogenannten Hinterhag um Häg
und Ehrsberg waren typisches Kleinbauernland, also auch
ein armes Land. Zu Beginn des 20. Jh. gab es knapp 250
Landwirtschaftsbetriebe, mehr als ein Drittel davon bewirtschaftete weniger als zwei Hektar Land. Keine zwei Hektar
in 700 Meter Höhenlage, magere Wiesen, späte Fröste, man
mag sich heute kaum noch vorstellen, was für ein Leben das
bedeutete. In Häg gründetet ein Dorflehrer schon Mitte 19.
Jh. eine Baumschule, „der nachhaltige Erfolg des Obstbaus
blieb allerdings klimabedingt aus", so die Chronik. 1983 gab
es noch 120 Landwirtschaftsbetriebe, aus Scheunen und
Ställen sind längst Garagen und Anbauten geworden.

In weiten Schleifen weiter hinauf bis Ehrsberg (320 Einwohner auf 890 m). Auch hier oben haben Feuersbrünste
immer wieder Höfe zerstört. Nicht zu übersehen an der
Zufahrt aus Häg linkerhand das ganzkörperverschindelte
Gebäude der alten Schule mit beachtlicher Vierseitenwalm,
warme Farbe der sonnengegerbten Holzschindeln.

TANNE – Ehrsberg. Etwas von der alten Zeit ist noch in der Tanne,
die im Jahr 1837 erbaut wurde. Im Urgastraum vor der Theke wenige
Tische, kuschelige Raumhöhe, ländliche Bewirtung. Seit Jahr und Tag
bietet die Karte auch einen Klassiker aus der Adenauerzeit, das „Blu-
menkohl-Käsemedaillon mit Soße", Salatteller (aktuell zu 6 Euro). Se-
niorenteller, Hähnchenbrust, Cordon Bleu oder Vesper gehen aber auch.
Zudem erfüllt die Tanne die vornehme Aufgabe aller Dorfwirtschaften,
nicht nur die kulinarische, sondern auch die soziale Versorgung sicherzustellen. Tanne, 79685 Häg-Ehrsberg, Tel. 07625-367. Im Sommer mit
kleinem Gartenbetrieb, RT: Do ab 14 Uhr und Fr.

⊃ **Wandern/Fahren:** Der Wegweiser in der Dorfmitte (auf 845 m) informiert über zahlreiche, vorwiegend sonnige Höhenwege. Hier beginnt
im übrigen auch die Panoramafahrt rüber zum Fröhnder Ortsteil Holz,
wie unter Tour Nr. 28 beschrieben.

Oben angekommen: Wanderparkplatz Eckhag bei Gersbach

30 ▶ Über Riedichen nach Gersbach

Eine kompakte Bergfahrt mit zwei interessanten Einkehren und einem günstig und hoch gelegenen Tourenausgangspunkt. Am Beginn, in **Zell-Atzenbach** wieder mal das gewohnte Wiesentäler Schema: Kaum ist die Bundesstraße 317 verlassen, beginnt eine andere Welt. Eng ins Tal gepackt wirkt zunächst Zell-Atzenbach, früher ein Standort der wiesentäler Textilindustrie, heute lohnt ein Halt bei der Metzgerei *Wassmer* (vgl. S. 278).

Während der Blüte der Textilindustrie am Ende des 19. Jh. waren hier 500 Leute beschäftigt, die Spinnerei war zu Beginn des 20. Jh. sogar einmal der größte Textilbetrieb in Baden. 1965 kam die Fusion mit der ZELL-SCHÖNAU AG, eine Notaktion unter dem Druck der Märkte, 1991 wurde der Betrieb der Spinnerei Atzenbach dann vollends eingestellt.

Von Atzenbach aus wird zunächst der höhergelegene Weiler **Riedichen** erreicht, hier wäre das Gasthaus Sonne,

Schinkenspeck kernig, Atmosphäre urig: Sonne in Riedichen

allein schon wegen seines legendären Schinkenspecks, ein ernsthaftes Ziel. Und dann wäre da noch die reizvolle Weiterfahrt in Richtung des Sonnenbalkons um Schlechtbach-Gersbach.

SONNE – Riedichen. Beim letzten Mal war es so: die späte Herbstsonne sorgte für ein zartes Licht auf der Fassade, im Schopf wurde Apfelsaft gekeltert, in den Hausgärten nebenan wurden die Beete abgeräumt, nur die Astern blühten noch aus dem Vollen. Einer dieser satten, warmen Erntedanktage, an denen der Südschwarzwald zu stiller Hochform aufläuft. Die Wirtin erklärte dann die Vorzüge vom eigenen Speck und Schinkenspeck: hauseigene Säue, eigene Schlachtung, nur zartes Anräuchern anstatt der groben Schwärzung, sodann lange Reife an der Luft mit entsprechendem Gewichtsverlust (den kommerzielle Massenanbieter natürlich vermeiden möchten). Heraus kommt ein selten kerniger Schinkenspeck, an dem allein schon das pure, weiße Fett zur Spezialität gereift ist, dessen zartes,

Indian Summer am Eckhag, zwischen Schlechtbach und Gersbach

aber schnittfestes Fleisch nichts von der Gummikonsistenz der Massenprodukte hat, dessen Aroma weder vollgeräuchert noch totgesalzen ist. Einfach ausprobieren. Außerdem und überhaupt geht es in der Sonne ländlich reell zu, man bekommt ordentlich was zu essen und der hausgemachte Kuchen ist auch eine Wucht. Gästezimmer im Haus. Summe: Kleine Wunder gibt es immer wieder.

→ Gasthof-Pension **Sonne** (Fam. Kiefer), 79669 Zell-Riedichen, Tel. 07625-392, RT: Do. Gästezimmer.

Von Zell-Riedichen (656 m) geht's auf schmaler Nebenstraße weiter hoch, erst am Weiler Gaisbühl vorbei, schließlich in den Wald und über den Kamm bis rüber nach Gersbach-Schlechtbach. Schon oberhalb von Schlechtbach, direkt beim Wanderparkplatz am **Eckhag** (887 m) wird die Haupt-

straße (K 6352) von Schopfheim nach Gersbach erreicht. Und zwar gleich an einer ihrer schönsten Stellen: so eine fulminante, fast schon auf der Höhe schwebende Ahornallee bietet auch der Schwarzwald nicht überall. Ein guter Tourenausgangspunkt wäre der Parkplatz am Eckhag auch noch:

➲ **Wandern:** Ab **Eckhag** auf die Hohe Möhr sind es nur noch 2,5 km; runter ins sonnige Schweigmatt mit seinem kuriosen kleinen und niedlichen Sommer-Freibad 5,5 km; nach Gersbach in den Waldhüter (vgl. unten) etwa 4 km, und nach Riedichen in die Sonne (vgl. vorne) etwa 3 km. Das müßte erst mal reichen.

Der Wanderparkplatz Schwellen liegt weiter in Richtung Gersbach, knapp 500 m oberhalb des Naturfreundehauses auf gut 1000 m Höhe. Eine Tafel mit dem scharfen Motto „Berg frei" informiert über relevante Wanderwege und Loipen am Fuße des Rohrenkopfes, so daß wir hiermit abschließen können. Erwähnt sei lediglich noch die wunderbare Talsicht vom Waldparkplatz Schwellen (1.002 m) auf einer Piste nach Rohrberg im Wiesental (vgl. auch Tour Nr. 29).

Ladenschluss in Gersbach

Gersbach scheint zunächst vorteilhaft gelegen: auf einer weiten und freien Hochfläche zwischen Wiesental und Wehratal, also schon nah am Hotzenwald. Aber richtig abgehoben liegen nur die obersten Häuser, der alte Siedlungskern unten bei der Kirche und beim Gasthaus Mühle liegt zwar geschützt, aber mit wenig Sicht in einer Mulde. Das bringt zwar Schutz vor dem Wind, der hier an der Kante des Südschwarzwaldes kräftig aufbrisen kann, aber es mangelt an der freien Panoramalage der Hotzenwald-Orte. Einzig die Häuser im oberen Ortsteil haben etwas Abgehobenes und hier liegt auch die interessante Einkehr, der *Waldhüter*.

Ansonsten liegt Gersbach weitab und unentschieden. Die Höhenlage um 900 m reicht selten für die Skilifte am Ort und an spezieller touristsicherer Attraktion mangelt es, der Strukturwandel im Ort ist fast greifbar. Große Zeiten sehen jedenfalls anders aus und jetzt hat auch noch das Kaufhaus Alfred Deiss geschlossen, lange Jahre einer dieser zähen All-in-one Versorger, die im Hochschwarzwald da und dort

Altes Haus mit neuem Leben: Waldhüter in Gersbach

überlebt haben. Im Herbst 2008 hing dann der traurige Hinweis an der Eingangstür: *„Verehrte Kunden. Dieses Geschäft mußte aus wirtschaftlichen Gründen geschlossen werden."*

ZUM WALDHÜTER – Gersbach. Ein alter Walmdachhof mit neuem Innenleben. Die Urzelle des Waldhüter ist ein denkmalgeschützter Hof aus dem 16. Jh., die mächtige Scheune wurde zum Saal, die Stuben zu heimeligen Gasträumen mit Holzbalken- und Kachelofenambiente. In der Klasse „gehobener Landhausstil" in Bestlage steht der Waldhüter ziemlich allein auf der weiten Flur um Gersbach. Puristen könnten über Details der im Grunde gediegenen Ausstattung erstaunt sein, in der Summe wirkt das Haus einladend und gastfreundlich – getragen vom Engagement des Schweizer Eigentümers, der sich hier den Traum vom Wirt erfüllt hat. Man ist stets bemüht, was auch für die Küche gilt. Die meisten Angebote liegen in mittlerer Preislage, das Spektrum bietet für jeden etwas, es reicht von der Vesperkarte bis zum Menü und saisonaler Metzgete. Auch das Publikum wechselt von Wandersleuten in Meindl bis zu Gesellschaften im Sonntagshäs. Inhaltlich findet man von Wild, über heimisches Weiderind bis zur Forelle allerlei gute Bekannte, wobei manches Detail auf der Karte für einen etwas bemühten kulinarischen Stil steht. So gibt es Salate in den Spielarten „bunt", „lustig" und „fröhlich", während das Waldbeerensorbet „prickelt". Ob Konstruktionen wie „Risotto-Kroketten" und „Nudelrisotto" kulinarische Geniestreiche sind, sei dem Urteil des geneigten Gastes überlassen. Service und Stimmung im Haus wirken jedenfalls angenehm und gastfreundlich.

Zur reizvollen Adresse wird der Waldhüter durch seine acht komfortablen und kuscheligen Gästezimmer, die jeweils unterschiedlich eingerichtet wurden und nach Lage und Ausstattung in der Region recht einzig sind. In Zeiten von Entkernung und Renditesanierung kommt es nicht mehr oft vor, daß jemand ordentlich Geld in die Hand nimmt und einen uralten Hof in ein gastliches Haus verwandelt. Hier ist es geschehen und es war gut so.

→ **Zum Waldhüter** (Christoph Meier), Gässle 7, 79650 Schopfheim-Gersbach. Preise: mittel. Acht komfortable Gästezimmer unterschiedlicher Größe und Ausstattung (gutes Frühstück), kleine Sauna im Haus. Saal für Feste in der alten Scheune, RT: Mo. Tel. 07620-98 89 00, Fax: 98 89 01. www.zumwaldhueter.de

Nicht verschwiegen sei der zweite Komfortgasthof am Ort, besser, unten im Ort: DIE MÜHLE. Deren Eventküche trifft freilich nur sehr vereinzelt meinen Geschmack, flexibles Regiocrossover könnte man das nennen, oder auch Weltküche in Gersbach. Wer's mag.

→ **Gasthof und Hotel Mühle**, Zum Bühl 4, 79650 Gersbach (Fam. Buchleither), Tel. 07620-904 00, Fax: 904 055. Preise: mittel-gehoben. Gästezimmer, auch Studios, Sonnenterrasse. RT: Di und Mi bis 15 Uhr. www.muehle.de

Käse von nebenan: Sennerei in Gersbach

■ **Gersbacher Chäschuchi:** eine leistungsfähige Kleinkäserei, deren Sortiment mittlerweile auch im engagierten Einzelhandel und in einigen Gasthöfen der Region zu haben ist (z.B. bei vielen „Naturparkwirten". Es wird Vollmilch (aber keine Rohmilch) zu einem guten Frisch- und Weichkäsesortiment verarbeitet, neben Frischkäse und Yoghurt (dieser nur offen) gibt es: einen Weißschimmelkäse (Typ Camembert), einen Rotschmierkäse Fetzenberger (ähnlich wie ein junger, milder Münster) und einen ca. sechs Wochen alten Schnittkäse (aber keinen lange gereiften Bergkäse, wie ihn Rohmilchkäsereien bieten). Öffnungszeiten in Gersbach: Mo und Mi 8-12 Uhr, Do 15 bis 18 Uhr, Sa 7.30 bis 12 Uhr. Tel. 07620-377 oder 1579.

Besser Einkaufen: Die Produkte der Gersbacher Käseküche werden mittlerweile auch in einigen Märkten angeboten, auch in den regionalen Supermarktketten von Hieber und Schmidt. Beide Marktketten führen neben dem üblichen Angebot auch ein breiteres Sortiment an Regionalprodukten (z.T. auch besondere Fleischqualitäten wie Weiderind etc.) , sowie andere Produkte aus der Region. *Hieber-Märkte* u.a. in: Lörrach, Binzen, Fahrnau, Kandern, Weil. *Schmidts Märkte* in: Rickenbach, Herrischried, Todtmoos, Schluchsee, Lenzkirch, Wehr, Bad Säckingen.

31 ▶ Eine Runde Hotzenwald

„Ein ehrwürdiges Institut aber darf nirgends fehlen, es ist der kolossale Kachelofen mit seinen steingedeckten, übereinandergeschichteten Ofenbänken."
JOSEPH VICTOR VON SCHEFFEL, 1853

Mein Freund sagt: „Der Hotzenwald ist mein Valium." Der Freund sagt auch: „Ich fahr' hoch und bin in einer anderen Welt." Stimmt, man fährt hoch und ist weg. Plötzlich Raum und Weite, nichts vom Berg- und Talschwarzwald, stattdessen Aus-der-Welt-Gefühl. Mitunter entsteht der Eindruck, man sei auf Einbahnstraßen unterwegs, so wenig Verkehr kommt einem „auf dem Wald" entgegen. Im Dorf wandern die Köpfe dem Auto hinterher. Auf den weichen Böden der alten Hochwälder läuft es sich wie auf einer Daunendecke. Es gibt kapitale Weißtannenwälder, keine Fichtenäcker! Es gibt Einkehren, die gehören unter Denkmalschutz und es gibt welche, die gehören amtlich versiegelt.

Erwürdiges Institut: Ofenbank im Engel, Engelschwand

Der Hotzenwald (die alte Grafschaft Hauenstein) ist auch ein soziales Rückzugsgebiet. Wer mal im ENGEL in Engelschwand zur Schlachtplatte eingekehrt ist, womöglich ofennah, weiß, was gemeint ist. Aber das wird mehr und mehr Geschichte. Die guten, die knorrigen, oft etwas verhagerten Gaststätten sind auch auf dem Wald selten geworden. Platz, Blick und Stimmung bleiben aber: Sonnige Waldränder mit Polstergras und Alpensicht, Hochmoore mit Holzbrückle und Glucksebach, dramatische Täler. Zum Beispiel das der Wehra – eng, klamm, tobsüchtig. Man muß nur die richtige Zeit erwischen, dabei hilft ein Klassiker:

„Am schönsten ist's an einem duftigen Herbsttag die Berge hinaufzuklimmen; da wallt und wogt ein dampfender Nebel über dem Rhein auf und ab und verhüllt Dächer und Turmspitzen der alten Waldstädte (...). Wenn aber die Höhe erstiegen ist, sind wir über dem Nebel, die Sonne bricht durch und treibt ihn vollends auseinander, und dann schweift der

Bei Ibach

Blick weit über den Rhein und die stumpfen Vorberge des Aargaus bis hinüber zur fernen Jungfrau und dem ganzen verschlungenen Berggewimmel des Berner Oberlandes.“

Victor J. von Scheffel, 1853

Das Schönste am Hotzenwald ist seine Großzügigkeit. Er gibt einfach, ohne zu fordern: Weite und Alpenblick, auch Tristesse bei Nebel oder falsch gewählter Reisezeit. Das Wetter sollte also stimmen. Sonne ist gut, Neuschnee besser. Der gibt mehr Raum. Das Lastende bei trübem Wetter kann beachtlich sein. Nochmal Meister Scheffel: „*Der Hauensteiner dagegen sitzt auf seinen Bergen fest; die Heimat mit ihrer Rauheit und Öde, mit ihrer winterlichen Schneelast und ihrem schwermütigen Tannendunkel ist ihm lieber als die ungewisse Fremde.“*

Machen wir's kurz: Wenn's mal nicht so richtig laufen will oder nach einer dicken Woche. Hotzenwald tut der Seele gut. Ein Revier zum Vagabundieren und Gedanken sortieren.

Im Zentrum der Nebenstraßen

Unterwegs im Hotzenwald

Die Straßen: Ohne eine gute Karte ist man im Hotzenwald bald verloren. Aufeinander bezogene Hauptstraßen, die eine schnelle Orientierung geben würden, sind selten. Aber der Hotzenwald ist dennoch bestens erschlossen, durch gute Nebenstraßen, auch einzelne Waldfahrwege sind für den allgemeinen Verkehr offen. Die Nebenstraßen liegen allerdings wie ein unordentlich gesponnenes Netz über dem Land. Nur die B 500 führt in markantem Schnitt vom Hochrhein bei Waldshut hinauf zum Schluchsee. Diese Schnellstraße ist aber zum Entdecken ungeeignet. Ebensowenig wie die beiden Landesstraßen im Alb- und Wehratal. Sie führen zwar durch beeindruckende Schluchten, aber zur geruhsamen Ausschau muß man runter auf die vielen Seitenäste. Eine Karte ist dazu unerläßlich.

Der Wald: Die weiten Sonnenplateaus werden unterbrochen von Hochwäldern mit altem, gemischtem Baumbestand, rei-

Winterwanderwetter bei Ibach

chem Unterwuchs an Jungholz und dichter Krautschicht. So unterscheiden sich die Hotzenwälder mit ihrem naturverjüngten Bestand wohltuend von den dunklen Fichtenäckern einheitlichen Alters, die anderswo im Schwarzwald stehen, besonders im nördlichen und östlichen Teil. Zwischen den Wäldern Hochmoore, Quellmulden mit Feuchtwiesen und Hänge mit solitären Charakterbäumen. Die isolierte, stellenweise abgehobene Lage vieler hotzenwälder Hochflächen gibt der Region eine sonderbare Stimmung, die fast körperlich zu spüren ist.

⊃ **Wandern und Natur:** Im Rahmen der Hotzenwald Konzeption wurden an zahlreichen Wanderparkplätzen des Hotzenwaldes Info-Tafeln, Wegweiser und Kartenskizzen aufgestellt. Ein aufwändiges Projekt (die EU und das Ländle haben kofinanziert), das interessierte Leute an die richtigen Plätze führen soll. Was immer man von Besucherlenkung und Naturpädagogik halten mag, zum ersten Einstieg sind die Hinweise allemal zu gebrauchen.

- Ein zentraler Ausgangspunkt in diesem Sinne ist z.B. der Wanderparkplatz bei der Kirche in **Unteribach** (937 m), vgl. auch nächste Seite.

304

Guter Ausgangspunkt: Kirche in Unteribach

Gelobtes Land um Ibach

Selten führt eine Kreisstraße so cremig weich durch's Land
wie die K 6525 runter zur Kirche von Unteribach. Und dort
am nahgelegenen Wanderparkplatz wäre auch gleich ein
guter Ausgangspunkt erreicht, um sich einzulaufen, einzu-
schauen. In solcher Umgebung mag vielleicht auch eine alte
Einsicht hochkommen, die manche Tour bereichern kann:
auch Erfahrung ist Besitz.

Lassen Sie sich also einfach mal von Oberibach nach
Unteribach runtertreiben, vorbei an Einzelhöfen und den
typischen Wegkreuzen, die im Hotzenwald an besonders
markanter Stelle im Land stehen. Erste Moorwiesen bei be-
ginnender Weite. Von Unteribach weiter über lichte Höhen
rüber nach Wittenschwand. Die Straße wieder mal schmal
und sanft und wie von einem Waldorf-Architekten ins Land
komponiert, ganzheitliche Straßenführung. Sachte, vom
alten Feldberggletscher rundgeschliffene Hangneigung

Butter mit Brot 0,90 Euro: Adler, Unteribach

nach Süden, weiter Blick über Land, dazu aufkommende Alpensicht. Die Realwelt mit ihren Nöten scheint weit, es sei denn, Sie möchten einkehren, dann kann es eng werden. Immerhin, hungern muß auch hier niemand und im Adler ist allein schon die Speisekarte eine Rarität.

→ **Gasthof ADLER** in **Unteribach**, direkt an der Straße nach Wittenschwand/Wolpadingen. Schon ein Blick auf die Karte zeigt es: hier ist es einfach, aber gerecht. Die angebotenen Vesper liegen sämtliche im einstelligen Eurobereich, sind aber in Kalkulation und Zuschnitt sehr fein abgestuft. Beginnen wir bei den Fundamenten: Butter mit Brot zu 0,90 Euro; Brühe mit Ei zu 1,50 Euro; drei Eier ohne Speck gibt es für 2,70. Ganz oben auf der Speisekarte des Adler rangieren zwei klassische Schwarzwälder Luxusgerichte, der Speck zu 5 Euro und schließlich der Schinkenspeck zu 5,50 Euro (vor vier Jahren lag der Preis übrigens bei 5,40 Euro). Kleine Stube, mit dem Notwendigen möbliert, manchmal auch ein paar Tische im Freien. Lang lebe das Butterbrot!

→ **Gasthof KRANZ** in **Oberibach**. Eigentlich mehr eine bewirtete Stube, oder so: Nostalgie im 1. Stock. Mit einfachem Vesper und Veranda. Tel. 07672-2406, RT: Do.

➲ **Wandern, Schauen:** Idealer Haltepunkt für die gesamte Region um Ibach: Der Parkplatz Unteribach bei der Kirche (937 m, mit Wegetafel, naturkundlichen Infos und Routenvorschlägen). Wunderbar z.B. der Panoramaweg über die Engländerhütte, lange Zeit am Waldsaum oberhalb Ibach entlang, herrliche Sicht. Genug Möglichkeiten für einen langen Tourentag in offener Landschaft. Auch im Winter bei Neuschnee!

Von Ibach ins Moor

Die Hochmoorlandschaft südlich von Ibach und um Lindau besteht aus über zwanzig kleinen und kleinsten Mooren, die hier Moos oder Möser genannt werden. Die typische Vegetation der bis zu 8 m tiefen Moore ist wegen der nährstoffarmen Bodenverhältnisse nicht artenreich, in ihrer Anpassung an Besonderheiten von Lage und Klima aber auch für den botanischen Laien eindrucksvoll. Kampf und bonsaiische Knorrigkeit sind den moorangepaßten Arten regelrecht anzusehen. Durch Auszehrung und Kümmerwuchs entstand in Jahrtausenden eine fast gartenhafte Landschaft.

An gewissen Tagen, im Herbst, wenn das Licht stimmt, im Winter am da und dort noch offenen Wasser, im Hochsommer zur Blüte der wenigen Blütenpflanzen, wirkt das Moor wie eine reiche Landschaft. Die Vegetation besteht u.a. aus: Torfmoos, das dichte Polster bildet, Moor-Wollgras, dem fleischfressenden Sonnentau, der rosa blühenden Moosbeere, Rosmarinheide. Direkt in den staunassen, nährstoffarmen Moorböden kann sich nur kümmerliche Baumvegetation halten, an den Rändern Fichten im Strauchstadium und niederwüchsige Moorkiefern. Auch die ans Moor anschließenden Hochwälder wirken mit dem alten Bestand an Weißtannen, den dichten Moospolstern und anderem Unterwuchs beeindruckend archaisch. Jedenfalls viel artenreicher und damit auch animierender als die Fichten-Monokulturen mit ihren düsteren, annähernd vegetationslosen Böden.

↪ **Wege ins Moor:** Die hotzenwälder Moore werden vergleichsweise wenig besucht, durch einen vor vier Jahren angelegten 7-Moore-Weg läßt sich die Schönheit der Region dennoch leicht erwandern. Info-Tafeln an Wanderparkplätzen erklären zudem knapp naturkundliche Besonderheiten der Moore. Bequeme Zugänge und Wege, auch gut beschilderte Rundwege beginnen zum Beispiel ab Unteribach Kirche (937 m, Wegtafel, im Winter auch Loipe). Oder ab Steinernes Kreuz (L 151, bei Wehrhalden, 998 m, im Westen des Rundweges) oder Schwarze Säge/Schwarzenbachtal.

Von Ibach ins Albtal

Oder einfach mal durch den Tag fahren, vielleicht so: Von Ibach auf der Kreisstraße 6590 in Richtung *Dachsberg – Wolpadingen – Vogelbach – Wilfingen – Albtal:* Am schönsten wird die Gondelei an einem sonnigen Tag mit Sicht, dann abtreiben lassen. Vielleicht von Wolpadingen Richtung Happingen, über eberreschengesäumte Höhensträßle, ab und zu kommt einem ein Schulbus entgegen, der die Kinder in die Weiler zurückbringt, manchmal geigt der dunkelbraune Bollerwagen von UPS über die weiten Höhenzüge und bringt Sachen in den Hotzenwald. Sonst nur Landschaft. Wolpadingen, Happingen, Wilfingen – hingestreute Weiler mit Bildern fürs Album: Zu Mittag stehen Schlepper mit holzbeladenem Hänger vor der Tür. Auf freier Flur schilderarme Wegkreuzungen, da und dort ein Wegstein oder eines der markanten alten Wegkreuze auf einem Granitsockel, „Herr, Dein Wille geschehe". Aus dem Tal schwingen sich ein paar Krähen ans Licht und ein Tag hier oben wird mit einem Mal zum Kontrastprogramm zur Niederung mit Zone 30.

Bewirtete Landmarke: der Gugelturm bei Herrischried

Zentraler Hotzenwald

Zum Einstieg in den Hotzenwald eignet sich auch eine Tour zum Gugelturm. Der steht auf einer leicht ausgeprägten Anhöhe zwischen Herrischried und Engelschwand; allein auf hoher Flur (998 m) und mitten im Hotzenwald. Zur Aussichtsplattform führt eine markante Konstruktion mit einer eng gewendelten stählernen Treppe, die von drei mächtigen Douglasienstämmen getragen wird. Der Aufstieg lohnt, obwohl der Blick durch die Dachkonstruktion und den aufwachsenden Wald etwas eingeschränkt wird. An klaren Tagen bietet sich jedenfalls ein weites Alpenpanorama (Info-Tafel), zudem bekommt man eine umfassende Raumvorstellung von der Geographie des Hotzenwaldes mit seiner dahingestreuten Wald-, Wiesen- und Weilerlandschaft.

Geschützt in einer leichten Mulde im Osten liegt Engelschwand mit dem gleich noch näher zu empfehlenden Engel. Unten am Turm unterhält der Schwarzwaldverein eine

Hotzenwald-Spezialität: historisches Wegkreuz

urige Vesperstube. Vom Parkplatz beim Gugelturm führt eine kleine Nebenstraße rüber nach Engelschwand.

■ **Gugelturm-Gugelstüble**: Ein guter Orientierungspunkt in der Region auf einer 998 Meter hohen, bewaldeten Kuppe. Die Aussichts-Plattform mit dem kuriosen Spitzdach ruht auf drei Douglasienstämmen, eine enge Wendeltreppe führt hoch. Zufahrt bis 300 m vor den Turm möglich, dort Parkplätze, oben beim Turm die zur Saison bewirtete Vesperstation Gugelstüble, Sitzbänke im Freien und eine Vesperhütte, freundliche Frauen vom Schwarzwaldverein bewirten ab Ostern bis November, täglich von 10 bis 18 Uhr, Tel. 0173-4648091.

■ Auffallend häufig an Straßen und Feldwegen: die **historischen Wegkreuze**. In den offiziellen 1:50.000 Wanderkarten des Landesvermessungsamtes/Schwarzwaldvereins sind die meisten der alten Wegkreuze mit eigenen Signaturen eingetragen. Die Standorte an markanten Landpunkten könnten ein Motiv für eine eigenständige Exkursion sein. In Klarheit und Aussage beeindruckende Motive auf verwitterten Granitsockeln.

Vom Parkplatz beim Gugelturm führt ein schmales Sträßle rüber nach Engelschwand. Ach, wie die Welt doch sein kann! Zumindest für ein paar Augenblicke. Die Hagebutten sind

Grüner Kachelofen und grobe Bratwürste: Engel, Engelschwand

rot, der Ahorn leuchtet schon gelb, die Sonne spielt mit dem letzten Nebelschwaden und zu allem übt die Feuerwehr an diesem Bilderbuch-Samstag. Im nahen Gasthaus riecht's nach Kraut. Klar, nachher kommt „d'Füerwehr", hockt hin und ist zuhause.

ENGEL – Engelschwand. Ein Gasthof an der richtigen Stelle im Ort, markante Schrift, unübersehbare Lage. Auf den ersten Blick fällt nur eine ziemlich wetterfeste Fassade auf, vielleicht noch der Rosenstrauch gleich am Eingang, der bis spät in den Herbst ausdauernd in roter Blüte steht. Auch die Bodenkeramik im Eingang ist eine Augenfreude und drinnen bietet der betagte Engel als Blickfang einen kolossalen, flaschengrünen Kachelofen – ein Institut im Scheffelschen Sinne, mit rundgesessenen Sandsteinplatten zum Auftauen und Ofenbeschlägen im Hotzenwälder Design. Dazu kommen aber noch die andere Fähigkeiten der soziokulinarischen Einrichtung Landgasthof: In der kalten Jahreszeit gibt es solide Schlachtplatten (komplett, also inkl. Metzelsup-

Beachtlicher Altaraufbau: Ofenbank im Engel

pe, Kesselfleisch, Blut-, Leber- und Bratwurst). Das wären
schon Argumente genug. Aber da wäre noch der Hinweis
auf den „Hausgemachten Kartoffelsalat" und da wäre die
unverkrampfte Atmosphäre eines aufrichtigen Landgasthofes, dessen Würde im Lauf der Jahre reifte, wie der Wirt.
Eine kleine Welt für sich: mit Schnupftabaksortiment am
Stammtisch.

Der Platz stimmt in sich. Und erst die Preise: satt werden
für kleines Geld ist kein Problem im Engel – die wirklich
herausragende Bratwurst (grob gekuttert, wenig Fett!) mit
dem hausgemachtem Kartoffelsalat, oder ein Schnitzel mit
Beilagen – alles bleibt hier deutlich im einstelligen Bereich.
Das schätzen auch Handwerker, die um die Mittagszeit hier
einkehren, palavern und zusammen mit den freundlichen
Wirtsleuten für Provinz der angenehmen Sorte sorgen. Dem
großzügig versiegelten Parkplatz vor dem Haus wurden immerhin ein paar Quadratmeter Freisitz abgerungen. Der
Engel, ein Muß im Hotzenwald.

Anständiges Angebot: Eichrüttehof in Hartschwand

→ **Gasthaus zum Engel** (Familie Stoll), 79733 Görwihl-Engelschwand, Tel. 07754-7257, RT: Di, sowie Mo bis Fr zwischen 14 und 17 Uhr. Preise: günstig.

Von Engelschwand geht es über Strittmatt und die Kreisstraßen 6532/6531 erst gemächlich über Land, dann auf der K 6531 kurz und kräftig abwärts bis Hartschwand (820 m); hier wäre dann eine besondere Vesperwirtschaft:

EICHRÜTTEHOF – Hartschwand. Alles in einem: Landgasthof, Vesperstube, Treffpunkt, Beispiel für initiative Selbstvermarktung. Jedenfalls keine dieser mutlos, dunklen Höhlen, die sich selbst abgeschrieben haben. Hier wird nicht gejammert, sondern gewirtet, und an einem Samstagmittag sitzt der Chef über der eigenen Schlachtplatte, was immer ein gutes Zeichen ist. Ein bodenständiges Angebot im Wortsinne – was die eigene Landwirtschaft hergibt, kommt auf den Tisch. Das ist vor allem Rindfleisch aus eigener Mutterkuhhaltung (angeboten als: Rindfleischsalat, Weiderindfleisch-

313

Wandern ab Gasthaus: Wegweiser beim Eichrüttehof

sülze, Rindersteak vom Weiderind), im Programm auch Brägel mit diversen Beigaben (von Salat bis Schweinesteak) und Vesperstandards mit Bauernbrot. Im Herbst (Okt.-Nov.) mehrmals Schlachtplatte, außerdem diverse Termine mit speziellen Angeboten. Einrichtung und Stimmung im Hofteil, der zur Gaststätte umgebaut wurde sind rustikal wie die Speisen. So paßt der familiär geführte Platz am besten zu einer Grande Tour, bei der man sich ordentlich Hunger angelaufen hat oder anlaufen wird, was unmittelbar vor der Haustür losgehen kann.

→ **Eichrüttehof** (Fam. Gerspacher), 79733 Hartschwand, Tel. 07754-1262. RT: Mo. Von Di bis Fr ab 14 Uhr, Sa, So und Feiertage ab 10 Uhr. Preise: günstig. Diverse Veranstaltungen und Sondertermine. Feiern und Unterkunftsmöglichkeit in einer Scheune (mit Dusche, ZH, WC) für Gruppen bis 25 Personen. Jeden 1. Sonntag im Monat Bauernbuffet. Betriebsferien zwei Wochen im November.

↻ Über die zahlreichen Tourenmöglichkeiten direkt ab Eichrüttehof informiert ein Wegweiser gegenüber der Einkehr (Bild oben).

Fahren mit Alpenblick: B 500 bei Frohnschwand

Auf der B 500 nach Süden: Mehr Panorama um Höchenschwand geht fast nicht. Für das Schweben in Richtung Hochrhein sollte man einen Tag mit Alpensicht aussuchen, und dann wäre da noch jene Stelle bei Frohnschwand, an der die B 500 theatralisch wegkippt und nochmal großartiges Panorama bietet. Gleich neben der Bundesstraße die Einkehr zum Blick.

→ **ENGEL** – **Frohnschwand:** Im alten Gastraum stehen zwei Holztische neben dem alten, grünen Kachelofen, ♣ draußen warten massive Bänke mit Alpenblick. Die Küche bietet grundbürgerliche Standards mit Fleisch aus eigener Hofhaltung, die groben Bratwürste sind eine Referenz in dieser Klasse. Die Stimmung ist bodenständig wie das Essen, eine sichere Bank. Gasthof Engel (Fam Stiegeler), Tel. 07755-306, durchgehend geöffnet von 10-22 Uhr, RT: Di und Mi, Gästezimmer. Preise: günstig. www.landgasthaus-engel.de

Brauerei und Gaststätte WALDHAUS – **Waldhaus.** Waldhaus ist eine kleine, feine Brauerei. Waldhaus-Bierspezialitäten sind unter Kennern ein Begriff, sie wurden vielfach ausge-

Hier zapft der Chef !

zeichnet und wenn sie im Gasthaus-Ausschank neben dem Sudhaus noch frisch aus dem Hahnen kommen, ist das allemal einen Umweg wert. Hinzu kommt eine leistungsfähige, breit aufgestellte Küche und so freundlicher wie flotter Service – wobei schon dessen dienstbereite Küchenzeiten für sich sprechen: durchgehend von 10 bis 23 Uhr.

Das Gasthaus präsentiert sich brauhaustypisch mit einer ordentlichen Portion Balken, es wird unkompliziert, aber durchweg solid aufgetischt. Die kulinarische Spannweite reicht von Standards im bayrisch inspirierten Brauhausstil bis zu Ambitioniertem. Also gibt es eine Brotzeit, Weißwürste mit Brezn, hausgemachte Leberknödel, Schweinekrustenbraten aus dem Ofen, aber auch Weiderind-Steaks vom Grill, Bio-Geflügel und Wild. Rund ums Jahr ergänzen Sonderthemen das Angebot, also auch mal Austern, Muscheln, ein üppiges Fisch- oder Braumeister-Buffet, Schlachtplatte oder auch eine Gänseaktion im November. Die Lage direkt an der B 500 sorgt für steten Durchlauf, der von der routi-

Vesper und Menü unter einem Dach: Gasthaus Waldhaus

nierten Crew mit beachtlicher Routine gemeistert wird. Am Wochenende oder zu bestimmten Themen ist Waldhaus ein überaus beliebtes Ziel, so macht auch eine größere Karte Sinn und hier findet nun wirklich jeder etwas. Keine artifiziellen Schäumchen, sondern Bürgerliches unkompliziert und preiswert. In dieser Klasse ist der Gasthof an der B 500 ohne Konkurrenz. An Wochenenden betriebsam und beliebt, auch zur Familientafel. Die Biere frisch ab Hahn, endlich mal in einem Zug sauber durchgezapft. Kompliment!

→ **Brauerei-Gasthaus Waldhaus** (Fam. Zimmermann), 79809 Waldhaus, Tel. 07755-1600, Fax 8244. Von 10 bis 23 Uhr, Küche durchgehend. RT: Mo. Sonntagmittag und kulinarische Sondertermine reservieren! Preise: mittel. ♣ Biergarten mit preiswerten Tagesangeboten (z.B. Do: Bio-Hähnchen vom Grill mit hausgemachtem Kartoffelsalat; ab 17 Uhr „Dünne" aus dem Steinofen, eine Art Flammkuchen aus Dinkelteig, Mi, Fr und So ab 11 Uhr frisches Brot aus dem Steinofen, auch zum Mitnehmen). Details, Extras und kulinarischer Veranstaltungskalender: www.gasthofwaldhaus.de

- **Bierablage** direkt bei der Brauerei, Verkauf während der Geschäftszeiten.

Schwarzwälder Mythen

Eigentlich müßten all die prächtigen Bildbände über den
Schwarzwald mit einem Trauerrand verkauft werden.
Strohgedeckte Walmdächer, Schindelfassaden, pittores-
kes Brauchtum, uriges Handwerk – überlebt allenfalls in
untoten Nischen. Ein Zeichen für den Niedergang einer
Lebensform ist ja oft die Zunahme der Bildbände und TV-
Schmonzetten über dieselbe. Heiliger Eskapismus, warum
dreht eigentlich von all den SWR-Kreativlingen niemand
eine Serie „Ein Schwarzwaldhaus heute"? Traut man der
eigenen Gegenwart nicht mehr?

  „Uriger Schwarzwald" heißt so einer der üblichen Karl-
May-Fotobände im Untertitel. Darin altes Handwerk, Bräu-
che, Trachten. Tatsächlich spielt kaum eines der hochgehal-
tenen Sujets eine Rolle im Schwarzwald von heute. Köhler,

Menzenschwand im Jahr 2008: Imagepflege mit Wurzelsepp

Schildermaler, Korbflechter, Trachten, Buurefasnet. Der Alltag auf dem Wald ist anders. Bestimmt vom Rhythmus des Pendelns, vom Fernsehprogramm, von den Öffnungszeiten der Supermärkte und Discos in der nächsten Verbandsgemeinde. Bauern, die Brot und Butter im Supermarkt kaufen, sind die Regel, im alten Backhäusle steht jetzt der Zweitwagen. Das ist nicht romantisch, aber praktisch und verständlich. Der Waldarbeiter mit seiner alten Zündapp und der Ohrenkappe ist ein vorgestriges Rollenmodell, so typisch wie der griechische Hirte mit dem Esel. Weshalb eine Gemeinde wie Menzenschwand mit derartigem Retrokitsch ihr Image belastet, bleibt ein Rätsel der Schwarzwälder Werbekunst. Wir leben im Jahr 2008, aber wahrscheinlich gibt es für solche Bemühungen auch noch Zuschüsse aus irgendeinem EU-Topf.

Ignatz Weisser (1809-1880): Rückkehr des Generals (mit Holzbein)

„*S' gibt keine Bure mehr*" – der Satz will mir nicht aus dem Kopf. Er stammt von einem alten Bernauer, der mir den Niedergang der ländlichen Eßkultur, das Verschwinden von annehmbarem Brot, fetten Hausschweinen und gutem Speck erklären wollte. Dafür gibt es Agrospezialisten aller Sparten, darunter auch jene nicht kleine Zahl professionell und permanent Existenzbedrohter, deren Höfe erstaunlicherweise immer größer und komfortabler werden und mittlerweile einem Technopark gleichen, inklusive Ferienwohnungen mit Mikrowelle und Sat-TV. „Ferien auf dem Bauernhof" heißt das dann und wird natürlich auch gefördert.

Und es gibt die berühmten Ausnahmen, ein paar Wache, die ökologisches Handeln nicht mit der Erlaubnis zum Rumwursteln verwechseln. Dies nur zur Korrektur des Bildband-Schwarzwaldes, der in vielen Köpfen ist, der zu 95% aber nichts mit der Realität zu tun hat.

Ein wenig realistischer als die Lichtbildner von heute waren die Maler von damals. Idealisiert wurde auch damals, besonders im späten 19. Jahrhundert. Aber die zeitgenössischen Bilder von Krätzenträgern, Harzdieben, Glashütten, Spinnstuben, Hammerwerken, Köhlern, Schneidern und Reutebrennern zeigen dem, der genau hinsieht, daß Handarbeit im Schwarzwald eine verdammte Schinderei zu Hungerlöhnen war. Und nicht so gesund, wie die zentralbeheizten Städter immer meinen. Die Dioxinwerte in einer – ach, wie romantisch – holzbeheizten schwarzwälder Rauchküche würden in einer Tempo-30-Zone downtown sofort Alarmgeschrei auslösen.

Ein so bitteres, weil zeitgenössisches Bild wie das von Ignaz Weisser ist in keinem modernen Fotoband mehr zu finden: Ein aus den Befreiungskriegen heimkehrender Offizier betritt die scheinbar intakte Idylle seiner alten Schwarzwälder Stube. Wanduhr, Kachelofen und Spinnrad sind zu sehen; die nach sozialem Rang postierte Großfamilie begrüßt den Uniformierten, der es im Krieg zum General gebracht hat. Unter seinem langen Uniformmantel schaut nur ein kleines Stückchen vom Holzbein raus.

Franzosenschmiede 0,6 km
Großmoos 2,4 km
Lenzkirch 4,5 km
Saig 5,5 km

Kappel
Gasthaus Blume
900 m

3,5 km
5,5 km
9,0 km
13,5 km

0,6 km
2,2 km
3,0 km
4,5 km

Kappel
Lochmühle
Zipfelsäge
Lenzkirch

- Haslachtal
Haslachmündung 4,0 km
Wutachschlucht 4,0 km
Schattenmühle 11,0 km

Zwischen Be- und Verschilderung: Naturpark Schwarzwald

Naturpark Südschwarzwald

Vor 10 Jahren wurde der Naturpark Südschwarzwald e.V. gegründet. Mit 320.000 Hektar entstand damals der größte der 90 Naturparks in Deutschland. Federführend bei dem Zusammenschluß waren Gemeinden, die Landkreise und das Regierungspräsidium, also untere und mittlere Verwaltungsebenen, sowie deren Günstlinge. Vor allen anderen Motiven war eines entscheidend für den Zusammenschluß: Subventionen für Infrastruktur und neue Stellen sollten effektiv abgeschöpft werden.

Es geht beim Naturpark Südschwarzwald in erster Linie eben nicht um die Naturerhaltung, sondern um das Erhalten von Fördergeldern. Jede Gemeinde kann auf ihrem Gebiet wie immer Gewerbegebiete ausweisen, gerne auch Weltcup-Skispringen veranstalten, für die der Schnee aus der Schweiz herangekarrt wird (so in Neustadt geschehen), oder bis heute Kunstschneepisten in Höhenlagen um 1.000 m planieren (wie es am Notschrei geschieht).

Berg frei – Wegweiser in Oberried

Anders als in einem Naturschutzgebiet soll in einem Naturpark die Natur auch nicht konserviert werden, es sollen vielmehr Wirtschafts- und Landschaftsentwicklung austariert und weiterentwickelt werden. Das muß nicht schlecht sein und sicher hat sich manches getan im Südschwarzwald: Eine schier lückenlose Markierung der Wanderwege, dazu eine naturpädagogische Beschilderung, mitunter auch eine regelrechte Landschaftsmöblierung (etwa auf dem Seebuck) mitsamt kollateralen Themenwegen, die mit deutscher Gründlichkeit ins Land gelegt werden. Wenn die Mittel erst mal fließen sind auch Renommierprojekte, wie das Haus der Natur auf dem Feldberg möglich, direkt neben Kunstschneepiste und Großparkplatz. Was bleibt, ist der unerhörte Gedanke, ob Projekte eigentlich immer von oben beschlossen werden müssen, mit Geld, das man dem Bürger erst abnimmt, es dann durch allerlei Systeme leitet, und schließlich das, was übrigbleibt, in gönnerhafter Manier zuteilt. Nach wie vor der klassische Entmündigungsbetrieb.

Schinken und Speck verzweifelt gesucht

Nur wenige Landwirte haben tatsächlich noch eigene Schweine im Stall, noch weniger mästen diese so, daß Spitzenqualität heranwächst. Diese paar Verrückte müssen dann auch noch was vom Pökeln und kalt Räuchern verstehen und sie müssen der Ware auch die notwendige Zeit zur Reife lassen. Wer das kann, konsumiert seine Schätze lieber selbst und verteilt den Rest im Freundeskreis: Brot und Speck sind zur Spezialität geworden. Es ist wie andernorts auch, die legendäre Originalqualität, die den Ruhm des Produktes schuf, ist Vergangenheit, oder zur Rarität geworden. Und hier gleicht die Geschichte vom Schwarzwälder Schinken und Speck jener vom Schwarzwälder Kirschwasser, die an anderer Stelle gestreift wird. Was in der Regel verkauft wird, sind Legenden.

Heute wird das Rohmaterial für die Schwarzwälder Räucherwaren zum überwiegenden Teil aus industrieller Mast angekauft (auch die meisten Parmaschinken, San Daniele und Serrano sind ja in industriellen Mastbetrieben großgeworden). Im besten Fall wird im Schwarzwald ordentlich gepökelt und geräuchert, im schlechteren und leider üblichen wird die Salzlake dem Schinken injiziert (spart Reifezeit und Kapitalbindung, bringt Gewicht) und die Räucherei läuft im Schnelldurchgang. Fehlende Räucherfarbe gibt's schließlich zu kaufen, mit der wird der Schinken dann schier schwarz grundiert.

Lassen Sie sich keine Märchen erzählen, auch die meisten Einheimischen wissen mittlerweile nicht mehr, wie ein ausgereifter Schinken schmecken könnte, wie kernig und köstlich das Weiße vom Speck sein kann. Nach 30 Jahren Großmarktangebot verwischen sich die Grenzen. Auch mancher Milchbauer, der vehement für höhere Milchpreise protestiert, kauft Butter und Grundnahrungsmittel längst bei Discountern. Die Hausschlachtung hat es gegen das Erlebniswochenende im Freizeitpark eben verdammt schwer. Die Jungen holen sich ihren Sonnenbrand ohnehin auf Dom-Rep. Wer redet da noch von Schinken und Speck?

■ **Speck und Schinken kaufen:** Wegen der geringen verfügbaren Menge ist es sinnlos, einzelne Quellen für besten Schinken & Speck zu nennen. Wie erwähnt, geht das Meiste ohnehin unter der Hand weg. Dennoch gibt es Adressen, die eine recht gute, jedenfalls überdurchschnittliche Qualität produzieren, Wunder darf man aber auch dort keine erwarten:

Vernünftige **Metzger**qualität bietet in Bernau die Metzgerei Paulus. Im Zentrum von Schönau die Krone-Metzgerei und die Metzgerei Otto Grass (beide im Ortszentrum). Bei Schönau, an der Straße nach Tunau, der Schlachthof mit Metzgerladen stome, dort Schwarzwälder Speck aus guter Ausgangsqualität.

Sehr guten Speck und Schinkenspeck, sowie die Spezialität eines hervorragenden luftgetrockneten Schinkenspecks gibt es in der Metzgerei Wassmer in Zell-Atzenbach. (Vgl. jeweils dort.)

Der **Bauernladen** mit dem besten Schinkenspeck: Ospelehof in Hinterzarten. Zwei **Wirtschaften** mit hervorragendem Speck und Schinkenspeck aus eigener Aufzucht und Schlachtung: Adler in Ried und Sonne in Riedichen. (Details vgl. jeweils dort.)

Die „lebendfrische" Schwarzwaldforelle

Die Schwarzwaldforelle von heute stammt aus der Fischzucht und nicht aus dem Rauschebach. Dagegen ist nichts zu sagen, denn mittlerweile gibt es in Baden-Württemberg genug leistungsfähige Fischzuchten. Kein Gastronom, der lebendfrische Forellen anbieten möchte, ist auf Billigimporte oder auf Ware aus Schnellmast angewiesen. Von den Eismännern sei hier ohnehin nicht die Rede. Vorausgesetzt sei auch das Wissen, daß „Forelle blau" aus Tiefkühlware nicht zuzubereiten ist, weil nur die frische, schleimige Haut einer Forelle nach dem Kochen den blauen Ton annimmt. Es geht hier also um Frischware.

Neben den Qualitätskriterien bei der Fischzucht, dazu später, sind natürlich auch die Haltebedingungen kurz vor der Zubereitung von Bedeutung, also die Zustände direkt im Gasthof. Nur wenige Häuser verfügen über das Ideal: ein Bach hinterm Haus mit einer Reuse oder einem kleinen Becken, das direkten Frischwasserzufluß hat. Üblich ist ein

Aquarium mit Umwälzung und Sauerstoffpumpe. Nur, was taugt die beste Forelle, wenn sie im Gasthausbecken in -zig mal hin- und hergewälzten Wasser vor sich hindümpeln muß? Seit der Wasserpreis ein Kostenfaktor ist, dreht mancher Wirt den Zulauf runter. Und seither muffelt manche Forelle, als käme sie aus der Kläranlage. Folge: von der lebendfrischen zur leidendfrischen Forelle. Eben deshalb empfiehlt sich die Beobachtung des Forellenbeckens im Gasthof, und – merken wir was – eben deshalb sind in jüngster Zeit so wenig Forellenbecken zu sehen. Wo nur frische Luft ins trübe Wasser geblasen wird, kann die Forelle nicht schmecken. Somit gilt bis zur Zubereitung, was auch für die Aufzucht gilt: Möglichst viel frisches, sauerstoffreiches Wasser, Motto: „wenn das Wasser stinkt, stinkt der Fisch". Andersrum: Wasser gut, Fisch gut. Schlaffes, mastiges Fleisch ist in der Regel ein Zeichen für Sauerstoffmangel bei der Aufzucht oder Haltung, oder für eine zu schnelle Mast.

Bei 14 Grad Wassertemperatur
gedeiht eine Zuchtforelle am besten

Zur Aufzucht: Neben der Wasserqualität ist eine angemessen langsame, artgerechte Aufzucht wichtig. Allerdings hängt der Stoffwechsel der Forelle von der Wassertemperatur ab, die Forelle wächst in kaltem Wasser langsamer: je Grad Celsius Temperaturzunahme des Wassers steigt der Stoffwechsel um etwa 9 %. So bei 14 Grad liegt ein Optimum zwischen möglichem Sauerstoffgehalt im Wasser, dem Stoffwechsel und der Gewichtszunahme der Forelle. Wird bei dieser Temperatur verhalten gefüttert, wachsen Forellen bester Qualität heran. Ist das Wasser kälter (was im Schwarzwald schon mal vorkommt), muß stärker gefüttert werden, um die gleiche Gewichtszunahme zu erreichen. Folge: eine bei 14 Grad verhalten gefütterte Forelle wächst fast doppelt so schnell wie eine bei 7 Grad stramm gefütterte.

Auch die in der Aufzucht verfügbare Frischwassermenge ist wichtig. Die wachsenden Gemeinden am Unterlauf der Bäche brauchen mehr Wasser, um ihre Versorgung sicherzustellen, als Folge gibt es mehr Quellfassungen an den Oberläufen, dazu kommen gedüngte Weiden im Einzugsbereich, schneearme Winter. Die Folge: manche schön gelegene Zucht in den Bergen hat Probleme mit der Wassermenge. Und manche Fischzucht weiter unten am Bach liegt vielleicht nicht ganz so romantisch, aber die Qualität stimmt. Einfach weil reichlich Frischwasser da ist.

Es gibt gute und schlechte Zuchtforellen
und gute und schlechte Bachforellen

Zum Mythos Bachforelle. Abgesehen davon, daß fast nirgendwo in der Gastronomie Bachforellen angeboten werden, weil praktisch keine Wildforellen gehandelt werden: Die „in Freiheit" aufgewachsene Bachforelle ist nicht per se besser als eine Zuchtforelle. Ich habe mal zwei kleine Bachforellen frisch aus dem Bach serviert bekommen – eine fade Enttäuschung. Kann die Zuchtforelle mastig und muffig sein, so kann die Bachforelle aufgrund ungünstiger Wasserqualität und Nahrungsversorgung ausgezehrt und fad daherkommen.

Nun sind gerade im Schwarzwald die Gewässer ausgesprochen rein, aufgrund des Kalkmangels in den Böden sind die ph-Werte der Bäche dazu noch stark sauer. Klares, saures Wasser ist aber biologisch leider nicht sehr lebendig. Das heißt auch, viele Schwarzwaldbäche sind extrem arm an Forellennahrung. Ein Fischzuchtmeister vom Bodensee, schrieb mir dazu: „Das war schon immer ein Schwarzwälder Problem (Steinforelle), und ist durch den sauren Regen schlimmer geworden." Das gilt gerade für den südlichen Schwarzwald und speziell für den Oberlauf der Bäche, die mittlerweile als „stark sauer" gelten. Ein Grund hierfür sind

Auffahrt zur Fischerhütte, Nonnenmattweiher

neben dem Schadstoffeintrag die geringen natürlichen Kalkreserven der schwarzwälder Granitböden. Basisches Calcium könnte als Puffer dienen, ist durch den sauren Regen aber mittlerweile sowohl im Bachwasser als auch in den Böden am Abnehmen. Fazit: Auch die heile Welt der Forelle schrumpft. Und die „Schwarzwaldforelle" findet in manch anderem Gewässer am Rande der großen Wälder optimalere Lebensbedingungen als im rauschenden Wildbach.

-    Forellenzucht Edwin Brendlin in **Demberg**, frische Forellen und hervorragende (!) ganze Räucherforellen (Demberg bei Wies, vgl. dort).

-    Fischerhütte Nonnenmattweiher, in der gemütlichen Vesperhütte bei **Neuenweg-Heubronn** Verkauf von Forellen aus dem eigenen Teich (auch zum Mitnehmen), vgl. dort.

Beim Spielweg um's Eck: Bienenkunde im Münstertal

Blütenhonig, Tannenhonig, Parkplatzhonig

Zu den kleinen Pässen und den großen Parkplätzen im Schwarzwald paßt der unvermeidliche Honigverkäufer mit offenem Kofferraum und Sonnenschirm. Er gehört zu den frequentierten Haltepunkten im Südschwarzwald, wie die Fliege zum Honigpapier. Aber Vorsicht, wenn einfach nur Waldhonig angeboten wird. Der kann schließlich von überall her sein, wo Wälder stehen, also auch aus dem Kaukasus. Wenn auf einem Siegel des deutschen Imkerverbandes Waldhonig, Tannenhonig oder gar Weißtannenhonig draufsteht, könnte auch solcher drin sein – könnte, wenn es denn auf der Welt kein Unrecht gäbe.

Ob der dunklere Waldhonig (im Gegensatz zum helleren Blütenhonig) denn tatsächlich aus Schwarzwälder Tannenwäldern stammt, ist eine Frage, die hier nicht weiter verfolgt werden soll. Zu beachten wäre aber, daß die Absonderung des süßen Blattnektars an Nadelbäumen das Auftreten von bestimmten Läusen [Lachniden] voraussetzt, die zwischen den Nadeln sitzen und mit ihrem Rüssel das Blattgewebe anbohren, den Nadelsaft saugen und den Überfluß an Nahrung wieder durch den Darm ausscheiden. Diese Flüssigkeit legt sich dann als glänzend, zuckerhaltiger Belag auf die Nadeln, wo sie zur Bienennahrung wird. Es braucht also Blattläuse zum Aufschluß der Nadelbaumsäfte, die Läuse kommen aber nicht alle Jahre vor. Der „garantiert echte" Schwarzwälder Waldhonig wird aber schon alle Jahre verkauft, jedenfalls am Parkplatz auf der Höhe. Seltsam, oder?

Allerdings gibt es genug aufrichtige Imker, die ja meist leidenschaftlich bei der Sache sind. Diese Imker, die allerdings nicht auf Parkplätzen rumstehen, diese stationären Imker sagen einem auch: nein, dieses Jahr haben wir keinen Tannenhonig, es gibt aber Blütenhonig. Wobei ein guter Blütenhonig keinesfalls schlechter sein muß als ein Waldhonig. Noch was: haben Sie jemals erlebt, daß ein Produzent erstklassige Ware an der Straße verkauft. Grand Cru auf dem Parkplatz, aus dem Kofferraum?

Von Kirschwasser und Kalterer See

Überall Schwarzwälder Kirschwasser, vom Spitzenrestaurant bis runter zur Souvenirbude, alle haben nur das eine, das „Echte Schwarzwälder Kirschwasser". Nur die korrespondierenden Bäume, die mit den besonders kleinen, schwarzen, zuckerhaltigen Brennkirschen, die will das Auge einfach nicht erblicken. Im Südwestschwarzwald längst nicht mehr, aber auch im Obstland der Vorbergzone nur noch selten. Komisch, oder?

Wie das eben so ist mit den ehemals hochgeschätzten Regionalprodukten, sei es nun der Kalterer See, der Parmaschinken oder das Original Schwarzwälder Kirschwasser. Am Anfang war der Ruf, dann kam die Nachfrage, dann fielen die Grenzen. Hauptsache, das Etikett ist schön romantisch.

Kirschernte in der Vorbergzone

Wer beim Brennen Spitzenqualität erzeugen will, muß neben dem handwerklichen Können eine Charaktereigenschaft besitzen, die auch beim landwirtschaftlichen Erzeuger nicht weitverbreitet ist: Man muß etwas wegwerfen können. Kopf und Schwanz des Brandes, Vor- und Nachlauf des Rohdestillates enthalten zum einen schädliche, zum anderen den guten Geschmack verfälschende Fuselstoffe. Die müssen geopfert werden und nicht zurück in die Brennblase und noch mal gebrannt.

Zu diesem Thema wäre noch viel zu erzählen und die Nennung nur einer Adresse bringt dem an Spitzenqualität Interessierten wenig, gerade weil Spezialitäten wie sortenreine, gut abgelagerte Obstbrände oft nur in kleiner Menge vorrätig sind. Hinzu kommt: Das Schwarzwälder Kirschwasser ist eigentlich garnicht im Schwarzwald zuhause. Spitzenqualität wird sicher nicht im Hochschwarzwald erzeugt, wo außer ein paar ertragsarmen Wildkirschen gar keine Brennkirschen wachsen. Nur im Obst- und Weinland der Vorbergzone – eben nicht im rauhen Wald – gibt es jene Vielzahl von Winzern und handwerklichen Kleinbrennern und dazu jenes Obstlandmosaik mit Hochstämmen, alten Sorten und regionalen Spezialitäten, das die Grundlage teilweise herausragender Brände liefert.

Zugleich gibt die Verwertungsmöglichkeit des Obstes einen Anreiz für den Erhalt der alten Streuobstbestände, die gerade in den Vorbergzonen und im Oberrheinland von Baden-Württemberg landschaftsprägend sind. Gut 80 % aller deutschen Kleinbrennereien (30.000) liegen in Baden-Württemberg, in Südbaden gibt es allein noch 14.000 solcher kleinen Brennrechte, die meisten davon in der Ortenau. Erlaubt ist dabei das Destillieren von 300 Liter reinem Alkohol pro Jahr. Spitzenqualitäten aus erstklassigem Obst sind allerdings unter 30 Euro/Liter kaum zu bekommen, in den Souvenirläden längs der Touristengassen schon garnicht.

Oft ist die Qualität am Rande besser als im Zentrum der namengebenden Legende. Das sogenannte Schwarzwälder Kirschwasser kommt jedenfalls im Markgräflerland, im Breisgau oder auch im Kaiserstuhl in bester Qualität auf den Markt, viel eher als im hohen Wald. Gute Anlaufstellen sind in der Regel auch zuverlässige Privatweingüter, die häufig noch über ein kleines Brennrecht verfügen und dieses handwerklich sauber ausüben.

- Interessenten finden in Wolfgang Abels „Freiburg-Markgräflerland"-Führer (Oase Verlag) entsprechende Hinweise zu Erzeugern (vgl. dazu die Übersicht am Buchende). Zwei zuverlässige markgräfler Winzer mit gutem Kirschwasser: Dörflinger, Müllheim, Brugger, Sulzburg-Laufen.

Naturpark im Wiesental bei Aitern: Wald, Wiese und Weide

Feinde und Freunde der offenen Landschaft

Der animierende Wechsel von dichtem Wald- und offenem, sonnigem Weideland ist nicht naturgegeben, sondern ein Kulturergebnis. Ohne Landwirtschaft wäre der Schwarzwald eine schwarze Waldlandschaft. Unbeweidete Hänge verbuschen und nach wenigen Jahren ist der Alpenblick durch Bäume verstellt. Der Reiz der alten Kulturlandschaft Südschwarzwald ist von zunehmender Verwaldung bedroht.

Wer mit offenen Augen unterwegs ist, sieht, wie selten beweidete Flächen zunächst vom Adlerfarn erobert werden. Die wuchernde Pflanze bildet auf aufgelassenen Weidefeldern geschlossene Bestände, die zunächst jede andere Pflanze unterdrücken. Adlerfarn wächst speziell auf alten Magerweiden zwischen 900 und 1.100 m Höhenlage, wie sie im Wiesental weit verbreitet waren. Südlage fördert ebenfalls den Wuchs, vermutlich trägt auch eine frühere Brandnutzung der Weiden zur raschen Farnbesiedlung bei.

Der Wald kommt näher – ebenfalls bei Aitern im Wiesental

Wo der Farn Monokulturen bildet – sie zeigen sich im Herbst als markant leuchtende rotbraune Flächen – ist das frühere Weideland praktisch wertlos geworden. Rinder vertragen wegen der enthaltenen Giftstoffe keinen Adlerfarn. Die radikale Rodung wäre extrem aufwendig und würde aufgewühltes Land hinterlassen. Die einzige Alternative, um wieder Weideland zu erhalten, ist ein Mähen des Farnes, an drei aufeinanderfolgenden Jahren, was bei den ortsfernen Steillagen aufwendig ist – und Weideland gibt's ja genug.

Beim derzeitigen Rückgang der Landwirtschaft ist der Vormarsch des Adlerfarns gerade im Wiesental zu einem flächigen Problem geworden. Man versucht, mit diversen öffentlich geförderten Maßnahmen gegenzuhalten, dazu zählt auch ein auf 10 Jahre angelegtes Projekt im Wiesental, wo seit 2002 jedes Jahr ca. eine halbe Million Euro zur Ausführung der Pflegemaßnahmen bereitstehen, auch zu Landerwerb, Landschaftspflege wie Offenhalten, Mähen und Roden. Auch die verstärkte Beweidung kritischer Flächen

Ziegen sind Landschaftspfleger

durch Ziegenherden wird forciert, diese sorgen durch steten Verbiß von Jungpflanzen und Stockausschlägen zum Niederhalten der Verbuschung – tierische Landschaftspflege.

Ebenso hilfreich wie die gelenkte staatliche Intervention wäre natürlich eine stabile Nachfrage nach regionalen Produkten mit entsprechend intakter Landwirtschaft und extensiver (mäßiger, nicht intensiver) Beweidung. Hier wäre vor allem eine Nachfrage nach regionalen Milchprodukten und Fleisch wünschenswert, wobei gerade Rindfleisch unter den Bedingungen der schwarzwälder Weidewirtschaft in hervorragender Qualität erzeugt wird.

Feinfasrige Spitzenqualität liefert z. B. die Regionalsorte Hinterwälder, eine genügsame Rinderrasse, deren Kühe mit 120 cm Schulterhöhe und nur 450 kg Gewicht optimal an die steilen Weiden angepaßt sind (eine Vorderwälder-Kuh wiegt dagegen 600 kg, bei einer Widerristhöhe von 1,35 m). Bei dem Preisdruck der Märkte und der Pfennigfuchserei der Kundschaft haben es regionale Kreisläufe dennoch schwer.

Altes Milchhäusle im Kleinen Wiesental

Also gilt: der Wechsel zwischen Weiden und Wald, warme Hänge und sonnige Bänkle – alles, was Wanderer so schätzen – hängt auch vom Einkaufsverhalten ab. Gouda und Putenfleisch helfen den schwarzwälder Weiden nicht weiter.

Die Erhaltung der Kulturlandschaft Südschwarzwald ist ohne Subventionen kaum denkbar. Ob es soweit kommt, wie in der Schweiz, wo Landwirte praktisch als Staatsangestellte Landschaftspflege (mitunter auch Landschaftsverhunzung) betreiben, ist eine andere Frage. Zweifelhaft ohnehin, ob eine qualitätsbewußte Konsumhaltung wie in der Schweiz überhaupt bei uns möglich ist.

Um so wichtiger wären Leuchtturmprojekte, etwa Berghütten mit einem regionalen Qualitätsangebot, zeitgemäß präsentiert. Was hier von der öffentlichen Hand bislang angeschoben wurde, bewegt sich im Bereich der Alibiveranstaltungen. Dauerhafte, gastronomische Erfolge sind nach wie vor privater Initiative geschuldet. Der Staat kann manches, aber längst nicht alles besser.

Hermann Dischler: Winterlandschaft (1925)

Haus und Landschaft im Schwarzwald

Wie kein anderes Bild weckt der traditionelle Schwarzwälder Bauernhof romantische Vorstellungen. Aber nicht jeder Hof liegt auf der Sonnenseite, am Sommerberg. Schon die alten Familiennamen verraten es. *Spiegelhalters* hatten Glück, in den Scheiben spiegelt die Sonne. *Winterhalters'* Hof lag im Schatten. Mensch und Tier leben beschützt unter der tief heruntergezogenen, mächtigen Walm – eine Familie unter einem Dach. Wenn es ein Sinnbild für die aktuell so beliebten ganzheitlichen Konzepte gibt, dann ist das Leben im Schwarzwaldhaus ein Ideal davon, das Haus als Organismus.

Dazu kamen die Nebengebäude: Brennhaus, Mühle, Kapelle, Backhaus. Dann der Baum an der richtigen Stelle vor dem Eingang und alles so ins Land komponiert, daß nur ein Wort bleibt: Harmonie.

Und heute? Kein Milchhäusle mehr, heute kommt der Milchwagen zum Abholen, das heißt, in den Kühlraum in-

Bietet Schutz für Mensch und Tier: die Walm

vestieren oder aufhören. Kein Laden mehr, der das Schwarz-
pulver für die Jagd lose verkauft, aber Jägersauce im Päck-
le. Aus Stangenzäunen, welche die Bewegung der Weiden
akzentuieren, wurden Elektrozäune, aus den zwei Wagen-
spuren im Gras Asphaltwege, aus Hausgärten Verbund-
stein-Parkplätze, statt Schindel verkleiden Eternitplatten
die Hausfronten, dampfstrahlerfest. Baumärkte sind keine
Freude des guten Geschmacks.

Aber weshalb lamentieren? Wenn der Städter ein Recht
auf Zentralheizung hat, dann hat es der Wälder allemal. Das
Problem ist nur, daß eine Satellitenschüssel vor der Vollwalm
mehr auffällt als auf der Doppelhaushälfte. Aus der dürften
aber die meisten kommen, die sich über den Verfall der
schwarzwälder Tradition aufregen. In der Enttäuschung über
das Verschwinden schwarzwälder Romantik ist ja auch viel
Hilflosigkeit. Ein Haus geht fremd und fühlt sich nicht mal
schuldig. Trotz allem, der Schwarzwald schärft den Blick,
regt an. Das ist im Zeitalter der bunten Soße viel wert.

Bei Saig: Stammholzernte in der Waldplantage

Waldgeschichten

Läßt der Mensch den Wald in Ruh', entsteht Urwald. Urwald gibt es im Südschwarzwald nur noch auf wenigen Flächen. Entweder auf Gebieten, die der Mensch nur schwer erreicht, zum Beispiel in den felsigen Steilwänden oberhalb von Feldsee und Nonnenmattweiher oder eben auf solchen Flächen, die unter dem Bann des Naturschutzes liegen – Bannwälder. Dazu gehören im Südschwarzwald Waldflächen im Wehratal (mit 105 ha) und im St. Wilhelmer Tal bei Napf (108 ha), sowie die Flüh bei Schönau (19 ha).

In den Bannwäldern stellt sich im Lauf der Jahrzehnte wieder jene natürliche Waldgesellschaft ein, die dem Standort entspricht und ein Abbild der klimatischen und geologischen Verhältnisse ist. Bannwälder sind die Urwälder von morgen, und natürliche Waldgesellschaften sind ungleich vielfältiger als Wirtschaftswälder, die unter ökonomischen Aspekten angelegt wurden.

Fichten-Papierholz für PA (Papierfabrik Albbruck)

Im Gegensatz zu den Kulturformen Waldplantage, Wiese, Feld oder Weide ist der natürliche Wald die einzige großflächige Vegetationsform, die sich selbst erhalten und regenerieren kann. Alle anderen Formen würden ohne stete Pflege nach und nach verschwinden. Wo eine Wiese nicht gemäht, wo die Weide nicht beweidet wird, wächst Wald.

Ließe man den Wald wachsen, wie er will, gäbe es im Südschwarzwald andere Waldgesellschaften: Große Flächen des Westabfalls wären mit jenen Buchen-Tannenwäldern bestanden, die früher einmal die Höhen bis auf ca. 900 m dominierten. In warmen Lagen würde der Laubholzanteil steigen, zur Buche kämen Ahorn, Eiche, Linde und Wildkirsche hinzu, in feuchten Regionen die Esche, in Mulden mit kalter Luft die Fichte. In der Höhe und in den Gipfellagen würde sich die Waldgesellschaft in Richtung gemischter Buchen-Bergahorn-Tannen-Fichten-Bestände verändern. Nur in den nebligen Kaltluftwannen und an Nordhängen würden sich Fichtenwälder breitmachen. Allerdings echte Fichtenwälder mit einer üppigen Krautschicht, mit Moosteppichen und Heidelbeergestrüpp.

Naturwüchsige Nadelwälder haben nichts gemein mit den dicht gepflanzten Fichten- oder Nadelholzäckern, die heute auf weiten Flächen vorherrschen und dem Hochschwarzwald, besonders im Osten (z.B. um Rothaus/Bonndorf), einen monotonen, dunklen Landschaftscharakter geben. Noch extremer ist das Bild bekanntlich im Nordschwarzwald, wo bis zu 90 % der Fläche mit Nadelholzwäldern bedeckt ist.

Für Viele mögen Wälder Symbol einer zivilisationsfernen, intakten Landschaft sein. Sie sind es aber nicht. Der meiste Wald und der allermeiste Schwarzwald ist ein Resultat lange dauernder Eingriffe. Diese reichen von der sporadischen Beweidung bis zur rigorosen Ausplünderung der Holzvorräte.

Waldweide, Glashütte, Fichten- und Windacker

Seit gut 1000 Jahren wird der Hochschwarzwald bewirtschaftet. Über die frühe Waldwirtschaft gibt es kaum Belege, sicher aber wurden Teile der Wälder immer schon als Weide genutzt. Vieh wurde eingetrieben, durch die Beweidung unterblieb die natürliche Verjüngung, der Wald überalterte, er wurde licht.

Nachhaltiger als diese frühe, sporadische Form der Waldnutzung veränderten aber die systematischen Rodungen im Mittelalter das Bild des Hochschwarzwaldes. Die Besiedlung des Waldes wurde von den Klöstern vorangetrieben, die sich zunächst in Randbereichen, später im Zentrum etablierten (St. Blasien). Rodungen dienten zunächst der Gewinnung von Siedlungs- und Weideland, bald auch der systematischen Holzgewinnung.

Baumdenkmal, EU-gefördert (gesehen im Hotzenwald)

Den größten Anteil am holzverzehrenden Gewerbe hatten im 12. bis 16. Jh. der Bergbau und die Erzschmelze. Mit der beginnenden Industrialisierung stieg der Holzverbrauch immer mehr an. Bald gehörten die Glashütten zu den größten Holzverbrauchern; war eine Region ausgebeutet, wurde wenig daneben neu begonnen. Ortsnamen wie Altglashütten und Neuglashütten erinnern an diese Phase der Plünderung der Wälder.

Holz wurde zu einem immer begehrteren Rohstoff. Der Bedarf der Eisenwerke förderte zusätzlich das Aufkommen der Köhlerei. Weil der Transport von Holzkohle in Säcken möglich war, konnten auch zuvor unzugängliche Steillagen abgeerntet werden, etwa an den Feldbergflanken oder am Köhlgarten bei Neuenweg-Heubronn, wo einmal ein naturwüchsiger Buchenwald stand. Für die Köhlerei wurde überwiegend Buchenholz verwendet, so verringerte sich der ursprünglich hohe Laubholzanteil an den feuchten Südwestflanken des Schwarzwaldes auf ein Minimum.

343

Fichtenacker, Kadettenwald: Älterer Bestand bei Rothaus

Mitte des 19. Jh. war der Holzverbrauch pro Kopf der Bevölkerung acht mal so hoch wie heute. Als die Entwaldung im Schwarzwald ihrem Höhepunkt zustrebte, sorgte der aufkommende Steinkohlebergbau für ein rasches Ende des frühen Holzbooms. 1870 wurde die Glashütte in Aeule am Schluchsee stillgelegt, damit endete eine Epoche der Waldvernichtung durch exzessiven Holzeinschlag.

Der Siegeszug der Fichte steht in Zusammenhang mit dem Raubbau an den natürlichen Waldgesellschaften. Brachen werden am schnellsten von der Fichte besiedelt, ihre Ansprüche sind gering und Fichtensamen sind flugfähiger als die anderer Bäume. Auf kahlen Flächen gewinnt die Fichte den Wettlauf gegen andere Baumarten. Aber auch für die gezielte Aufforstung überalterter Bestände wurde die Fichte, später auch die aus Nordamerika stammende schnellwüchsige Douglasie gewählt. Die Stämme wurden dicht an dicht gesetzt, monotone Fichtenäcker ohne viel Unterwuchs sind die Folge. Plantagen, auf deren lichtlosem Grund kaum eine andere Pflanze überleben kann. Aber nicht nur die traditionelle Waldwirtschaft, auch die Landwirtschaft hatte Anteil an der Verarmung der Wälder. Bis vor kurzem wurden aufgelassene Weiden oder landwirtschaftlich nicht mehr benötigtes Land mit Fichten aufgeforstet. Die öffentlich geförderten Aufforstungswellen verliefen dabei parallel zu kritischen Phasen der Landwirtschaft. Gehen die Erträge auf freiem Land zurück, kommt eben Wald drauf. Ein politisches Motiv für die Aufforstung von Weideland war sicher auch der drohende Milchsee. Die Therapie brachte freilich nichts. Dennoch ist es einigermaßen erstaunlich, daß zugleich Offenhaltung und Aufforstung der Landschaft zu staatlichen Fördermaßnahmen werden konnten – vermutlich aber nur Subventionsalltag.

Kadettenwald, natürlicher Wald und Wild im Wald

Die Abkehr von den Waldplantagen gleicher Altersklassen hin zu Mischwald mit natürlich gestuftem Altersaufbau vollzieht sich derzeit in der Forstwirtschaft. Dabei ist der „Dauerwaldgedanke" (Bestandspflege statt Kahlschlag) keinesfalls neu. Die sog. *Plenter-* oder *Femel*bewirtschaftung, bei der Jahr für Jahr geringe Mengen höherwertiger Stämme geschlagen werden, der natürliche Alters- und Artenaufbau aber ungestört bleibt, ist vielmehr eine traditionelle Methode nachhaltiger Waldbewirtschaftung. Sie entstand aus den Ansprüchen der kleinen Waldbesitzer, „des Waldbesitzers, der an seinem Wald persönlich hängt, alle Eingriffe sorgfältig selbst vornimmt, aus dem Walde lieber zuwenig als zuviel Holz herausholt und Wert darauf legt, zu allen Zeiten Holz für die verschiedensten Anforderungen seiner eigenen Wirtschaft zu haben." So ganzheitlich sah jedenfalls schon Mitte letzten Jahrhunderts ein Forstmeister Feucht aus Gersbach die Dinge. Am Gersbacher Horn und in den Wäldern um Fetzenbach gab es damals (und in Teilen bis heute) noch wunderbare Waldbestände mit mächtigen Weißtannen, die über 100 Jahre brauchen, um ihre volle Höhe zu erreichen. Diese Art der Waldwirtschaft setzt allerdings gut ausgebildete Forstleute und ökologisches Verständnis voraus.

In den wirtschaftlich schwierigen Phasen des letzten Jahrhunderts hatte es der Femelwald schwer gegen einen mit der Schnur gesetzten Kadettenwald, bei dem der rasche Ertrag im Vordergrund steht. Bis heute werden die ökologischen Aspekte der Waldwirtschaft von ökonomischen überlagert: teure Vollerntemaschinen, die automatisch fällen und entrinden, können besser in Waldplantagen eingesetzt werden – und manchen paßt die neue Richtung sowieso nicht. Bäume in unordentlichem Stand, ein schrecklicher Gedanke. Durch die Stürme um die Jahrtausendwende wurde aber eine nachhaltige Denkweise forciert, hinzu kam die Wirtschaftsweise einiger großer Privatwaldbesitzer und Forstleuten, die schon lange auf die höhere Resistenz naturverjüngter Wälder setzten und damit sogar noch höhere Erträge erzielen, freilich nicht subventioniert werden. Bundesweit stehen nur auf wenig mehr als 10 % der Fläche Wälder mit mehr als drei Baumarten.

In Teilen des Südschwarzwaldes wird das Prinzip des naturnahen Waldes freilich schon lange angewandt. Gerade dort, wo Privatwald durch Erbteilung in Mosaike zerfiel, deren Aufforstung nicht mehr lohnt, haben naturnahe Wälder eine Chance. Für den Nachwuchs sorgt dann die Waldgesellschaft selbst. So entstehen mehrstufige Wälder, die bessere Holzqualität liefern und widerstandsfähiger gegen Sturm und Krankheiten sind. *„Willst du einen Wald vernichten, pflanze Fichten, Fichten, Fichten"*, spotteten aufgeklärte Förster nach den Orkanen Wiebke und Lothar.

Bunter Nachwuchs: Naturverjüngung im Fichtenwald

Naturverjüngung und damit ein naturnaher Wald kann sich freilich nur dort durchsetzen, wo der Wildverbiß so gering bleibt, daß Bäume überhaupt hochkommen. Nun sind viele Wälder auch im Südschwarzwald mit dem Tier überbesetzt, das den größten Schaden im Mischwald anrichtet: dem Reh. Im Südwestschwarzwald gibt es zunehmend auch Probleme mit Gemsen und durch Wildsauen, die auch in der Vorbergzone zu einer Plage werden können. Trotzdem: heute knabbern vermutlich sechsmal so viele Rehe am Wald wie vor dem 2. Weltkrieg. Und sie knabbern – echte Feinschmecker – an jungen Laubbäumen und Tannen. Die weit verbreiteten Fichten wollen nicht so munden. Forstleute sprechen von einer „Diktatur des Wildes", letztlich geht es um die Frage: Wald vor Wild oder Wild vor Wald?

Und warum so viel Wild, so viel Reh, warum wurden lange Zeit ganze Wildsaurotten noch üppig gemästet? Natürlich gibt es mehrere Gründe, aber ein sozialer Zusammenhang ist ebenso klar wie wenig bekannt: Per Gesetz wurde die

Bunter Schwarzwald: Buchenwald bei Hartschwand

seit 1848 freie Bauernjagd von Reichsjägermeister GÖRING zum exklusiven Artikel erhoben und sie blieb es bis heute. Eine Leidenschaft für die einen, ein Premium-Freizeitsport für andere, natürlich auch für Leute mit Geld und Beziehungen. Dagegen wäre (zumindest aus Sicht der Bäume) wenig zu sagen, wenn die Wildpopulation in waldverträglichen Dimensionen gehalten würde. Natürlich gibt es unterschiedlich aktive Revierpächter, Pauschalurteile sind hier unsinnig, es geht nicht gegen die Jagd. Aber Trophäenfixierte und jagende Prominenz schätzt nun mal einen stattlichen Wildbestand, es läuft einfach mehr vor die Flinte. Also werden Wildsauen mit Mais gemästet, also werden Jagdzeiten festgelegt, die Trophäenschußzeiten sind (so beim Rehbock vom 1. Mai bis 15. Oktober).

Auch Wälder bekommen Bäuche

Ein weiterer Aspekt sind die unruhigen Wälder, die zum Erholungs- und Bikegebiet geworden sind. In einem genutzten Wald läuft das Wild nicht mehr so leicht vor die Flinte, zugleich bekommt das Wild – als Folge des naturnahen Waldes – mehr Verstecke. So kommt es zu scheinbar paradoxen Jagdergebnissen: geringe Beute bei hohem Bestand. Auch ein Nachdenken über die Jagdmethoden wäre an der Zeit, was bei den traditionellen Jägern noch dauern kann. So sind auch Wälder ein Spiegel ihrer Zeit. Wälder werden nicht mehr aus Not oder aus purem Gewinnstreben geplündert wie früher. Aber Wälder wurden mit Fichten gemästet und das Wild konnte sich stark vermehren. Auch Wälder bekommen Wohlstandsbäuche. Nach soviel Theorie noch ein praktischer Hinweis:

Tanne oder Fichte – die Unterschiede: Nadeln zwischen den Fingern zerreiben, Tannennadeln riechen nach Adventskranz. Fichtennadeln eher wie Badesalz. Tannennadeln sind flach und breit, sie haben an der Unterseite zwei weiße Streifen (Weißtanne). Fichtennadeln sind dünn, vierkantig und stechend spitzig. Tannenzapfen stehen aufrecht wie Kerzen auf dem Zweig, Fichtenzapfen hängen.

Der Forstbotaniker LUDWIG KLEIN schreibt 1908: „Die Weiß- oder Edeltanne ist, ähnlich der Eiche unter den Laubhölzern, durch den Adel der Gestalt wie durch das Alter und die riesige Dimension (...) unstreitig die Königin unserer Nadelhölzer." Einzelne Exemplare erreichen über 50 Meter Stammhöhe, bringen eine Holzmasse von bis zu 20 Kubikmetern und können ein maximales Alter von vierhundert Jahren erreichen. Zum Vergleich: ein schlanker Fichtenstamm im eng stehenden Wirtschaftswald bringt nach knapp 100 Jahren zwei, drei Kubikmeter Holz, läuft im modernen Sägewerk aber problemlos durch die Gatter und bringt damit jene schmalen Profilbretter, mit denen heute Dachstuben und Hobbykeller ausgekleidet werden.

Weidbuchenhain am Wiedener Eck

Weidbuchen

Die ausgewachsene Weidbuche zählt zu den markantesten Baumtypen des Südwestschwarzwaldes. Oft steht sie als Solitär auf dem freien Weideland und prägt so eine Partie der Landschaft. Auf den Hängen um Wieden, ums Wiedener Eck und oberhalb Schönenberg im Wiesental stehen ein paar der prächtigsten Weidbuchen überhaupt. Einzelne Stämme sind über 300 Jahre alt, sie erreichen Umfänge bis 7 Meter, vereinzelt bis 10 Meter. Die typische Weidbuche ist aber nicht nur ein stattlicher Baum, sie ist auch ein Dokument. Abbild einer besonderen Form der Weidewirtschaft.

Weidbuchen durchlaufen in ihrer Geschichte unterschiedliche Wachstumsphasen, und ohne die extensive, also weitläufige und damit schwache Beweidung kann auf keiner Weide eine Weidbuche gedeihen. In ihrer Jugend war die Weidbuche zunächst ein Stämmchen, das durch steten, aber eben nicht übermäßigen Viehverbiß – nach und nach

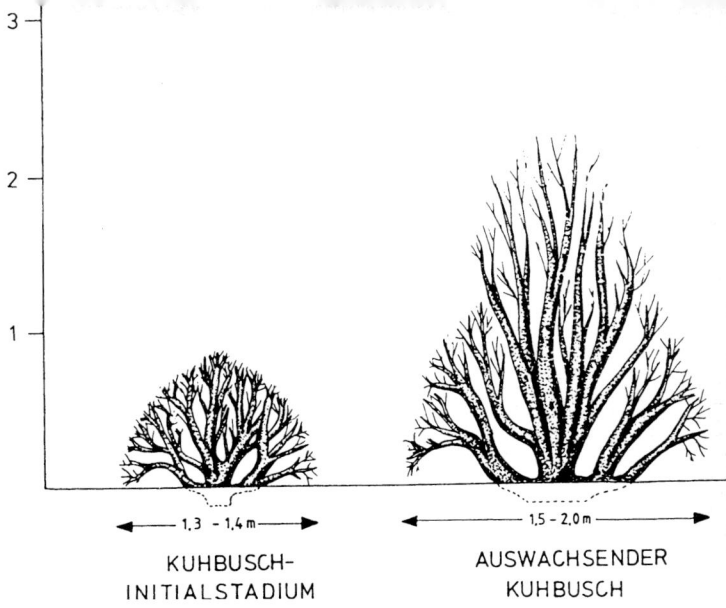

3

2

1

━━ 1,3 – 1,4 m ━━▶   ◀━━━━━ 1,5 – 2,0 m ━━━━━▶

KUHBUSCH-   AUSWACHSENDER
INITIALSTADIUM   KUHBUSCH

zu Seitentrieben angeregt wurde. So entsteht zunächst der
sogenannte *Kuhbusch*, er besteht aus mehreren separaten
Stämmchen. Dieses Vorstadium der späteren Weidbuche
kann Jahrzehnte alt werden. Bonsais gleich kümmern und
gedeihen die Kuhbüsche schier ohne Wachstum vor sich
hin, werden bis zu 50 Jahre alt, ohne nennenswerte Höhe
zu erreichen. Aber irgendwann ist ein Busch dann doch so
breit gewachsen oder der Verbiß so unbedeutend, daß ein
Stämmchen aus der Mitte des Busches nach oben auswachsen kann.

Damit beginnt das Stadium des auswachsenden Kuhbu-
sches. Die Buche entwächst gleichsam ihren Schöpfern,
denn ab einer Breite von zwei Metern kann kein Rinder-
maul mehr die Mitte des Busches erreichen. Einzelne Stämme strecken sich und wachsen „im Schutze ihres eigenen
Mantels" nach oben aus. Über die Jahrzehnte verwachsen,
verschmelzen nun die Einzelstämme. Zunächst nur an einigen Stellen, später bildet sich ein mächtiger Stamm, an

dessen Rinde aber immer noch die Struktur früherer Einzelstämme zu ahnen ist. Nach 200 bis 250 Jahren ist die Weidbuche schließlich erwachsen. Auf einem gedrungenen, kurzen Stamm sitzt eine weit ausladende Krone. Im Idealfall bildet sich ringförmig um diese Krone durch natürliche Aussamung schon wieder Buchenjungwuchs, der später zum Kuhbusch wird. Irgendwann wird die Weidbuche alt. Zu alt, um den harten montanen Bedingungen zu widerstehen. Im Altersstadium wird der Baum hohl, alte Weidbuchen können regelrecht wieder in ihre Einzelstämme zerfallen (wie auf dem Bild auf der vorigen Seite zu sehen).

Weidbuchen können zwar durch steten Wind zusätzlich bizarre Formen erhalten (wie die neben der Schauinslandstraße), aber Weidbuchen sind zunächst einmal nur durch die traditionelle Form extensiver Weidewirtschaft möglich, denn bei intensiv bewirtschafteten Weiden wäre der Verbiß so stark, daß kein Sämling groß wird.

Die meisten voll entwickelten Weidbuchen
sind heute ca. 250 bis 300 Jahre alt.

Das hohe Alter einiger Weidbuchen ist kein Zufall, denn die Bäume erzählen auch von einer Zeit im Schwarzwald, die von Kriegswirren, Armut und geringem Viehbestand geprägt war. Der dünne Viehbesatz war eine ideale Bedingung für das Auswachsen der Stämme. Noch vor ein paar Jahrzehnten waren Weidbuchen nicht nur ästhetisch markante Punkte, optische Haltestellen in der Landschaft, sondern auch eine Anlaufstelle für Viehhirten. Sie entfachen in den hohlen Stämmen alter Bäume sogar kleine, wärmende Feuer oder fanden dort Schutz vor Wetter.

Alte Exemplare bergen kleine Wasserlöcher, die mitunter ganzjährig gefüllt bleiben und eine Heimat für neues Leben sind, in ihren Achseln kann sich etwas genügsame Flora ansiedeln, vereinzelt wächst darin sogar frisches Pionierholz wie etwa Holunder.

Betagtes Exemplar: am Weidbuchenpfad in Schönenberg

Schwierig zu sagen, welche Augenblicke schließlich die Summe des Lebens bilden. Sicher gehören jene im Spätherbst dazu, der Rücken gegen eine Weidbuche geschmiegt, mit Blick von den Hängen ins Wiesental bis zu den Alpen und bei komfortabler Hemdentemperatur. Solche Stunden gehören in die humane Gesamtrechnung.

⊃ **Wandern:** Es gibt einen eigens angelegten **Weidbuchenpfad** im Wiesental oberhalb von Schönau. Beginn bei der Unteren Stuhlsebene auf 860 m (bei Schönenberg, vgl. dort). Auf 11 Stationen werden unterschiedliche Stadien von Entwicklung und Zerfall der Weidbuchen gezeigt. Eine Broschüre zum Pfad bei: Belchenland Touristeninformation, Gentnerstraße 2, 79677 Schönau, Tel. 07673-918130. www.belchenland.com. Wunderbare Exemplare stehen auch nahe dem Westweg vom Wiedener Eck aufs Hörnle und weiter zum Trubelsmattkopf, sowie auf den Weiden um Ungendwieden.

- **Literatur**: Weidbuchen im Schwarzwald, Hrsg.: Landesanstalt für Umweltschutz, ISBN 3-88251-121-4. Hieraus auch obige Abbildung.

Der Weg folgt dem Land: bei Gersbach

Der Weg

Alte, in Jahrzehnten eingelaufene Wege haben eine Würde. Sie folgen der Landschaft, sind dem Gelände oder einer Notwendigkeit angepaßt, wie der Weidetriebweg, auf dem der Hirte mit dem Vieh vom Dorf auf die gemeinsam unterhaltene Allmendweide zog. Berggänger und Vieh, beide passen ihren Lauf dem Gelände an. Das Resultat sind Wege, die mit und nicht gegen die Natur laufen.

An manchem Weideweg, der später vielleicht als Fahrweg befestigt wurde, haben sich am Rande Sträucher und Bäume angesamt. So eine Partie kann der Anfang eines natürlichen Parks sein, Beginn einer Kulturlandschaft. Vielleicht kommt noch ein Mäuerchen aus Lesesteinen dazu, vielleicht ein Wegbogen zum nächsten Brunnen.

Anders ist der Eindruck beim Gehen auf den maschinengeschobenen Wegen oder breiten Forststraßen, die nach den Maximen der Holzabfuhr angelegt wurden und bestimmten Steigungen und Kurvenradien folgen.

Bedrängtes Weideland: durch Wald und Adlerfarn (Mitte)

Wiesen, Weiden, Hinterwälder

Wiesen und Weiden bilden große Naturräume im Südschwarzwald. Ohne Mahd oder Beweidung würden die offenen Landschaftsformen rasch verbuschen, mit Adlerfarn
überwuchern und schließlich verwalden (vgl. Bild oben).
Der landschaftliche Reiz des steten Wechsels zwischen sonnigen Partien und Waldflächen ist kein natürliches, sondern
ein kulturelles Erbe. Dies ist gefährdet durch den Rückzug
der Landwirtschaft, durch Verwaldung, sowie durch gezielte Aufforstungen mit Fichten-Monokulturen. Mit jedem
Stück Vieh, mit jeder billig gekauften H-Milch verschwindet
schließlich auch ein Lieblingsplatz an der Sonne.

Die meisten Wiesen werden gedüngt und mehrmals im
Jahr gemäht. Die Mahd liefert Heu und damit Winterfutter.
Auf dem intensiv genützten Grünland der Wiesen können
sich außer den stark wachsenden Gräsern nur wenige, stick-
stoffliebende Pflanzen halten. Eine Ausnahme bilden die
ungedüngten Magerrasen in siedlungsfernen Hochlagen,

auf denen sich blumenreiche Bilder entwickeln können. Ein typisches Zeichen für intensive Düngung und Nutzung sind tiefgrüne, im Frühjahr mit Löwenzahn übersäte Wiesen im Nahbereich der Höfe. Früher wurden Wiesen immer wieder für kurze Zeit als Feld oder Acker genutzt. Wenn nach zwei, drei Jahren Kartoffeln oder Getreide nicht mehr wuchsen, wurden die Äcker wieder zur Wiese. Manchmal sieht man am unterschiedlichen Bodenbild oder an Mosaikenstrukturen noch eine frühere Nutzung einzelner Wiesenstreifen als Feld.

Die meisten Weiden werden nicht intensiv, sondern extensiv genutzt. Sie liegen weiter von den Höfen entfernt und bilden ein zusammenhängendes Landschaftsbild. Extensiv genutzte Weiden werden kaum oder nicht gedüngt und oft nicht gemäht, nur das Vieh sorgt für ein Niederhalten der Vegetation.

Auf Extensivweiden können sich vielfältige Pflanzengesellschaften halten: In das lückig wachsende Gras sind viele düngerfliehende Blütenpflanzen eingestreut, bis hin zu Orchideen. An Lesesteinhaufen entstehen Inseln mit Sondervegetation. Blütenpflanzen bieten ein Biotop für Schmetterlinge und Insekten, diese ziehen Vögel an usw. usf. Landschaftsästhetisch gesehen erscheint die extensiv genutzte Weide gegenüber der gedüngten Wiese wie ein Menü gegen einen fetten Eintopf.

Die Sonderform der Allmendweide – einer gemeinschaftlich genutzten Weide, meist im „wilden Feld", also schon weiter oberhalb des Dorfes gelegen. Dorthin wurde das Vieh von einem Dorfhirten hingeführt und betreut, diese Weideform hat sich besonders im oberen Wiesental lange gehalten. Im Weiler Fröhnd-Hof wurden 1980 jeden Tag um halb acht nach dem Trompetensignal des Hirten zwanzig Kühe auf die Allmendweide geführt, in den 50er Jahren waren es noch 70 Rinder und 30 Ziegen. An den Hängen um Fröhnd

Gersbach und Anrainer

Im Schwarzwald haben sich noch zwei ursprüngliche Rassen halten können: in den tiefer gelegenen Gebieten die Vorderwälder und die Hinterwälder in den höheren Gebieten des Schwarzwaldes (Belchen und Feldberg). Jenseits des Rheins, in Frankreich, existiert auch noch eine lokale Rasse: das Vogesenrind. Alle drei sind an die Nutzung karger Weiden angepasst und zeichnen sich durch robuste Klauen, Langlebigkeit und eine, gemessen an der Futtergrundlage, gute Milchleistung aus. Sie gehören den klassischen Dreinutzungsrassen an, da sie ursprünglich neben der Milch und dem Fleisch auch zur Arbeit gebraucht wurden.

Vorderwälder

	Stier	Kuh
Widerristhöhe	145 cm	135 cm
Gewicht	1050 kg	600 kg

Leistung: Jahresmilchmenge im Mittel 5000 kg bei 4,2% Fett und 3,3 % Eiweiss. Tägliche Zunahme von Mastbullen auf Stationen 1150 g

Zuchtgeschichte: Urkundlich erstmals 1829 erwähnt, seit den 60er Jahren wurden verschiedene milchbetonte Rassen (Ayshire, Red-Holstein, Montbeliard) eingekreutzt .

Hinterwälder

	Stier	Kuh
Widerristhöhe	130 cm	115-125 cm
Gewicht	750 kg	430-480 kg

Leistung: Jahresmilchmenge im Mittel 3200 kg bei 4,1% Fett und 3,4 % Eiweiss. Tägliche Zunahme von Mastbullen auf Stationen 900 g

Zuchtgeschichte: Herdbuchzucht seit 1880, kaum genetisch beeinflusst, kleinste Rinderrassse des europäischen Kontinents

gibt es noch bis heute auffallend schöne und gepflegte Wiesen und Weiden, teils werden sogar noch Reste der alten Bewässerungskanäle erhalten, die in Fröhnd-Hof noch bis zum Jahr 1995 in Funktion waren.

Zur extensiven Weidenutzung paßt das HINTERWÄLDER Vieh wie kein anderes. Die robuste südschwarzwälder Lokalsorte ist mit einer Schulterhöhe von 1,20 Meter die kleinste Rinderrasse Europas. Wegen ihres geringen Gewichtes von ca. 450 Kilogramm können Hinterwälder auf Steillagen und nassen Standorten weiden, ohne den Grund zu zertrampeln. Hinterwälder liefern bestes Fleisch, feinfasrig und gut marmoriert. Dank Jahrhunderte langer Anpassung ist die Milchleistung auch bei kargem Futter gut, die robusten Tiere können lange auf der Weide bleiben und sorgen so für den Erhalt des abwechslungsreichen Landschaftsbildes.

Trotz all dieser Vorteile wäre die Sorte fast verdrängt worden. 1975 gab es nur noch ca. 1500 Hinterwälder, obwohl ihr Fleisch so begehrt war, daß es bis nach Frankreich exportiert wurde. Die Hinterwälder-Viehzucht erlebt seit Mitte der 90er Jahre im oberen Münstertal, besonders im Wiesental eine erfreuliche Renaissance, die überragende Qualität spricht sich langsam rum. An manchem Stall hängt mittlerweile ein Schild, das auf die Hinterwälder-Haltung hinweist (z.B. in Wieden-Rollsbach, vgl. Auerhahn). Gasthöfe, die landschaftsgerechte Viehzucht durch entsprechende Angebote unterstützen, sollten vom Wanderer unterstützt werden. Autobahnfleisch oder gar argentinische Steaks im Hochschwarzwald, auch so kann man seine eigene Kulturlandschaft ignorieren.

Im steten Wechsel – Garten, Feld und Wald

Nördlich der Linie Freiburg-Höllental-Titisee galt früher das **Anerbenrecht**. Der Hof wurde geschlossen an den jüngsten Sohn übergeben, die Geschwister mußten anderswo Arbeit suchen. So blieb es lange bei der großflächigen Bewirtschaftung des Landes, bei geschlossenen Hofgütern und großen Parzellen, damit bei einem einheitlichen Landschaftsbild.

Anders im **Realteilungsgebiet** Südschwarzwald, wo die Erbteilung zur kleinflächigen Wirtschaftsweise führte. Noch heute sind die Erbfolgen auf dem Land im Mosaik der Waldbilder sowie am Hofgebäude abzulesen. Mancher Hof wurde durch Teilung, Abtrennung, oft auch durch unorganische Anbauten stark verändert. Auch das Kulturland um die Höfe zeigt die Folgen der Erbteilung:

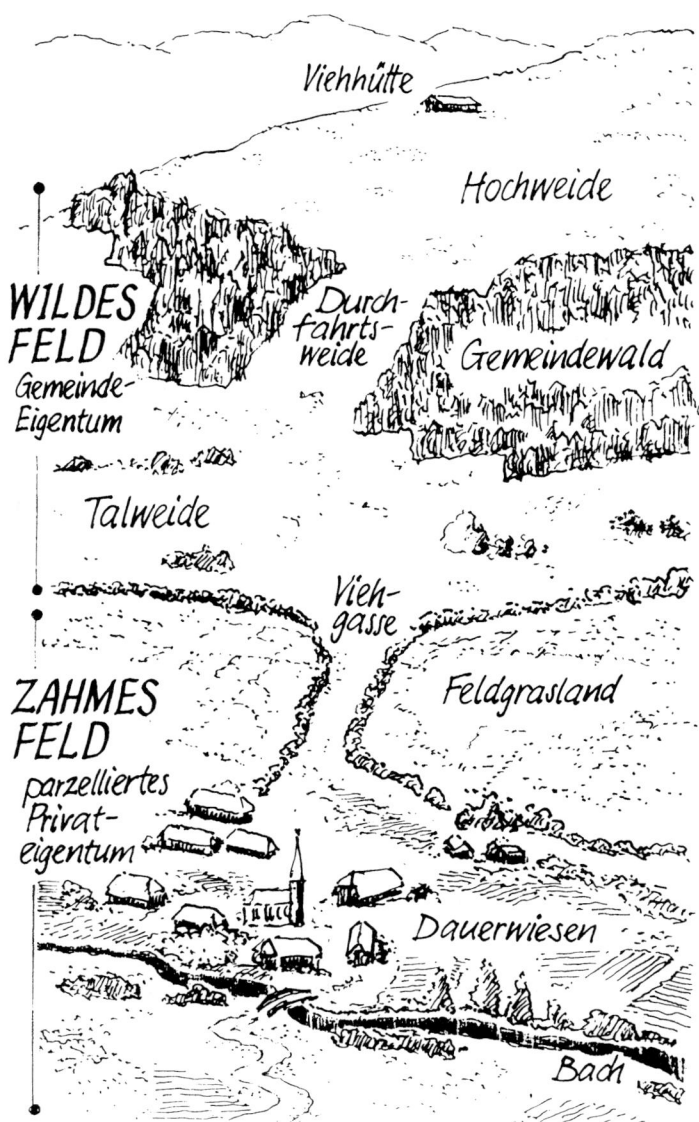

Viehhütte

Hochweide

WILDES
FELD
Gemeinde-
Eigentum

Durch-
fahrts-
weide

Gemeindewald

Talweide

Vieh-
gasse

Feldgrasland

ZAHMES
FELD
parzelliertes
Privat-
eigentum

Dauerwiesen

Bach

- **Zahmes Feld** wird der Privatbesitz in der Nähe der Höfe genannt. Hier lagen im Wechsel gedüngtes Grasland (Wiesen) und Feldfrüchte, unterbrochen von Streuobsthainen und Gartenland. Ein Mosaik der Kulturformen. Hangaufwärts beginnt das wilde Feld (vgl. Skizze nebenan).

Das Wilde Feld bilden große Weideflächen, die heute allenfalls noch extensiv bewirtschaftet werden, oft im Gemeindebesitz (Allmendweiden) oder Privatland in genossenschaftlicher Nutzung, manchmal mit einer Jungviehhütte, die heute von einem Pächter betrieben wird, der bisweilen auch wirtet (Erlenbacher Hütte, Baldenweger Hütte etc.).

Auch das abwechslungsreiche Waldbild des Südschwarzwaldes ist eine Folge der Erbteilung. Die Wälder zerfielen in Parzellen, die auf unterschiedlichste Weise bewirtschaftet werden. Von der Fichtenkultur bis zum Naturwald. Die traditionelle Unterteilung in Zahmes und Wildes Feld ist heute oft verwischt, überbaut, verwachsen. Das Wilde Feld weit draußen verwaldet, das zahme Feld im Bereich der Höfe ist zum heißen Land geworden. Gegen die Zweitwohnung hat der Bauerngarten wenig Chancen. Die Struktur des alten Kulturlandes (Skizze vorige Seite) läßt sich heute da und dort noch erahnen, einer schwach durchgedrückten Pause gleich.

Bauerngärten

Alte Hausgärten sind eine Welt für sich, oft in Jahrzehnten gewachsene Augenweiden. Der Garten liegt in geschützter Lage, oft leicht geneigt, um die Sonneneinstrahlung besser zu nutzen. Ein Holzzaun, seltener eine Mauer, schützt den Garten vor Wild, Vieh und Federvieh. Oft wird der Garten von gekiesten Hauptwegen unterteilt, die sich in der Mitte

Herbst im Bauerngarten – in Ried beim Adler

treffen und dort ein kleines Rondell bilden. Da sind dann Blumen gepflanzt, manchmal wird das Rondell von nieder geschnittenen Buchshecken begrenzt, die auch die Kieswege begleiten können. Manchmal sorgt ein kleiner Obstbaum für Schatten, selten fehlt der Holunderbusch im Eck.

Im kleinen Wiesental, oben in Raich-Ried gleich neben dem Adler, wäre so ein Prachtexemplar, in Lenzkirch-Kappel vor der Blume hat es auch einen kapitalen Bauerngarten, der von einem Landschaftsgärtner gehegt und gepflegt wird.

Buchs und Zierpflanzen erzählen bereits von einem gewissen Wohlstand, von Freizeit und Sinn für das Schöne, denn für die Betonung der ästhetischen Aspekte blieb früher oft keine Zeit. Alte Aufnahmen aus dem oberen Wiesental zeigen schlichte hochschwarzwälder Bauerngärten, die nur nach Nutzwert angelegt waren. Zudem gab es früher bei weitem nicht so viele widerstandsfähige Pflanzenzüchtungen. Oft bestimmte Kohl- und Wurzelgemüse das Bild hochgelegener Gärten. Kein blumenreiches Idyll, sondern eine triste Pflanzung, sprichwörtlich wie „Kraut und Rüben". Erst mit Zeit und Wohlstand konnten Bauerngärten zu Augenweiden heranwachsen.

Gute Karten – besser Wandern

Eine detailgenaue Karte ist unerläßlich für fortgeschrittene Wandersleut', unerläßlich auch zum Rumstrolchen. In diesem Sinne sind die Wanderanregungen im Text für Leute gedacht, die eine Karte lesen und mit Landschaft, Tageszeit und Wetterlage umgehen können. Die Königstour vom sonnigen Herbstnachmittag kann, zu früh am Vormittag begonnen, ein trister Schattenmarsch sein. Empfohlen werden im Buch deshalb Ausgangspunkte, die mehrere Touren erschließen.

Die Beschilderung (manche meinen: Verschilderung) des Südschwarzwaldes hat in letzter Zeit deutlich zugenommen. Regionale Initiativen (u.a. im Hotzenwald, Wiesental) haben zahlreiche Themenwege geschaffen und Infotafeln aufgestellt. 2003-2004 wurde im gesamten Schwarzwald ein neues Wegweisersystem installiert worden (gelbe Raute). Im Gegensatz zu den alten Schildern haben die neuen Wegweiser Höhenangaben und einheitliche Symbole (u.a. nächstliegende Verkehrsmittel, Aussichtspunkte etc.), vor allem aber exakte Entfernungsangaben zu markanten Nah- und Fernzielen. In deutscher Tradition wurde das Land mitunter etwas gründlich möbliert, der Eindeutigkeit nützt das neue System sicher.

- **Wanderkarten** sind viele auf dem Markt. Unübertroffen sind die topographischen Karten des Schwarzwaldvereines, die auf der Grundlage der offiziellen Baden-Württemberger Landeskarten erstellt werden (Hrsg.: Landesvermessungsamt). Für den Bereich dieses Buches sind besonders vier 1:50.000 Kartenblätter „Naturpark Südschwarzwald" interessant. Leider wurden die jüngsten Ausgaben mit Freizeitsignaturen überladen (Einträge für Wassertretstellen, Windsurfen und Sommerrodeln!). Eine Aktualisierung der teils überholten gastronomischen Einträge wäre sinnvoller gewesen, als ein mit Modesportarten überfrachtetes Kartenbild. Die Güte der zugrundeliegenden Karte ist allerdings ohne Konkurrenz, und es gibt die Blätter für Puristen auch ohne Signaturen, natürlich auch rein digital. Gleich in welcher Version, ein kompletter Kartensatz gehört eigentlich in die Hände jedes Naturfreundes, der im Südwesten unterwegs ist. Passionierte Wanderer und Feldjäger wählen die entsprechenden 1:25.000 Blätter, auf denen jede Hütte eingetragen ist.

Wer in fremdem Gelände zuverlässig nach Karte gehen kann, gewinnt Autonomie. Spezialkarten und Zusammensetzungen zu einzelnen Wanderregionen, für Loipen, MTB und andere Sonderformen des menschlichen Bewegungsdrangs gibt es mittlerweile dermaßen viele, daß gültige Empfehlungen schier unmöglich sind. Nochmals der Hinweis: mit den vier 1:50.000 Blättern sind Sie für alle Fälle so gut ausgestattet, daß Sonderanschaffungen unnötig sind.

- **Als Übersichtskarte** bei Auto- und längeren Radtouren in der gesamten Oberrheinregion (mit Elsass und CH) eignet sich die Michelin-Karte Oberrhein (1:200.000, Karte Nr. 278).

Konus Gästekarte

Feine Sache: Eine überregional gültige Schwarzwald-Gästekarte (als Ersatz für die alte Kurkarte). Einer der Hauptvorteile: es können praktisch alle Busse und Bahnen im Schwarzwald kostenlos (2. Klasse) genutzt werden. Mehr als 6.000 Gastgeber im Schwarzwald bieten ihren Übernachtungsgästen diesen praktischen Generalfahrschein als Serviceleistung an. Ideal auch für Streckenwanderer. Mehr unter:

www.konus-schwarzwald.info
www.schwarzwald-tourismus.info

Bitte vor dem Essen lesen

„Alle diese Gasthäuser sind weiß getüncht und sehen von au-ßen ordentlich und sauber aus, innen sind sie aber schmutzig und eins wie das andere. Die Bettlaken sind kurz, die Feder-betten klumpig, die Matratzen hellrot, das Bier gut, der Wein schlecht.“ Ernest Hemingway, Im Rössle.

Die Gastronomie im Südschwarzwald bleibt ein weites, mit-unter auch schwieriges Feld. Ginge es nur um die wenigen, in sich wirklich stimmigen Orte, käme ich höchstens auf zwei Dutzend Adressen, Oasen im eigentlichen Sinne. Wer

Alte Werte: In der Haldenstube auf dem Schauinsland

keine Kompromisse machen kann, dessen kulinarische Tour wird im Südschwarzwald recht übersichtlich ausfallen. Natürlich fördert manches Panorama die kulinarische Attraktion, bei Alpensicht schmeckt es einfach besser – und so sollte auch mancher Hinweis in diesem Buch gelesen werden – als Empfehlung für gewisse Stunden.

Da war mal eine alte Gaststube. Kachelofen, Holzbank, Dielenboden – gerade im Schwarzwald gab es solche Stuben in fast jedem Dorf. Dann kamen geflammte Balken, Nut- und Federbretter, Piepskassen, eine elektronische WC-Spülung. Eine ältere Bedienung erzählte mir einmal von

Wächst draußen und umsonst: Brunnenkresse

vergangenen Jahren, „von wunderbar formulierten Holz-
bänken", von breiten Tannendielen in der Gaststube. Nun
steht dort Furnierholz auf PVC-Boden. Zum Abtreten. Es ist
immer wieder erstaunlich, wie weit die Gastronomie im bürgerlichen Bereich verkommen kann, gerade in gutbesuchten
Regionen. Auch bei den Fundamenten, beim Vesper ver-
räucherter Plastikspeck, Hausmacher ab Fabrik, Wurstsalat
im fünf-Kilo-Beutel vorgeschnitten. Ein Freund sagt dazu:
„Vorsicht gerade dort, wo ‚Vesperstube' drauf steht."

Was ist mit dem duftenden Braten,
und wo bleiben eigentlich all die Waldhimbeeren

Tja, wo bitte geht's zur sorgfältig geklärten Fleischbrühe, wo
wartet nun der Braten aus dem holzbefeuerten Ofen? Statt
Salat bekommt man Grünschnittdeponien mit weißer Soße,
oder Buffets der langweiligen Sorte. Die Weinkarten genos-
senschaftslastig, oft ein schlichtes Sortiment vom Geträn-
kegroßhändler. Qualitäten, die im Tal keiner mehr trinken

mag. Die hervorragenden Biere aus dem Südschwarzwald (Waldhaus, Rothaus), selten sachkundig gezapft.

Und noch was: Wilder Thymian wächst teppichweit an sonnigen Böschungen im Südschwarzwald, er ziert das Lamm, das nebenan weidet, auf den Teller kommen beide nicht. Was ist mit der Brunnenkresse, dem ersten Löwenzahn, mit dem vorzüglichen Rohmilchkäse? Wo bleiben eigentlich all die Waldhimbeeren und wilden Heidelbeeren. Welcher Kochlöffel hat seiner Lebtag mehr als fünf Gewürzpflanzen gesehen?

Ich versuche – unabhängig von der Klasse – besonders solche Häuser vorzustellen, in denen zumindest ein paar Dinge stimmen, vor allem die Fundamente: Gutes Brot, Käse von nebenan, Schinken, Wurst und Fleisch von lokalen Metzgereien, Wild aus heimischem Revier, Stimmung wie gewachsen, nicht wie im Musikantenstadel.

Bitte bedenken

Saison – Gastronomie im Hochschwarzwald ist ein Saisongeschäft. Die stille Oase unter der Woche kann am Wochenende zur Nervenprobe werden. Flexibler Personaleinsatz gehört nicht zu den Stärken der Schwarzwälder Gastronomie.

Gunst der Stunde – Manche Orte entwickeln am klirrend kalten Winterabend einigen Charme, andere nur im Herbst bei Inversion und Alpensicht. Im Schwarzwald muß man mit dem Wetter und der Stimmung einkehren.

Winterschlaf – Die tote Zeit der Gastronomie beginnt im November und hält bis vor Weihnachten an. Viele Betriebe und Berghütten haben dann zu. Ende November liegt der Schwarzwald im Tiefschlaf. Alle im Buch genannten Öffnungszeiten sind ohne Gewähr, bitte nachprüfen.

Weiße Weihnacht haben Hoteliers, Kurdirektoren und Liftbesitzer erfunden. Ziemlich regelmäßig antwortet die Natur mit atlantischer Warmluft.

Unterstützen Sie durch Einkäufe und Einkehr jene Unverzagten, die auf Qualität setzen. Wer allerdings so naiv ist und glaubt, an Brennpunkten des Schwarzwaldtourismus, etwa in Titisee oder auf dem Feldberg grad so im Vorbeigehen eine solide Quelle aufzutun, dem ist nicht zu helfen – und dem hilft auch dieses Buch nicht.

Ehrwürdiges Institut: der Ahorn in Schwärzenbach

Ausgewählte Oasen

Zum schnelleren Überblick eine subjektive Auswahl von
Gasthaus-Adressen, die mir aus diesem oder jenem Grund
in besonderer Erinnerung bleiben. Wichtig waren dabei
nicht nur kulinarische oder Komfortkriterien, sondern ein
Gesamteindruck aus Charme, Lage und Betriebssystem.
Reihenfolge ohne Wertung, entsprechend der Position im
Buch.

Besondere Gasthäuser | 🛏

Sternen Post, Oberried 🛏 Seite 14

Goldene Krone, St. Märgen 30

Adler, Oberprechtal 🛏 37

Halde, Schauinsland 🛏 51

Zähringer Hof, Stohren 🛏 55

Spielweg, Münstertal 🛏 72

Sennhütte, Tegernau-Schwand 🛏 128

Adler, Raich-Ried 🛏 130

Parkhotel Adler, Hinterzarten 🛏 153

Feldbergblick, Schwärzenbach 🛏 187

Peterle, Falkau 🛏 204

Rothaus, Rothaus 🛏 231

Sommerau, bei Bonndorf 🛏 233

Vier Löwen, Schönau 🛏 247

Tanne, Schönau-Tunau, 🛏 250

Schlüssel, Zell-Pfaffenberg 🛏 276

Waldhüter, Gersbach 🛏 297

Waldhaus, Waldhaus 315

Schwarzwald ohne Filter

Engel, Hochberg 44

Engel, Alpersbach 167

Ahorn, Schwärzenbach 185

Blume, Lenzkirch-Kappel 224

Gisiboden Alm, bei Todtnau 241

Auerhahn, Rollsbach 261

Gässle, Zell-Gresgen 279

Holzer Kreuz, Fröhnd-Holz 284

Sonne, Zell-Riedichen 293

Engel, Engelschwand 311

Eichrüttehof, Hartschwand 313

Orte

Alpersbach 164ff
Angenbachtal 286
Auf den Winden 258

Belchen 86
Belchenhaus 94
Bernau 190
Böllen 257
Bruderhalde 160
Bürgeln 138

Demberg 123

Eckert Kreuz 42
Ehrenstetten 61
Ehrsberg 291
Elztal 35

Engelschwand 301, 309, 311

Feldberg 170
Feldberg Falkau 204
Fröhnd 268, 275

Fröhnd-Hof 270
Frohnschwand 315

Gersbach 296ff
Gresgen 279
Gipfhof 69
Gisiboden 241
Gugelturm 309

Häg-Ehrsberg 287, 290
Halde 53
Hartschwand 313
Herrenschwand 252
Hinterzarten 150, 153, 158
Hochberg 38, 41, 44
Hochblauen 112
Höchenschwand 315
Hof 271
Höllental 8, 21
Holz 284
Hörhalde 59

Hörnle, Wiedener Eck 81

Ibach 305
Ittenschwand 273
Itzenwaldhöfe 81

Kalte Herberge 41
Kaltenbach 137
Kaltwasser 75
Kapfenkapelle 26
Kappel 214
Käsacker 138, 142
Klemmbachtal 96
Kloster St. Trudpert 67
Kohlerhof 61, 63, 69
Köhlgarten 99f
Kreuzweg 96ff

Laitenbach 263
Langenordnach 181
Langenordnachtal 178
Lenzkirch-Kappel 224, 226
Lindau 307
Lippisbach 141
Lütschenbach 136

Malsburg-Marzell 134
Mambach 286
Menzenschwand 198, 201
Münstertal 64ff
Mutterbühl 288f

Neuenweg-Heubronn 102
Neuhof 78, 84
Nonnenmattweiher 108ff
Notschrei 50

Obergipf 68
Oberibach 306
Obermünstertal 78
Oberprechtal 37
Oberried 8, 14

Parkplatz Hau 106
Pfaffenberg 275, 276
Präger Böden 241

Revitalbad Menzenschw. 198

Raich-Ried 130
Resenhof, Bernau 194
Riedichen 292f
Rinken 168
Rohrberg 287
Rollsbach 258, 261, 263
Rothaus 233

Saig 214, 219
Sankt Märgen 24
Schauinsland 46, 51
Schluchsee 20f
Schluchsee-Äule 213
Schlüchtsee 206
Schönau 246
Schöneck 60
Schönenberg 254, 256
Schwand 128, 129
Schwärzenbach 183, 185, 187
Seebuck 174
Simmelebühl 289
Sonnenmatt, Wiesental 288
Sonnhaldeneck 63, 70
Spirzen 38
Spirzjockelehof 40
St. Märgen 30
St. Wilhelm/Napf 21
St. Wilhelmer Tal 20
Steigweg 40
Stohren 54, 56
Stohrenstraße 59

Todtnau 240
Todtnau-Geschwend 241
Todtnauberg 240
Tunau 249ff

Unteribach 304, 306
Utzenfeld 266
Utzenfluh 265

Vogelbach 137f

Waldau 178, 180
Waldhaus 315
Wieden 83, 263
Wieden-Laitenbach 258

Wiedener Eck 76, 82, 84
Wiesental 120, 127, 236ff
Wildböllen 255, 257

Zastler Tal 10f
Zell 275
Zell-Atzenbach 275, 278, 292
Zell-Gresgen 279

Gasthäuser

Adler, Oberprechtal 37
Adler, Raich-Ried 130
Adler, Unteribach 306
Ahorn, Schwärzenbach 185
Auerhahn, Rollsbach 261

Bergstüble, Mutterbühl 289
Blume, Lenzkirch-Kappel 224

Café-Pension Alpenblick,
Lenzkirch-Saig 221f
Café Feldbergblick, Schwärzen-
bach 187
Café Stoll, Innerlehen 195

Eichrüttehof, Hartschwand
313
Engel, Engelschwand 301, 311
Engel, Frohnschwand 315
Engel, Hochberg 41, 44
Erlenbacher Hütte, Oberr. 10
Esche, Alpersbach 165

Fischerhütte, Nonnenmattweiher 110

Giesshübel, Stohren 56
Gisiboden, Todtnau-Ge-
schwend 241
Goldene Krone, St. Märgen
27, 30
Gugelstüble, Gugelturm 310

Halde, Schauinsland 50f
Haldenhof, Neuenweg-
Heubronn 102
Hinterwaldkopfhütte, Hinter-
zarten-Alpersbach 168
Hirschen, St. Märgen 33
Hirtenbrunnen, Hof 271
Hochblauen, Hochblauen 119
Höfener Hütte, Buchenb. 21f
Holzer Kreuz, Holz 284

Kälbelescheuer 101
Knöpflesbrunnen 266
Kohlerhof 57, 61
Kranz, Oberibach 306
Krone, Kaltenbach 137

Linde, St. Wilhelm/Napf 21
Löffelschmiede, Lenzkirch 226

Maien, Vogelbach 138
Mühle, Gersbach 298

Neuhof, Obermünstertal 78

Ochsen, Saig 220

Parkh. Adler, Hinterzarten 153
Peterle, Feldberg Falkau 204
Präger Böden, Todtn.-Präg 245

Rappenecker Hütte 18
Rössle, Bernau-Innerlehen 195
Rothaus, Grafenh./Roth. 231

Schloß Bürgeln 140
Schlüssel, Pfaffenberg 276
Sennhütte, Schwand 128
Sommerau, bei Rothaus 233
Sonne, Riedichen 293
Sonne-Post, Waldau 180
Spielweg, Münstertal 72
Sternen-Post, Oberried 14

Tanne, Ehrsberg 291
Tanne, Tunau 250

Unterkrummenhof, Schluch-
see 211

Am Hörnle (Wiedener Eck)

Waldeck, Menzenschwand 202
Waldhaus, Waldhaus 315
Waldvogel, Feldberg 177
Wiedener Eck, Wieden 83

Zähringerhof, Auf dem Stohren 54, 59
Zum Engel, Alpersbach 167
Zum Gässle, Zell-Gresgen 279
Zum Hirschen, Langenordnach 181
Zum Waldhüter, Gersbach 297

Einkaufen

Forellen: Edwin Brendlin, Demberg 123

Gersbacher Chäschuchi 299

Gipfhof, Münstertal 74

Glocknerhof, Münstertal 75

Ziegenkäserei Rita Gering, Zastlertal 13

Käserei Till, Schluchsee-Äule 213

Lippisbacher Hof, Ingrid Vollmer 143

Metzgerei Otto Grass, Schönau 249, 325

Krone-Metzgerei, Schönau 249, 325

Metzgerei Paulus, Bernau-Dorf 195, 325

Metzgerei Peter Reichenbach 16

Metzgerei Wassmer, Zell-Atzenbach 278, 325

Metzgerladen stome, Schönau 251, 325

Novila, Neustadt 182

Ospelehof, Hinterzarten 156, 325

Steierbartlehof, bei Oberried 17

Alle Angaben in diesem Buch wurden vom Autor nach bestem Wissen erstellt und von ihm und dem Verlag mit Sorgfalt geprüft. Inhaltliche Fehler, auch unzutreffende oder geänderte Öffnungszeiten, sind dennoch nicht auszuschließen. Daher erfolgen alle Angaben ohne Gewähr des Verlags und des Autors. Beide übernehmen keinerlei Verantwortung oder Haftung für etwaige Unstimmigkeiten.

Danke und Bitte: Autor und Verlag danken allen Lesern, die mit Hinweisen und Korrekturen zu dieser Auflage beigetragen haben. Der Autor freut sich stets über weitere Anregungen und Hinweise. Für verwertbare Anregungen bedanken wir uns mit einem Freiexemplar aus unserem Verlagsprogramm.

Karten:
Umschlagkarten: Grafik.Römer, Ihringen.
Grafik S. 351, 359: Franz Letsch.

Alle Fotos: Wolfgang Abel, Jacky Salamander, Archiv Oase.

"Vergessen Sie alles
über Reiseführer, diese hier sind anders."
BUCH-JOURNAL

Freiburg Breisgau
Markgräflerland
Gastronomie • Wein • Landschaft

Wolfgang Abel

www.oaseverlag.de

Kaiserstuhl
Touren • Wein • Gastronomie

Wolfgang Abel

oaseverlag.de

Wolfgang Abel
Oasen am Oberrhein

43 Reisen in die Nähe
zwischen Schwarzwald und Alpen

oaseverlag.de

Elsass & Sundgau
Einkaufen • Rumtreiben • Einkehren

Jacky Salamander • Wolfgang Abel

oaseverlag.de

Badische Küchenkunde
Einkaufen • Küchenwissen • Rezepte

Wolfgang Abel

Das Land am Doubs
Französischer Jura
Touren • Einkehren • Unterkommen

Hans Ikenberg

www.oaseverlag.de

Alle Oase Bücher zwischen 260 und 408 Seiten,
reich illustriert, gut gebunden.

Aktuelles Programm: www.oaseverlag.de

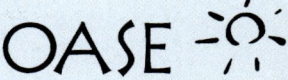

© 5. Auflage 2009
Oase Verlag
D-79410 Badenweiler

www.oaseverlag.de

Herstellung: fgb • Freiburger Graphische Betriebe
ISBN 978-3-88922-046-2   Alle Angaben ohne Gewähr